【文庫版】

D・カーネギー

人を生かす組織

カーネギーの経営原則

D・カーネギー協会【編】
原一男【訳】

創元社

目次

PART 3

❖ 組織化 …… 131

PART 4

❖ 指導 …… 195

PART 5

PART 6

装幀　鷺草デザイン事務所

編者まえがき

いかなる事業も、成功するか否かは直接その経営者の能力にかかっている。経営者の能力といっても、意思決定を下す上層管理者の管理能力のみが問われるわけではない。現場監督から代表取締役に至るまでのあらゆる階層の管理者の管理能力が問われるのである。事実、部下の管理者たちが優れた管理能力を身につけ、それを仕事に応用できるような適切な訓練を受けているかどうかを確かめることが、経営者の主要な責任の一つにさえなっている。

中間管理者層はさまざまな経歴を持った人たちで形成される。工場労働者出身もいれば、事務員として事務所で働いていた人もいる。また、管理者を養成する専門学校や大学を出たての「管理者見習い」もいれば、経理畑や技術畑などの、特定の分野でたたき上げてきたプロフェッショナルな人たちもいる。下からたたき上げてきたにせよ、経営スタッフの一員として働いていたにせよ、これらの人たちには管理システムや管理技術をある程度教え込む必要がある。

管理者になりたての人のための組織立った管理者訓練計画と、将来管理者になる可能性のある社員のための管理者養成計画の両方を実施している会社は多い。そうでない会社でも、自社の訓練計画に代わるもの、ないしはそれを補うものとして、大学や産業団体や一般公開のマネジメント・セミナーを利用している。

デール・カーネギー協会も、他の経営組織と同じ問題を抱えている。管理者を訓練したり、将来管理者になる人材を育てたりしなければならない点は他の経営組織と同じである。しかも、これは本部だけの問題ではない。世界各地の、デール・カーネギー・コースを経営している多くの支部もまたしかりである。私たちの組織は、多国籍の大組織として大企業の複雑さを、また各地に数多く存在する独立支部として小企業特有の問題を抱え、管理上の二重の問題を抱えている。

一九六二年、デール・カーネギー協会は最初の社内用管理者養成計画を立てた。本部、支部を問わず、そこで働く人たちの多年にわたる経営経験と、経営管理に関する文献の綿密な調査をもとにプログラムを組み、管理者の主要な責任を明確にし、適切な責任の果たし方について訓練する方法を開発した。

本部または支部で管理者の地位にあった人は、この管理者養成計画の恩恵に浴することができた。その結果、セールスマンとしては優秀でもセールス・マネジャーとしては能力が劣る人たちなどが、その管理能力を著しく向上させることができた。その他の分野のマネジャーも一段と優れた能力を示すようになった。

私たちの支部の中には、このマネジメント・セミナーに大変熱心な支部がいくつかあって、新しいデール・カーネギー・コースとして一般公開を提案してきた。そこで、個人の管理能力向上のために講座の一般公開に踏みきったが、このマネジメント・セミナーは、私たちが協会内で使ったカリキュラムをそのまま公開している。これは私たちのところでは申し分のない効果を上げており、他のところでも同じような効果があるはずである。

一般公開のデール・カーネギー・マネジメント・セミナーがはじめて開かれたのは一九六七年であった。アメリカではそれ以来このセミナーに多数の人が参加している。その他、日本、ブラジル、スペイン、ドイツ、オーストラリア、ニュージーランド、アルゼンチン、アイスランド、アイルランド、イギリスなど世界中の国々でセミナーは開かれている。

これらのセミナーへの出席者を分析してみると、あらゆる業種のあらゆる階層の管理者が出席している。大会社は中堅幹部を派遣するところが多く、中小企業は必ず経営者が出てくる。また、個人企業の場合は経営者自ら出席するほか、しばしば経営陣全員を連れてくる（あるいは、後日派遣してくる）。さらに、私たちのところに管理者のための社内セミナーを単独で開いてくれるように求めてくる会社も多い。

このセミナーを通じてセールス・マネジメント要員として仕込まれつつあるセールスマンは、経験を積んだセールス・マネジャー、本部長、技術管理者、人事管理者などとともに考える立場に置かれる。これらの人たちは、職務上の責任は違っていてもマネジャーの義務は基本的には同じものであることを皆知っている。マネジャーである限りは、目標を設定し、短期、中期、長期の活動計画を立て、担当部門を組織化し、部下を指揮し統率しなければならない。

何を行なうにしても、人事面の管理が重要である。経営するということは人を生かす経営を行なうことであるというのがセミナーの基本哲学になっている。

デール・カーネギー・マネジメント・セミナーは経営上の問題を効果的に解決する近道である。現代の経営思想に見られる経営革新の多くは、経営管理を専門とする一流大学院での研究と深層分析から生まれたものであり、人間行動に関する分析の多くは行動心理学者と社会学者の研究から生まれたものであることは周知のとおりである。しかし、毎日管理上の問題と取り組んでいなければならない大多数の管理者は、今まではこれらの研究の恩恵に充分浴することができなかった。会社の経営者がいくら権威あるビジネス・スクールを出ていたとしても、学校で教えられたことを部下の管理者たちに教え込むことは必ずしも容易ではない。

デール・カーネギー・マネジメント・セミナーと本書の目的は、監督者、中間管理職、大学院へ通うひまのない大勢の上級管理職の方々に理解しやすく受け入れやすい形で、新しい経営管理思想や経営管理技術を紹介することにある。

本書は、専門用語をあまり使わないで健全経営の技術や概念をわかりやすく説明するとともに、実例によってどうすればラインやスタッフの管理職の日常活動にそれらの管理思想や技術を適用できるかを紹介する。

経営管理の中でも特に管理は重要である。会社を生かすも殺すも従業員次第であり、事業が成功するように部下にやる気を起こさせることが管理者の主要な責任になっている。本書には魔術の呪文は書いてない。執筆者たちは、いかなる人間も経営目標達成のために創造し働く無限の潜在能力を持っていると信じている。本書の狙いは、何らかの方法でこの潜在能力を引き出し、創造力を刺激し、成功したいという欲求を部下に抱かせ、仕事を通じてその欲求を自ら満足させることにある。

本書はデール・カーネギー・マネジメント・セミナーのテキストとして書かれたものであるが、本書そのものは経営原則をまとめたものである。

本書を読めば誰でも、他の組織で成功した方法や技術をうかがい知ることができるように、それらを読みやすく、かつ理解しやすく、各自の状況に応じて応用できるよう提示した。

デール・カーネギー協会

日本語版序文

日本の企業は今、減速経済のもとで、新しい経営と管理の実行を迫られている。戦後に数々の経営学や経営手法が紹介され、それらを実際の経営の場に適用しようと試みた企業も多い。しかしそれは、恵まれた高度経済成長の環境条件の中にあって、必要欠くべからざるものという切迫感をもって受け止められてきたかどうかは疑問である。優れた労働力と均質的な組織の特性に支えられて、マネジメント不在のままでも、ある程度の企業成長が可能であったからである。

しかし今は違う。現在の複雑な社会は、価値観の多様化を生み、モチベーションやコミュニケーションに、特別の工夫や努力を払わなければ、従業員の満足感を高め、生産性を上げていくことはできない。大衆の購買意欲は、「消費は美徳」から「節約は美徳」に変わってきている。つくれば売れる時代から、つくっても売れない時代になってきた。創造と革新の気風を社内に巻き起こし、企業バイタリティーを高めなければ、企業はいずれは没落の道をたどるしかない。かつての低賃金時代から、欧米並みの賃金水準になってきて、かつて叫ばれた「少数精鋭主義」が、今切実に求められている。一方、企業の社会的責任は増大した。消費者や地域社会のみならず、企業と触れ合うすべての人々に対する、新たな企業の責任と役割が問われている。このような新しい環境条件のもとで、しかも変化と不確定要素の多い将来に向かって、企業が成功と繁栄の道を歩むためには、経営者の優れたビジョン、方向づけと、すべての管理者の優れたリーダーシップが必要であることは言うまでもない。

今回出版された『人を生かす組織』は、これからの新しい経営と管理の道を探ろうとするマネジメントに対して、数々の示唆を与えることになろう。ここで説かれていることは、その一つ一つをとってみれば、まったく新しい、奇想天外なものであるとは言えない。むしろ、従来多くの優れた経営学者や経営実務家によって、主張されてきたものばかりである。しかし、本書の特徴の一つは、従来ややもすると、部分部分の経営管理手法に重点を置いてきたマネジメント書が多かったのにくらべて、一貫した、一つの経営哲学を貫いている点である。その哲学とは、「人を生かし、企業を生かす」考え方である。人間尊重と企業発展の両者をいかに両立させるかということに、あらゆる工夫と努力が払われている。そしてそれらの管理手法が具体的であり、重要な分野のほとんどをカバーしているという点で、ユニークな労作であると言えよう。その意味で、経営管理に関する何冊分かの内容を、重要度の高いものの順に比重をかけながら、要領よく一冊にまとめた教科書であると言うこともできる。

またここで説かれている管理手法の根底には、目標中心、成果中心の考え方が流れている。従来ややもすると、態度中心、作業中心で仕事を進めてきた日本の企業にとって、企業成果そのものを最大化すると同時に、働く人に満足感を与える、この目標管理のシステムは、今後の進むべき道を探る上で、数々の示唆を与えるであろう。
「企業は人なり」と言われている。そしてその「人」はマネジメントによって左右される。経営者、管理者自身と、マネジメント・システムの両者は車の両輪である。本書が、この企業の両輪の強化と改善に役立つことを期待したい。

井上富雄
（元・日本アイ・ビー・エム常務取締役）

PART

1

経営管理とは

何事も自然に生じるのではなく、生じさせるのである。

ヘイズ

MANAGING
THROUGH
PEOPLE

1 経営管理とは

組織化された活動の成功は、会社であれ、病院であれ、組合であれ、政府機関であれ、例外なく指導者の管理技術によって左右される。管理技術は必ずしも生まれながらにして備わっているわけではない。その方面の文献を読んだり、管理職の問題を扱うセミナーや討論会に参加したり、他の優れた管理者を注意深く観察することなどによって身につけることができる。

大企業は管理職の養成に多額の予算を組んでいる。管理職たらんとする者は男女を問わずスクールやセミナーに参加して、効果的な経営管理の技術や方法を学んでいる。

何が管理者を成功に導いたり失敗させたりするのだろうか。成功する管理者には何があり、失敗する管理者には何が欠けているのだろうか。この疑問に答えるには管理者の職務を分析してみなければならない。

経営管理とは組織が利用できるあらゆる資源を有効に活用して、予期したとおりの成果を上げる能力と定義されている。管理者が利用する基礎資源は次の五つのMである。

Money（資金）
Material（資材）
Machinery（機械設備）
Methods（方法）
Manpower（人的資源）

資金　経営管理でいう資金の中には、設備資金も運転資金も含まれる。管理者は自分の担当部門に割り当てられた資金を最も有効に使わなければならない。そして今日どのくらい使えば将来、元が取れるか、あるいは、どのくらいの利益が期待できるかを知らなければならない。お金は経済界の潤滑油であり、ビジネスのあらゆる面において土台をなす。資金管理が経営管理にとってきわめて重要なことは、人体に対する血液循環の関係と同じである。

資材　製造業でいう資材には、原材料と完成品の両方が含まれる。卸売業や小売業では全在庫品が資材である。サービス業（ここの資材は製品中心の活動を行なっているところほど重要ではないが）にも、管理を必要とする資材がいろいろある。

機械設備　工場や店頭で使われる設備をはじめ、コンピューターや事務機などを含む機械設備の適正な選択と利用が管理者の主な仕事の一つである。

方法　他の資源を組織化し供給する組織的方法が事業の成否を分ける。管理職の能力は多くの場合、技術や方法を適切に指示することで決まってくる。たいていの大会社が問題を処理するのに効果的な方法を開発しているが、これも会社の有力な資源となる。

人的資源　アンドリュー・カーネギーは、前の四つのM（資金、資材、機械設備、方法）を奪われても従業員、つまり人的資源が残れば、いくらでもやり直しがきくし、比較的短時間で再建できると言っているが、この言葉は多くの人に支持されている。

前の四つのMはこれを供給する人的資源がなければ何の役にも立たない。また、人的資源を有効に使えば、他の資源の欠陥を補うこともできる。人的資源を充分に利用できなければ、たとえ他の資源すべてに余力があったとしても、組織の力を損なうことになる。

経営管理は人的資源（機械を動かす手であるばかりか、組織の働きを決定し、その決定を実施できるようにする頭脳でもある）次第で決まってくる。

現代の最も著名な経営学者の一人であるピーター・ドラッカーは、真の経営管理とは従業員の管理である、と述べている。従業員は企業成功のかなめであり、効果的な人事管理こそが繁栄と衰亡を左右する決め手となる。

経営管理は英語でMANAGEMENTというが、アクセントは音節MANに置かれる。すなわち、

MANAGEMENT

である。私たちはMAN（人材）の開発に特に力を入れているが、それが他のあらゆる資源の開発につながってくる。MANPOWER（人的資源）は、他のすべての資源を成功、あるいは失敗に導く触媒である。

優れた管理者はあらゆる資源をその能力いっぱいに活用するが、五番目のMの管理に特に力を入れることによって、私たちの目標を最も効果的に達成できるということが本書の基本的な主張である。

経営管理概念の歴史

鉄鋼会社の技術者フレデリック・W・テイラーによって、経営管理に対する組織的なアプローチがはじめて試みられたのは二十世紀初頭である。テイラーの主な狙いは生産性を高めることにあった。それまでは経営管理上の意思決定のほとんどが、直接の監督者の専門的な知識と過去において類似した問題を扱った経験をもとに下されていた。したがって、管理者は自分の限られた知識と前任者から受け継いできた慣例が頼りであった。「これはいつもこうしていた」が常に決定を下す際の根拠となった。

テイラーはこれを全面的に変えてしまったのである。いろいろな仕事を分析的に調べ、それぞれの仕事を達成するのに最も効果的な方法を確定した。仕事の各段階で用いる方法を細かく指示し、仕事をやり遂げるまでの正確な時間割を組み、資材の扱いが円滑に行なえるシステムをつくった。

テイラーの言う「科学的管理法」はすぐに人々に理解され、多くの団体やさまざまな業種の会社が、その考え方や方法を採用した。その結果、これらの会社では時間や資材の消費の面ではかりしれない経費の節減となった。また、労働者が不必要な労力を費やさないで済むようにもなった。テイラーたちが、生産目標を達成するために必要なエネルギー量をいかにして減らすかという方法を開発したからだ。

テイラーのアイデアの多くは、「工業技術」の新分野における彼の後継者たちによってさらに磨きがかけられ、より洗練されたものになっていった。最も有名な後継者はフランク、リリアンのギルブレス夫妻である。夫妻は時間動作研究の概念を発表している。この調査では、まず行動が時間で正確にはかれるところまで仕事をそれぞれ細分化し、それから最小限の労力と時間でやり遂げられるところまで単純化してしまう。ギルブレスが求めた「唯一最善の方法」は科学的管理法のモットーとなった。

生産問題を解決するためのこの組織的なアプローチは、生産性の向上という目標は達成できたものの、それ自体に問題がないわけではなかった。いわゆる能率主義者たちによる、労働者や仕事に対する非人道的な扱い方が多くの労働者の怒りを買った。労働組合は、工業技術は「スピードアップ」を図るための口実であるとし、「唯一最善の方法分析」で決定した最大の生産性基準を大幅に下まわる基準を設定して計画を妨害した。管理者たちは、最も重要な要素が機械の陰に隠れた人間であることを忘れ、どんな問題に対しても「科学的」技術を用いて解決を図ろうとするようになっていた。この分析的な方法を用いる余地は充分にあったが、何かが欠けていたのである。

この欠陥部分は、一九二〇年代の終わりから一九三〇年代のはじめにかけてウェスタン・エレクトリック社のホーソン工場でエルトン・メイヨーとフリッツ・レスリスバーガーが行なった実験によって補われた。環境の物理的変化が組み立て労働者の生産性にどのような影響を及ぼすかという調査を、ウェスタン・エレクトリック社から依頼されたメイヨーらは、まず何人かの女性を無差別に選び、全員別室に入れて実験を行なった。室内の温度を変えてみたり、照明をいろいろなレベルに調節したりした。ところが驚いたことに、環境の変化に関係なく生産性は上昇し続けたのである。ここでは、物理的要因が労働にはほとんど影響を及ぼさないことが明らかになったのである。メイヨーとレスリスバーガーは、この事実について数年間分析を行なった結果、労働者たちは労働環境の部分的な物理的変化には反応しないで、精神的環境を含めた労働環境全体に反応するという結論に達した。この場合の生産性の向上には、一緒に仕事をする人たちに好意を持ったり、十把ひとからげの組み立てラインで働く「手」ではなく、「特別な」人間として扱われ、それぞれ個人とみなされたことに満足するなど、複雑な要素が大きく影響していた。

これを契機として、いっそう人間的要素に気を配った経営管理が行なわれるようになった。経営管理を単純に機械的に行なうことはできない。人間的要素を考慮する必要がある。つまり、問題の言葉MANAGEMENTは次のようになる。

HUMAN AGEMENT

この人間的要素に対する関心は、このところ高まる一方である。経営の専門家たちは長い間、行動科学を研究してきた。心理学、社会学、人間工学、さらには関連ある各種の法則をもとにして、生産性の向上はもとより、労働環境の改善をもたらす多くの概念を導き出している。この進歩によって労働から大きな満足を得る者が次第に増えてきている。

PLORDICOCO

成功する管理者は、その目標を達成するためにどんな技術を用いるのだろうか。五つのMをどのように利用すれば、成功のチャンスを最大限に生かすことができるのだろうか。

経営管理の基本的な構成要素は頭字語PLORDICOCOに要約できる。この頭字語は各構成要素の最初の二文字を並べたものである。

PL-Planning（計画化）
OR-Organizing（組織化）
DI-Directing（指示）
CO-Coordinating（調整）
CO-Controlling（統制）

計画化　実際に活動をはじめようという時には、まず行動計画を立てなければならない。行動計画は常に達成すべき最終目標、ないしはいくつかの諸目標の設定ではじまる。それから目標に達するために経なければならない各段階を追って、さらに詳細に行動計画を立てる。

マネジメントを考える場合には、何よりもまず会社または組織の最終目標を、計画の立案と実施の段階ではっきりと肝に銘じておかなければならない。営利事業では必ず利益が目標となる。目標となった利益の重要性については、次章で掘り下げて論じることにする。利益以外にも目標はあるため、計画を成功させたければ、それらの目標についても見通しをつけなければならない。

計画化には長期と短期の両方がある。多年にわたる計画を立てる会社は多い。これは、資金、設備、管理者を長期間必要とするような場合に特に重要である。長期計画は、しばしば日常業務の短期目標や中期目標をもとにしてつくられる。計画は反復的な問題を処理するためにも立てられる。こうすることで、問題が生じるたびに解決策を考える必要がなくなるわけである。また、一回だけの目的を持った計画もある。これは、将来起こり得る特定の状況に対処するためのものである。

計画化の中には、問題に対する可能な解決策を一つに限定せず、管理者がいくつかの解決策の中から選択できるように何通りかの可能な解決策を考え出すことも含まれる。これを行なうには計画立案者の創造力を刺激しなければならない。創造力はたいていの人間が持っている。優れた経営者はこの創造力を発揮させるのがうまい。計画化が独創的に行なわれればわれるほど、実行可能な解決案を何通りも生み出すことができるようになる。

計画化の過程におけるもう一つの重要な部分は意思決定を下すことである。優れた意思決定を下す能力を持っている者のみが、より上層の管理者へと昇進していく。適切な意思決定能力を持っているがゆえに、上層管理者に相応しい権限と報酬が与えられるのである。

また、今日の企業においては、何人かの管理者の共同作業で意思決定が下されることが多い。管理者は、意思決定を下す過程で部下の協力をどの程度得られるか、また、下した意思決定を実行に移す段階で、部下の助力をどのようにして得るかということを知っていなければならない。本書第二部（ＰＡＲＴ２）において計画化の問題全般にわたり論ずることにする。

組織化　計画が立てられたら、計画を実施できるような形に会社を組織化しなければならない。会社の規模、仕事の量、地理的拡散、製品やサービスの多様化など、会社が複雑になるにつれてしっかりした組織構造がますます必要になってくる。

会社の組織は階級組織になっているのが普通である。各管理者は下に何人かの部下を持ち、上に一人の上司を持つという形で命令系統は経営者にまで及び、階級組織が構成される。

この組織構造のからみ合いを理解するには、組織内の各職務の内容と各職務の相助関係を明らかにしなければならない。

大部分の会社が、組織内の専門家の専門的技術を生かすために組織をライン職とスタッフ職に分けている。ラインの管理者は自分の権限下にある部下と職務に対して直接の責任を負い、スタッフのほうは、その仕事がライン組織に関わりを持っていてもそれは間接的であって、専門分野ごとに固有の職務を持っている。現代経営においては、これらの組織を統括することが主要な課題の一つになっている。

このような公式な組織に加えて非公式な組織（公式な組織と協力したり対抗したりする

人間関係のグループ）ができている会社も多い。有能な管理者は、非公式な組織を認識し、それと協力する（あるいは対抗する）方法を知り、会社の方針や政策に対する非公式な組織の影響力を理解しなければならない。

この組織構造を利用して経営管理を最高度に発揮させるための鍵は、おそらく権限の委譲であろう。管理者が持っている仕事と権限の大半は部下に委譲できる。もちろん、委譲したからといって管理者の責任がなくなるわけではないが、管理者が権限委譲のやり方を知っていてそれを効果的に行なえば、自分の目標を達成できる可能性はそれだけ増すことになる。

本書第三部（PART3）においては、公式、非公式の両組織について検討し、それと関連する管理職の役割について考えてみることにする。

指示　会社の組織構造は、実際に仕事を行なう人間によって肉付けされなければ、まさに血の通わない形骸にすぎない。

従業員に対する優れた指示は、各種職務の義務と責任を果たしうる従業員の適切な選択からはじまる。

人事管理は従業員の人選によって決まる。「適材適所」を実現するには、仕事を慎重に分析し、その仕事を成功させるにはどんな要因が必要かを明確にしなければならない。それから適任者の補充、人選、訓練を行なう。いずれにしても、部下に仕事を命じたり、部下が最高の能力を発揮できるように動機づけを行なったりするプログラムは、首尾一貫していなければならない。

指示の重要な面の一つは、よい意思伝達である。管理者は部下に対してアイデア、指示、心構え、目的を伝え、それを部下が理解して受け入れたことを知る能力を持っていなければならない。また、部下の考え、感情、望み、不平にも絶えず気を配っていなければならない。

事業に成功する鍵は、部下にじかに接触している管理者が握っている。管理者の指導力次第で部内の空気が変わってくる。仕事の種類に関係なく、優れた指導力と高い生産性の間には直接的な関係がある。

指導力と動機づけについては、行動科学から学ぶところが多かった。これらの諸原則を認識し、それを仕事に応用する管理者は有能な管理者である。部下を通じて成果を達成するには、部下を理解する必要がある。心理学者たちは共同作業をいかに効果的に行なうかを考える上で、いろいろと力を貸してくれた。第四部（PART４）では、心理学者たちが示唆した考え方について探究し、どうすれば彼らのアイデアを日常活動に利用できるかを明らかにするつもりである。

また、規律の問題など従業員をいかに処罰するかという問題も取り上げることにしている。管理者はそのような問題が生じないように努力すべきであるが、人間が人間である以上、克服できない人間的欠点は必ずあるものであり、それが経営管理上の問題を引き起こす。このような問題が生じた時は、管理者はその原因を見きわめる方法を知り、会社の目標に沿った満足のいく解決を図る必要がある。

調整　多数の組織単位が活動する組織においては、組織のいろいろなところで発生する問題を調整する仕事は言うまでもなく重要である。しかし、この仕事に時間がかかりすぎることが、管理者の悩みの種になっている。

調整機能の一部は、組織構造そのものの中にあらかじめ組み入れておくことができる。どんな組織でも、会社管理の期待する方向から外れたり、全社的な統一行動から外れたりする者が現われるものである。

調整は、関係部門の代表者からなる委員会が行なうこともあるし、専門スタッフが行なうこともある。また調整が非公式な形で行なわれる場合もあるが、いずれにしても関係者が皆その目的を知っており、それに向かって行動すれば、非公式でも効果はある。

統制　頭字語の最後の綴り、PLORDICOCOの最後の「CO」は、計画したことが確実に実行されるように統制することを意味する。

管理者には目標達成を監視する責任がある。つまり、目標が達成できるように統制するわけである。統制を行なうための主要な武器は、目標達成基準の設定である。金額や生産量など数量単位で示すこの基準は、実際の目標達成の度合いをはかる尺度として利用できる。

目標達成基準を利用する技術は無数にある。たとえば、予算、販売報告、生産記録、会計記録などがそうである。手書きで簡単な報告書にすることもできるし、コンピューターで詳細な記録をつくることもできる。いずれにしても目的は皆同じである。基準があって実績が出た場合、両者の間にはっきりした差が表われる。この両者の比較によって、仕事が順調にいっているところは適当に手間を省き、不調なところには努力を傾注することができる。

基準の不確定な仕事は統制が取りにくい。企業イメージ、従業員のモラル、顧客の評判、人材の開発といった問題ははかりにくく、したがって統制も取りにくいと考えられている。しかし、経営管理にはこれらをはかる確かな方法があり、それに関連した問題を処理する方法も開発されている。第五部（PART5）では、確定的なもの、不確定なものも含めて、調整し、統制する方法を説明するつもりである。

成果を管理する

長期的に見て本当の評価が下せるのは、努力によって生まれた成果しかない。仕事はただ単純に原則を守って「平穏無事に」やればよいと考えている管理者がいるとしたら、それは真の管理者ではない。真の管理者は最終成果に常に目を向けている。彼は自分の部、課や会社の目標を知っており、自分自身の目標もそれに合わせている。

計画化から組織化、指示、調整を経て最後の統制に至るまで自分の仕事のあらゆる面で真の管理者は目標を決して見失わない。目標を達成しようとしまいと、原則を忠実に守ることで満足している官僚主義者とは異なり、最終目標を達成するために全力を注ぐ。

経営管理とは部下を通じて成果を達成することであり、管理者は部下に成果中心の考え方を徹底し、管理者とその部下は決して目標を見失ってはならない。

以下の各章において、優れた経営管理技術を、管理者の日常活動に応用して目標を達成するにはどうすればよいかについて述べることにする。

PART

2

計画化

目的の港を知らない者に順風はない。

セネカ

MANAGING
THROUGH
PEOPLE

2 目標の設定

計画化の第一段階は、目指す目標を決定することである。目標をはっきりと理解しない限り、計画を立てることはできない。

目標は明確に決めなければならない。そして目標の達成に参加する者全員が、目標を充分に理解しなければならない。管理者は、階層組織の上にいようと下にいようと関係なく、会社の目標に気をつけることはもとより、それを受け入れ、達成しなければならない時は充分にその義務を果たす。

組織には例外なく目標がある。長期的な目標もあれば短期的な目標もある。長期的な目標には、将来数年間に及ぶ会社の目標がある。この対象になるのは、二代目、三代目の後継者の育成、地域社会との関係の改善といったつかみにくいもののほか、市場占有率の拡大、新しい製品やサービスの開発、長期的な財務状況などである。

短期的な目標には、長期目標に至るまでの段階的目標や、プロジェクトを予定どおり完了させたり、組織が直面する特殊な問題を解決するための目標などが含まれる。

いくつかの単位組織の集まりから成り立つ組織においては、単位ごとに独自の目標を持つが、どの目標も親組織の目標に適合したものでなければならない。

目標の設定にあたっては、事業の継続という一大目標を決して忘れてはならない。「荒稼ぎ」を目的に一時的な流行を利用して特別につくられた会社は例外として、大多数の会社は事業を継続していく。これは短期的な利益を犠牲にしても長期的な利益をはかるものである。また、事業の維持を図るばかりでなく、それに伴って事業の拡大や安定に全力を挙げる。

このような考え方は経営管理の三要素に要約できる。

各部課長は、目標の設定にあたって、この三要素全部を頭に入れていなければならない。この要素をことごとく無視すれば、事業の成功はおぼつかなくなる。

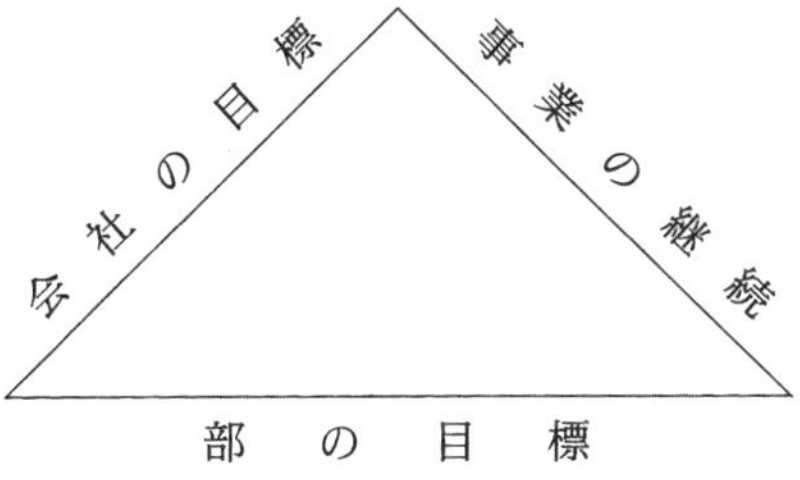

目標設定の利点

1　目標の設定は、仕事をする人にやる気を起こさせるのに役に立つ。何かをするように命じられても、その理由がわかっている場合には、ただ命令を受けただけよりも、何をすべきかよくわかるし、目的も達成しやすい。よい仕事をすることは誇りにもなる。やっている仕事の目的がわからなければ、仕事がうまくいったかどうかもわからない。

2　目標の設定は計画化に一貫性を与える。何人かの人間がある組織の計画をいくつか立てる場合、目標を完全に理解していれば、全体の目標に沿った計画が立てやすくなる。計画化に参加している者はそれぞれ主要な目標を見すえ、自分が担当する計画化の一面を全体像の中にはめ込む。

3　目標の設定は分権化を容易にする。多くの大企業と非営利団体は、能率向上のために業務の分権化を図っている。分権化された業務単位はかなりの独立性を持っており、明確な統一目標が徹底していない限り、単独で親組織の長期目標から外れる別の道を歩き出しかねない。

4　目標の設定は調整と統制の確かな基盤をつくる。目標が設定されればそれに基づいて業績基準がつくれるし、業績基準はさらに実際の業績をはかる指標となる。

一度設定した目標は軽々しく変更してはならない。大きな異変でも起こらなければ、組織の目標はそのままにしておくべきである。しかし、会社が成長し、時代が変わるにつれて目標を再評価し、場合によっては新しい状況に合うように調整することも必要である。たとえば、大きな子会社を買収する場合、親会社は新しい子会社の目標を含めるために自社の目標を変えなければならなくなることもある。また、消費者の受容態度の変化によって従来の目標を再検討し、新しい目標の設定を迫られることもある。提案された目標の変更各部の目標を変える時は、慎重に検討してみなければならない。

を全社的な目標に照らして真剣に考え、分析してからでなければ、部長といえども部の目標を変えてはならない。

目標としての利益

会社の目標を検討する場合に、必ず真っ先に挙げられるのが利益である。資本主義経済では利益が企業の主目標になるのは当然である。利益なくして企業は長く生きられないからだ。しかし、いついかなる場合でも利益が企業経営の唯一の目標ないしは最も重要な目標だと考えるのは早計である。

経営者の側にいかなる業績も最小公倍数ではかる傾向が見られ、最少の投資で最高の成果を得ようという考え方が強く、それが利益を重視しすぎる理由の一つになっている。利益だけが、企業の成功をはかる有力な尺度であり、各中間管理職や全般管理の主目標になってしまったら、長期成長は短期的利益に道を譲ることになるだろう。

今日の経済界の、競争の激しい市場で会社が生き延びるには、計画を立てて成長に備え、将来に対する見通しを持たなければならない。研究開発、設備の拡充、人材の育成など、一年や二年では元が取れない事業計画に現在得ている利益から資金をまわすべきである。

一方で、現在の収益はさらに資本を引き寄せ、会社の信用を失わないようにし、現在の株主や従業員を会社に踏みとどまらせるためにも必要である。

その他の目標

企業は短期的な利益だけでなく長期的な収益も安定させたいと思っている。長期的な収益とは、投資から上がる利潤とか一株あたりの利益を意味する。この場合、たとえば「一株あたりの利益率最低年一割の高水準達成」というようなものが会社の目標になる。

市場占有率　多くの会社が、自社の製品やサービスの市場占有率を成長の尺度にしている。この場合は「今後五年間に我が社の市場占有率を現在の十二パーセントから二十五パーセントに伸ばす」というようなことが目標になる。

健全財政　自己資金を増やしたり負債をなくすことも目標になる。たとえば「六年以内に未償還社債を除却する」でもよい。未公開会社の場合は、たとえば「〇〇年以内に公開する」が目標になる。このような目標を設定するには、金融面でも法律面でも何段階かに分けた準備が必要である。

技術の改良　新しい技術や方法など、技術的変化を導入すること。

人材育成　多くの会社にとって必要な堅実な目標は、大きくなる組織の責任を背負って立ち、今後会社が成長しても経営能力を維持できる人材を社内で育てることである。

社会的責任　近年、従来の目標に社会的責任に関連した目標を加える会社が多くなっている。社会的目標としては、地域社会との関係改善、環境への関心、社会的マイノリティーの採用、地元慈善団体や市民団体に対する援助などがある。

部の目標

今述べた主な目標は、数ある全社的目標の中の数例である。社内各部はこれらの全社的目標を達成するために、独自の目標を持たなければならない。

部の目標は会社の目標よりきめが細かい。これは、部の分業的性格と関係があるが、会社の包括的目標にも沿ったものでなければならない。

部の目標例――

人材育成の目標

1　会社の全職種に、各職務を充分に遂行できる能力、適性を持った人材が配置されるようにする。

2　従業員の間に高い士気を維持する。

3　全従業員に対して、各自の仕事に見合った適切な給与を保証する。

4　全従業員に対して、他社に劣らない福利厚生、保障制度を提供する。

5　従業員が外部の組織に助けを求めなくても、社内の管理者に直接自分の考えや不満や問題を自由に話せるような環境や制度をつくる。

6　すべての従業員に昇進の機会を与え、訓練を施し、会社とともに成長する機会を与える。

7　部門間の配置転換や昇進など人事問題についてはすべての部、課が全社的立場で他部門に協力する。

8　社内の人間関係全般についての法的な問題やモラルの問題などに関しては適宜に総括管理者（ゼネラル・マネジメント）と協議する。

このような設定目標は経営方針とも呼ばれる。人事部のこの方針は、人事部が政策を具体化する際の各種実施計画の包括的指標として利用される。

なかには会社ないしは部のさまざまな目標の間に矛盾が生じることもある。たとえば、一つの会社で次のような目標を持ったとする。

できるだけ低いコストでできるだけよい製品をつくる。

自社の工場地域をきれいな汚染のない環境にする。

しかし、汚染されない環境を保つとなれば、製品の生産コストは大幅にかさむことになる。企業経営者としては目標のすべてをあくまで守り、矛盾の解消を図るためにどんな妥協をするか、あるいは、どんな協定を結ぶかを決めなければならないだろう。

目標を細分化すると理解しやすくなり、達成しやすくなる。汚染防止の大きな目標を達成しようと思うなら、短期目標として工場内に防塵装置を取り付け、設備を全面的に改善するための暫定的な措置を講ずればよい。一貫した総合経営開発計画という長期目標に対して、一連の短期目標を設定するとすれば、第一に地元の大学の施設を利用して管理職を教育し、第二に工場内での現場責任者の教育計画を実施することになるだろう。経営管理がそれぞれの短期目標に向けて行なわれれば、結局は長期目標が達成されることになる。

目標が一つだけという会社はありえない。いろいろと設定した目標のうちの一つが会社の考え方を支配することはありうるが、他の目標にも絶えず気を配る必要があるだろう。薬品メーカーの主目標は薬品を売って利益を上げることにあるかもしれないが、新薬の研究開発、化学者や薬学者などの研究員の教育、新市場の開拓、保健衛生計画に関して病院や政府機関との意見調整を図るといった目標も常に頭に入れておかなければならない。

同じ組織内の数人の人間が、それぞれの自分の個人的、ないしは部の目標を優先させようとして争うような場合は、それぞれの目標のバランスを取ることが総括管理者の職務となる。これをうまく行なうには、会社の全目標への完全な理解、利益に対する高い意識、目標設定に参加する人の要求を知る感受性、そして何よりも完全な一貫性が必要である。

目標の設定

現代経営学は、部の短期目標から全社的な長期目標に至るまで全目標の設定に関係者全員が参加することを奨励している。

選んだ目標について詳細に検討するには、何よりもまず目標達成に関わりを持つあらゆる人の知識と見通しを活用することである。

目標の設定方法には、上意下達式、つまり、基本政策を上層部から下の各部へ伝える方法と、下意上達式、つまり、各部が政策を提示し、上層部がこれを総括する方法の二つがある。

前者の場合には、明確な全体概念があって、それを念頭に置きながら他のあらゆる目標を決定する。たとえば、航空会社は割り当てられたルートで空輸を行なう特権の行使が全体目標となるはずである。その他の目標はすべてこれに合わせる。下の各部は全体目標を意識しながら自分たちの目標をつくり、それを経営者に示して全体目標の中に組み入れてもらう。ただし各部の目標が全体目標と矛盾しない場合に限られる。

目標づくりに参加した人たちそれぞれに目標設定に協力する機会が与えられれば、会社はより広範な目標を持つことができるし、さらに重要なことは、参加者の一人一人が連帯感から目標達成への責任を持つようになることである。

全員参加の目標設定が成功するか否かは、経営者にかかっている。経営者が独断専行すれば、下位の管理職がこれに忠実についてくる見込みはまずない。上から伝えられてきた目標に、白けた気持ちで判を押すことはよくある。そうなると、設定した目標を本気で達成しようという気が薄らいでしまう。

一方、その態度や参加者から出される提言やアイデアの受け止め方が、全員参加を奨励するような経営者であれば、協力的な空気が生まれ、全員参加が実現するだろう。

このような協力的空気から生まれる目標は、より実現可能性が高くて、しかも創造性に富んでいる。目標を持って働く人たちが、その目標をつくる時に協力するからだ。彼らは何が本当の問題か知っており、種々さまざまな人たちが加わっていることもあって、いろいろな優れた解決策を出してくる。

長期目標は一般的に短期目標より抽象的である。短期目標はできるだけ明確なものにし、評価できる、はっきりとした業績基準を伴っていなければならない。たとえば、長期目標でこういうものがあるとする。「ポケット計算器市場における有力な競争相手との差を縮める」。この場合、明確な短期目標は次のようになる。

1　製造部門の目標――今後二年間にポケット計算器の生産コストを十五パーセント引き下げる。

2　販売部門の目標――今後三年間に売上高を年に七パーセントずつ伸ばす。

3　技術部門の目標――計算器の重量を三十パーセントほど軽くするために再設計し、原材料コストを十パーセント引き下げられるように新しい材料を開発する。

ひとたび目標を設定したら、管理者はあくまでも目標を追い、仕事の出来具合を評価して絶えず目標との距離をはかり、自分の仕事がどの程度効果的に行なわれているかを知る指標としなければならない。

会社の目標を設定し、これを達成しようという場合、次のようなことが経営者や管理者の指針となる。

各経営者や管理者にとって目標は、

進歩的で挑戦的なものか

想像力と勇気を持って未来を見すえられるか。

経営者や管理者が多少背伸びをしなければならないくらい高い目標か。

堅実で包括的か

経験則や勘に頼らず客観的で堅実な分析に基づいているか。

長期と短期で重点のバランスが取れているか。

経営上重要なあらゆる面（収益性、技術的統率力、市場における地位、人的資源および物的資源の成長と開発など）を網羅しているか。

明確で具体的か

記録しているか。

各管理者がどう行動すればよいかを知るのに充分な、明確かつ量的に把握できる目標か。

充分に理解できているか

部の目標について理解していることを書くように求められた場合に、部内の全員が同じような内容を書くことができるか。

これらの目標を日常の意思決定の指標に使っているか。

個々の対象物に目標を関係づける

大多数の会社は専門に扱う製品なりサービスなりを持っている。会社の目標は会社の製品なりサービスなりと直接結びついており、どの目標も決して抽象的なものではない。たとえば、目標の声明は「市場の開発に成功する」と言うのではなく、「東部諸州でペットフード市場を開発する」というように市場を限定する。

目標を選ぶ時は、対象をはっきりさせなければならない。いかなる組織においても、すべての目標のもとになる中心的な目標が必要である。しかし往々にして会社は、成長するにつれてこの中心的な目標から外れて行動する。どんなに変化していっても、あくまでも中心目標を見失わず、慎重に将来を見通して計画的に行動していればうまくいくが、目標から行き当たりばったりに逸脱していたのでは、会社の資源を浪費させることになる。だからといって、会社は最初の目標（範囲の狭い目標が多い）に、いつまでもしがみつく必要はない。むしろ方向転換を図り、計画化の段階で新しい方向が常に最初の意図した目標に到達するようにすべきである。

長期目標を設定したり、目標の変更を考える場合に検討しなければならない要素には、次のようなものがある。

1　何に最善を尽くすか　製造に最善を尽くすとしたら、高品質、低原価の製品がつくれるだろうか。製造設備は最初に意図した製品とは違う製品の製造に使えるだろうか。たとえば、第二次世界大戦がはじまると、それまで消費財をつくっていた多くの会社が、同じ設備を使って軍事物資をつくることに目標を変更した。

販売に最善を尽くす場合は、有能な販売員が揃っている会社ならば、すでに身につけた販売技術を別の分野に利用することで、容易に目標を拡大できるはずである。コルゲート・パームオリーブ社は目標を変更し、他社がつくっている包装製品を売るようになったが、同社が長年販売実績を上げている洗面用品と同じ販路を利用している。

金融面ではどうだろうか。銀行は近年、目標を変更してきており、前には行なわなかったさまざまな金融サービスを展開するようになった。

2　どんな必要を満たすことができるか　まだ満たされないサービスや製品の需要があるとすれば、それを満たすようにすればよい。新会社が続々と設立されるのも、誰かがその必要を認めているからだ。かつてエルマー・ウィンター、アーロン・ションフェルドの二人の弁護士は、臨時雇いの秘書の手伝いを見つけようとしたが、見つけるのに大変苦労をした。そこで二人はそのような人材斡旋会社の必要性を認め、臨時雇いの人材派遣会社、マンパワー社を設立したが、それが今では国際企業にまで成長している。

製品需要を満たすために、研究開発には多額の投資が行なわれている。デュポン社は、多年の歳月と多額の資金を費やして、絹に代わる合成繊維を開発した。その結果生まれたのがナイロンである。

3　どうすれば持てる資源を最大限に利用できるか　経営者は資源の相乗効果を求めている。相乗効果（シナジズム）とは共同行動を意味するが、共同行動では、二つ以上の働きが効果的に結びつくと、一つ一つの働きから個別に期待できる効果を全部合わせたものより大きな効果がある。つまり、全体的効果は部分的効果の集合体より大きいというわけである。ある大手金融会社は、各事務所にそれぞれ税金相談所を開設した。すると貸付部の顧客が税金相談所の顧客となり、税金相談所へ所得税の相談にやってくる人たちが、税金の支払いや還付金の受け取りを前提として金を借りるために、必然的に貸付部の顧客となった。この組み合わせによる相乗効果は、二種類のサービスを別々に行なって合計した場合にくらべて、はるかに効果的である。

4　資源は利用できるか　目標の設定は単なる願望や空想ではない。成功のチャンスを生み出す目標を達成するには、それに必要な資源を持たなければならない。資金がなく、必要な資材を揃えることができず、人手もなければ、目標を達成できないことは言うまでもない。

目標はすべて現実的でなければならない。そして必要な資源が利用できる可能性を分析して決めなければならない。しかし、仕事をはじめる前から必ずしもすべての資源を利用できるようにしておく必要はない。必要な時に必要な資源が間に合うしかるべき保証さえあれば、目標達成に伴う危険は最小限度に食い止めることができる。

目標の設定や変更に際してこれらの問題を注意深く処理すれば、目標達成の可能性がいっそう強まり、目標そのものの意義も一段と深まるだろう。次に紹介するのは政策と目標の好例である。

3 計画の種類

組織が設定する目標によって広範囲にわたる目的が定まってくる。これを実行に移すのが計画化の機能である。

計画とは、目標を達成するための行動を具体化した活動計画のことである。計画化によって目標をいくつかの実行可能な単位に分解し、それぞれについて望ましい結果を得るための戦略を打ち立てる。

計画を立てる際には、次のような要因を考慮しなければならない。

1 どんな結果が期待できるかを、しっかりと認識する。
2 それらの結果は妥当かつ達成可能なものとする。達成することが不可能な目標を設定すると、協力する者がやる気をなくし、実力を発揮できずに終わってしまう。
3 行動の細分化は、成功裏に目標を達成できるものにする。
4 計画を実施に移し、それが成功するのを見届ける責任は、各担当者に明確に負わせる。
5 必要な資源を投じる。

6　計画を段階的に実施する時間割を決める。
7　目標達成における成功度をはかるために、目標達成基準を織り込む。

標準計画

大部分の活動には計画が必要である。日常的で反復的な活動にとって、計画化は特に重要な意味を持つ。いかに日常的な仕事でも、これに利用できる標準的な方法がなければ、仕事のたびに新しい方法を考え出さなければならない。繰り返される問題の処理に用いられる計画が標準計画である。

標準計画にはいろいろある。経営者や管理者に自由裁量の余地をほとんど与えない固定した規則もあれば、経営者や管理者が社の方針に沿った意思決定を下す上で参考にする指標のようなものもある。

固定した標準計画の例は、特殊な加工作業の指示に見られる。非常に厳密な加工条件（公差は三ミリとする）や特別な組み立て指示（部品Aは部品Bの頭部から六センチのところにリベットで止める）などが必要になるからだ。

会社の方針や手続きは一種の標準計画である。これは、一定の状況が生じた場合に必ず従わなければならない基準になる。そしてこれがひとたび効力を持つようになると、命令になる。この命令に従って働く者はすべて、いかなる時もその命令に留意し、仕事を行なう上で一貫性を保ち、定められた方針に従うようにする。

次に示すのは、病気欠勤に関する方針の一例である。

病気欠勤に関する方針

- 入社して最初の三カ月間は、理由のいかんを問わず欠勤した期間の賃金は支払わない。
- 入社後四カ月目の第一日から一年目の終わりまでは、入社当初からの分も含めて月に一日の割合で病気欠勤が認められる。
- 入社後二年目からは、年に最高十五日間の病気休暇が与えられる。
- 一年間に使いきれなかった病気休暇は翌年に繰り越される。

これは固定した方針で、逸脱する余地はない。しかし、会社によっては、例外を認める権限を管理職に与えることもできる。次の例は、銀行貸付部の方針である。

個人ローンに関する方針

- 個人ローンの希望者は、資格審査用の個人ローン応募用紙に必要事項を記入する。
- 各項目にそれぞれ信用度を点数でつける。この点数の合計が七十点以下の人は信用リスクが大きく、ローンを受ける資格がない。
- 管理者は、貸付許可の決定を下す場合、信用度の点数を頭に入れておく。

この場合、「方針」は言わば指標である。銀行の貸付担当管理者は、点数が限界点の七十以下でも、貸し付けたほうがよいと思えば、ローンを認めることもできる。

方針を定める場合、会社はそれぞれの事例に基づいて、方針を実行する者に権限の幅をどの程度認めたらよいかを決めなければならない。

方針からの逸脱が技能の低下、一貫性の欠如、倫理規定の違反に基づく場合、あるいは他の部門の業務に影響を及ぼすような場合は、固定化したほうがよい。しかし、公平な決定、ないしは適切な決定を下すために個人の判断が必要になる場合、あるいは特別な事情によって個人的な考慮を必要とする場合は、方針にもっと柔軟性を持たせたほうがよい。

広く用いられる標準計画は標準運営手続き（Standard Operating Procedure）で、SOPとも呼ばれる。会社によっては、これに「標準業務」とか、極端なケースでは「バイブル」といった名前をつけている。

SOPは、特定の職務を遂行するためにたどる一連の段階を詳細に説明したものであり、会社の手順書に記載された正式なものである。

次に示す新入社員の職場配置に関するSOPを見ると、標準計画の対象範囲がいかに広いかがわかる。

新入社員の取り扱い

1　新入社員はすべて人事課に出向く。人事課職員は社員一人一人について以下に示すような書式を作成する（書式見本は通常SOPについているが、ここではついていない場合を例にとる）。作成した書式各一通は社員の職員ファイルに残し、他は次の指示に従って配布する。

a　新規雇用記録。給与課に一通、担当役員に人員要求書に添付して一通送る。

b　職員記録。一通のみ。保険証番号、年金手帳などを管理する。

c　国、自治体の納税証明書各一通を給与課に提出する。

2　給与番号を割り当てる。

3　ロッカーを割り当て、ロッカーの鍵を渡す。

4　オリエンテーション・プログラム（終了時にはチェックリストに新入社員の頭文字を記す）。

a　会社の歴史と目的（人事課の代表者が教える）。

b　各種社会保障の説明と書式の作成（社会保障担当の管理者が行なう）。

(1)　生命保険（年齢を証明するものを用意し受取人を指定する）。

(2)　健康保険。

(3)　身体障害保険。

(4)　年金制度。

c　勤務時間、勤怠管理システムの使用、欠勤時の呼び出しに関する規則を説明する（人事課の代表者が行なう）。

5　人事課の代表者が新入社員を部長のところへ連れていく。

SOPの開発では、単純明快であることが常に大切である。管理者があらゆる不測の事態に対処したいと思うあまり、SOPは複雑になりすぎるきらいがある。SOPをいかに細かく組み立てたところで、意思決定を下す際には、いろいろな要素を考慮に入れなければならない。運営手続きを決める場合、仕事の日常的な面については、あますところなく決めることができるが、個々の意思決定に特有の偶発的な問題については、そのすべてを網羅することはできない。

効果的なSOPは、

1　関係者一人一人の取るべき行動が明記されている。

2　仕事を行なう方法一つ一つについて、その用途が示されている。

3　運営手続きはいずれも、試験によって「唯一最善の方法」であることが確かめられてから定められている。

4　SOPが守られているかどうかを経営者が確かめられるように、SOPには管理機能も組み込まれている。

例外の原則

通常の日常業務に対する標準計画を立てると、その業務を担当する管理者は反復的な仕事に気を遣わなくてもよくなる。

SOPの戦略的な箇所にコントロール・ポイントを設けることによって、計画が予定どおり進行しているかどうかを早急に確かめ、意思決定を下すことができる。SOPから外れている場合は、管理者がしかるべき措置を取る。

コントロール・ポイントは、管理者がそれまでの段階を誤りなく経過したかどうかを確かめたり、重要な段階を迎えて修正措置が必要になった場合に時間的余裕を持って対処できるよう、運営手続きの中に組み入れていかなければならない。

たとえば、新入社員の取り扱いに関するSOPでは、コントロール・ポイントを取り扱い順序1のあとに置くとよいだろう。取り扱い順序1に必要なデータが全部揃っていれば、管理者の意思決定を待つまでもなく、直ちに取り扱い順序2に進むことができる。しかし、保険証番号など一部でもデータが欠けている場合は、取り扱い順序2に進むべきか、欠けているデータが揃うまで取り扱い順序1にとどめておくべきかについて人事部長は決定を迫られる。

これが例外の原則である。手順どおりに進んでいる件については、管理者がこれに関与する必要はない。例外が生じた場合にのみ管理者の意思決定が必要になるのである。

例外の原則を適用するもう一つの方法は、部下全員に対して標準計画に従い、その範囲内で意思決定を下すように求めることである。しかし、計画からはみ出すようなことが生じた時は、その件を上司に委ね、上司が例外とすべきかどうかを決定する。同じ「例外」がたびたび生じるような場合は、その例外について管理者が前に下した意思決定をSOPに組み入れておくとよい。そうすれば例外が「例外」でなくなる。

例外の原則は、現代経営管理概念のうちでも重要な部分を占めている。経営陣の一員が細かいところまでいちいちチェックしたり、些細な決定まで全部下さなければならないとしたら、会社も成長しないし、管理者も育たない。標準計画を立て、管理者は計画外のことにだけ関与するようにすれば、管理者は新しい計画を立てたり新しいものを生み出したりして会社の成長発展を助けるために自分の時間やエネルギーを思う存分効果的に使えるようになる。

標準計画の利点

標準計画がよい経営を行なうための有力な手段であるとする理由を要約すると次のようになる。

1　管理者が効率よく働けるようになる。計画が立てられ、計画の実施に参加する者が適切な訓練を受け、管理体制が整えば、管理者が関与しなければならないのは計画外のことだけになる。

2　一貫性が保たれ、仕事の調整が容易になる。

3　新入社員の教育が非常にやりやすくなる。管理者は、SOPによって新入社員が学ばなければならない仕事の概略を的確に知ることができる。したがって、研修計画を立てたり、新入社員が仕事を身につけたかどうかを確かめることが容易になる。

4　権限の委譲を容易にする。手順をあらかじめ決めておけば、部下にその一部をまかせるなり、全部を割り当てるなりすることができ、いつも部下のそばに立っていなければならない必要性から上司を解放する。

5　よく整った計画は、「唯一最善の方法」に基づく手順が組まれており、それが仕事を行なう最も経済的な方法にもなる。

6　SOPは、管理者自身の能力の開発に役立つばかりでなく、部下の管理者たちをできるだけ計画立案に参加させることによって彼らの能力の開発にも役立ち、さらに計画の実施に伴う細かい監督業務から管理者を解放する。

7　優れたＳＯＰには監視体制が組み込まれている。これは、管理が手遅れになってしまう前に計画からの逸脱を発見し修正することを可能にする。

標準計画を利用した場合の問題点

1　柔軟性の欠如。どんな計画でも、ひとたび文字に書き表わされると、変更できないように考えられがちである。ふざけ半分にせよ、標準計画をバイブルのように扱えば、何からやうやしい態度でそれに接するようになることは明らかである。

計画をすっかり固定化してしまって、変えられないようにしてはならないが、これといった考えもなく変えられるほど、締まりのない計画であってもならない。

計画に従って働いている者は、手順の改善につながる変更なら、どんどん提案すべきである。そしてそのような提案を検討する正式な制度を設けるとよい。そうすれば、計画は常に新しさを失わず、現場で生まれた新しい考え方や技術を素早く利用することができる。

2　計画は古臭くなりやすい。動きの激しい環境にあっては、新しい発明、新しい概念、新しい方法が絶えず導入されている。現在用いている方法は、こういう技術革新に対応するだけの柔軟性がないかもしれない。ＳＯＰを利用している従業員からの提案に応じても、充分な柔軟性を得られない場合がある。どの会社でも標準計画を定期的に審査するための標準計画が必要である。少なくとも三年か四年ごとに利用中の標準計画を一つ一つ再評価し、それらが今なお「唯一最善の方法」であるかどうかを確かめる。現在のまま続けるか、修正を加えるか、あるいは完全にやめてしまうかを決める計画審査の責任は、委員会かスタッフ部門が負うべきである。

きわめて多くの会社が、現在の問題と実質的に関係のない計画を多く持ちすぎている。そういう計画はただ記録されているだけで実際には無視される（したがって、真の目的を果たさない）か厳格に守られるかするが、いずれにしても効果的にその使命を達成することはできない。計画が生きているならば、それを実行しなければいけない。もしそれが使えなくなっていたら廃止すべきである。

計画全体の評価ができないうちは、計画の部分的な評価も行なうのを延ばすべきであると考えがちであるが、その必要はない。多くの会社では、記録用紙や書式（通常はSOPのもとで標準化されているが）を一定の年月ごとに審査しており、必要があれば変更を加えている。どんな変更でも、それが改善を伴うものであれば奨励し、SOPに組み入れるべきである。このように適宜に審査して変更を加えていけば、SOPに柔軟性を持たせることができ、費用の節約にもなる。もしこの改善を遅らせれば、あとになって、反古にすべき書式類が多量に在庫されてしまって、印刷、用紙代の無駄が出てくることになる。

3　計画化には費用がかかる。よく練られたSOPをつくり上げるために、管理者や専門スタッフたちが費やす時間は貴重である。また書式やシステムなどの開発やＳＯＰを活用する人たちの訓練にも費用がかかる。

4　計画化には時間がかかる。問題は単なる時間の消費ではなく、本来生産活動そのものに使われるべき時間が、それ以外のことに使われるという事実である。

5　標準計画の利用は、進取の気性を失わせる。部下たちはいつもＳＯＰに従っていなければならないとしたら、自分で考えることができなくなり、ロボット人間と化してしまうであろう。管理職が部下たちに自分で考える能力を伸ばす機会を与えてやらないと、深刻な問題になる。ＳＯＰの立案や再評価、修正に部下たちを参加させることは、そのような機会を彼らに与えることになる。また「例外」的な意思決定をすべて上層管理者にまわしてしまわないで、下層管理者に意思決定を下させることも、自分で考えることを奨励することになる。

標準計画は、その長所短所をわきまえていれば、仕事にそれぞれ合った利用ができるが、現在および将来の会社の発展に寄与するような計画を立てる必要がある。

単用計画

単用計画は、一回限りの特別な状況に応じるための計画である。似たような状況にたびたび直面するかもしれないが、多くの場合、その時々によって大きな差異が認められるため、新しい単用計画がつくられる。

たとえば、移転、新しい製品やサービスの発売、支店の開設などには単用計画が必要である。

これらの大仕事を行なう時の計画で重要なことは、希望どおりに計画を達成できるようにすることである。単用計画は、綿密につくらないと混乱して時間と金を浪費し、失敗しやすい。

単用計画で最高の成果を上げるには、他の種類の計画化と同様に、たどるべき段階と開始時期と終了時期を明らかにし、計画の各段階について責任を負うべき各担当者を決めなければならない。

計画を細かく分割し、扱いやすい大きさにする。人は大規模な計画に直面するとうろたえてしまい、手の施しようがないように思えてしまうが、論理的に何段階かに分ければ、各段階が達成可能な大きさに見えてくる。また、仕事を分割すれば、各仕事に対する責任をそれぞれ特定の個人なりグループなりに割り当てることができる。

計画をいくつかの段階に分けたら、それぞれの段階の適切な順序を決める。段階によっては、前の段階が完了してから次の段階に移らなければいけないものもあるし、完了していなくても移ってかまわないものもある。

どの段階にも一定の資源が必要である。仕事を割り当てられる部下も、仕事を管理する管理者も資源の一つである。適任者がいなかったり、いても使えなかったりした場合は、その計画は必ず失敗する。往々にして私たちは、現在の組織内の管理者のうち、一人ぐらいは本人の本来の仕事を犠牲にしないで、別のプロジェクトを同時に並行して担当させることができると考えがちであるが、これは近視眼的であり、その管理者本来の仕事も新しいプロジェクトも、ともになおざりにすることになる。

単用計画に欠かせない部分の一つに、計画を構成する段階ごとの日程表がある。これには計画実施期間の開始時期、仕事の所要期間、仕事を完了しなければならない期限が含まれる。日程表の作成は必ず計画の一部に加える。計画によって、きわめて厳密に「第二段階は五月二日からはじまって七月二十四日までに完了する」というように決める場合もあるし、もっと幅を持たせて「第二段階は五月の前半にはじまって七月末までに終える」というようにする場合もある。各段階に割り当てられる期間は、必要な期間に関する合理的な予測と会社の計画達成要求によって決まる。

次に紹介する典型的な新製品発売計画を見ると、単用計画の全体的な概念がはっきりわかる。

新製品発売計画　この計画を実施するのに先立って、会社は一連の意思決定を下している。研究開発部が実用化の可能な新しい化粧品の製造技術を開発し、市場調査員が予備調査を行なってその化粧品の発売を提案した。重役会はこの計画に充分な資金をまわすことを決定した。製品部長にはこの計画の立案と計画実施の責任が課せられた。

目標——新製品を全国規模で発売し、一年間のうちに販売量を月間三十万個に持っていく。

補助目標——広告と広範囲にわたる見本配布によって消費者に新製品を知ってもらう。

——食料品店、薬局、チェーンストア、デパート、問屋筋など全国に販路を開く。
——予想需要を満たせるだけの製品の製造を行なう。
——広告や見本配布と並行してあらゆる販路に製品を充分に送り込み、販売目標を達成する。

製品部長は、これらの目標を達成するために、それぞれ独立しているが相互に関連し合う三つの計画、すなわち、マーケティング計画、製造計画、流通計画を立てた。それから各計画の責任者となる管理者を決めた。言うまでもなく、やらなければならない仕事と定められた期限の両面から計画を調整しなければならなかった。

このような計画がどのような働きをするかをわかりやすくするために、それぞれの面について個別に論ずることにする。六十三～六十四ページの計画と予定表は、三つの計画がどのようにからみ合いそして統一されているかを知るのに役立つはずである。

マーケティング計画(最高責任者—マーケティング部長)

1　市場調査班（責任者—市場調査部長）はすでにこの市場の予備調査を行なっている。新計画は二月二日よりはじまり、次のことを実施する。

a　地域別および販路の種類別に潜在市場を明らかにし、二月十五日までに完了する販売地域の統計調査。

b　（コンサルタント）に依頼して当社の製品の潜在顧客が同じ種類の化粧品を選ぶ際に

何を求めるかを調べてもらう購買動機調査（二月二十八日までに終える）。

c　競争相手の製品の価格形成分析（二月二十八日までに終える）。

2　製品部長、マーケティング部長、市場調査部長、営業部長で構成される販売戦略委員会が、全市場調査完了次第（三月一日まで）、戦略会議をはじめる。

これらの調査結果に基づき、

a　包装部は包装に関する提案を行なう。委員会は三月三十一日までにどのデザインを採用するか決める。

b　宣伝部長は広告代理店と宣伝キャンペーンのための共同作業に入る。作業は四月十五日に終える。

c　営業部長は、セールスマンの増員要求の具体化など販売戦略計画を開始する。計画は三月三十一日までに完了させる。

3　製品部長は試験販売をする三地域を選び、五月一日から試験販売をはじめる準備をする。試験販売は三地域同時にはじめ、二カ月間続ける。

4　宣伝部長は、印刷物やテレビなど、各媒体向けの最初の一連の広告を完成させる。試験地域での試験広告は試験販売と呼応して行なう。広告の選択は四月三十日までに終える。試験広告は五月、六月に行なう。六月三十日からその評価をはじめる。

5　営業部長はセールスマンの新規募集を開始し、採用者が決まり次第、基本的な販売訓練をはじめる。新規採用は四月三十日までに完了する。新製品を担当する正規の新人社員に対する教育は五月一日からはじめて五月二十二日までに終える。
6　東部および中部地区の全販路に対する販売活動は六月一日から開始する。
7　販売戦略委員会は、試験販売の結果を評価したあと、七月十五日までに販売戦略に関する最終決定を下す。中西部および太平洋地区における販売活動は七月十五日から開始する。
8　消費者向けの全国的な宣伝は八月一日からテレビを利用し全国ネットではじめる。この宣伝は新製品発売計画が終わるまで続ける。
9　この販売計画の中心は、「居住者」郵便配達制度を利用して何百万人という消費者に新しい化粧品を送ることである。市場調査で、見本は全国の中所得者地域と高所得者地域に送ることが決まっている。この仕事はダイレクトメール会社に請け負わせた。責任者には販売促進担当の宣伝部長代理がなった。彼は一月から業者と接触し、一緒に仕事をした。見本の郵送は八月にはじまり、九月の終わりまで続けられる。十月十五日までには、リストに載っているすべての消費者が見本を受け取っていなければならない。これは、広告から受けた印象と見本を受け取ったことが消費者の心の中に製品のイメージを際立たせるように宣伝キャンペーンと一体になっている。
10　十月中に全販売計画を調査検討する。結果は、十一月に縦続的業務に利用する標準計画に関する意見を添えて経営者に報告する。

製造計画（責任者―製造部長）

1　研究開発は二月十五日までにすべて完了する。

2　生産計画の立案（製品管理部長が担当する）は二月一日までにはじめる。

3　必要な生産資材は三月三十一日までに発注する。

4　包装材は四月十五日までに発注する。

5　五月一日から見本の生産をはじめる。見本専用の製造機械はすでに据え付けを終え、八月一日まで見本サイズの製品だけを生産する。

6　普通サイズの生産は五月十五日からはじめる。

7　生産開始当初に生じる問題を解決してから生産を継続する。生産は六月十万個、七月二十万個、八月二十五万個、九月と十月は各々三十万個という割合で行なう。

8　十月に生産状況の評価を終える。継続する業務については標準計画を提案する。

流通計画（責任者―流通管理部長）

1　流通分析を一月、二月、三月に地域別、販路の種類別、出荷量別に行なう。見本の配布については販売促進部長と緊密な連絡を取る。

2　五月十日までにテスト市場に製品を出荷する。

3　東部地区および中部地区に対する通常出荷は六月五日からはじめる。

4　中西部地区および太平洋地区に対する通常出荷は七月五日からはじめる。

5　計画のバランスを考え、必要に応じて出荷する。

6　十月と十一月に流通状況の評価を行ない、継続する業務については標準計画を提案する。

この一連の計画を見て気がつくことは、主要な活動分野にはそれぞれその分野の目標達成に責任を持たなければならない管理者が配置されていることである。製品部長は計画の全体的な管理と調整を完璧に行なっている。また、段階ごとに期限が定められていることも注目される。

よくできた単用計画は、新製品の発売といったような大事業には欠かせないものであり、よい単用計画を立てるために費やされる時間も、その計画によってもたらされる大きな成果によって相殺できる。

化粧品の新製品発売計画

月	マーケティング	製造	流通
一月	市場調査、統計分析、購買動機分析開始	研究開発開始	流通分析開始
二月	市場調査完了	研究開発完了、生産計画の立案開始	流通分析を続ける
三月	包装をデザインし、宣伝計画スタート、販売戦略を練る	原料を発注	流通分析完了

四月	セールスマン募集	包装を発注、生産計画完成、見本を生産	試験販売の準備
五月	試験販売、セールスマン教育、試験販売地域での宣伝を行なう	生産開始、見本生産の継続、普通サイズの生産開始	テスト市場へ出荷
六月	試験販売、試験販売地域での宣伝を行なう、東部地区と中部地区でセールス開始	十万個生産	東部地区と中部地区に出荷
七月	試験販売の結果を評価、中西部地区と太平洋地区でセールス開始	二十万個生産	中西部地区と太平洋地区に出荷
八月	消費者向け宣伝を行なう、セールスを継続、東部地区と中部地区に見本を郵送	二十五万個生産	注文に応じ全国的に出荷
九月	消費者向け宣伝を継続、見本の郵送継続	三十万個生産	出荷を継続
十月	全販売状況を評価	三十万個生産、生産状況を評価	出荷を継続、流通状況を評価
十一月	継続的業務のための標準計画をつくる	継続的業務のための標準計画をつくる	継続的業務のための標準計画をつくる

長期計画

標準計画と単用計画は現在の状況を処理するのに用いられる。これら二種類の計画の他に、たいていの会社が、数年がかりの目標を達成するために長期計画を立てている。

比較的小さい会社において、時には大会社においても言えるが、長期計画は正式なものではない。数人の経営陣だけで長期計画を立て、その多くは正式な手続きを経ないまま口約束だけに終わってしまう。長期計画が熟慮の上で生み出されるのではなく、現状に対する条件反射でつくられてしまうことが多い。たとえば、競争相手が郊外のショッピングセンターに支店を設けたとする。そうすると、経営者たちは混乱状態におちいり、すぐに近くのショッピングセンターに自社の支店をつくる計画を立てる。何の分析も行なわず、一回の需要調査もやらない。要するに、現実の可能性について実質的な配慮は何一つなされないのである。

このような「計画化」を避けるために、正式な計画化システムを採用する会社が増えているが、このシステムには実際の計画化に不可欠な細かい配慮と分析が含まれている。正式な計画化システムでは、計画化に参加する各人が詳細な計画を立て、会社の上層部か委員会が最終的な承認を与える前に、その計画の調整と審査を必ず行なわなければならない。

正式な長期計画は通常三年から十年にわたるが、五年というのが最も多い。終わるまでに長年月を要する機械の購入とか施設の建設といったことが計画の中に含まれていない場合は、計画の実施期間は五年止まりにしたほうがよい。そうしないと、社会や経済や技術の変化によって計画が古臭いものとなってしまい、計画化そのものが無意味になる。

多くの会社が、一つに統合すると長期計画になる一連の「短期計画」を実施している。「短期」とは普通一年から二年である。それ以上に長くなると確信を持って計画が立てられなくなる。大事なことは、その期間内に計画を達成し、まとめてしまうことである。長期計画はこの短期計画をもとに立てることができる。

ここでいう長期計画、短期計画とは全社的な計画のことであって、企業活動の特定部分に関する標準計画や単用計画のことではない。全社的計画を適切につくり上げるには、経営者の全面的な支持を得て、会社内でしかるべき権限を持った人がそれを立てるべきである。組織内の下の階層の者に計画化をまかせ、それに対する部長の注意もおざなりになり、経営者も口先だけで、本腰を入れた支援をしないというようなことがあると、計画化はうまくいかない。

短期計画も長期計画も必ず文書にすべきである。その写しはそれに従って仕事をする人全員、つまり、計画の実施に責任があるすべての人たちに配布し、必ず運用しなければならない。決して肝心の管理者自身が受け入れられないような、お偉方を感動させるためだけの展示品にしてはならない。

長期計画の段階

1　全体的な状況を評価する。これには世界経済、国内経済、地元および地域社会の圧力、業界の状態など、できるだけ公平な、現状から見た将来に対する見通しが含まれる。

たとえば、石油化学製品を原料とするプラスチック製品をつくっている会社があったとする。この場合、長期計画を立てるには、今後数年間石油化学製品の原材料を確保できる確率、地方自治体または国が製造中に排出する汚染物質に対する規制を変える可能性、プラスチック産業に生まれつつある変化など、いろいろな分野を調査して、今後の変化についての見通しを持たなければならない。

2　会社の目標を検討して、限られた目的を持った計画に変える。目標については前章で論じた。目標を計画に変えるには、（成長したければ）成長率、この成長を達成するための特別な方法（売り上げを伸ばす企業の買収、支店の開設など）、成長の予定表、資源の利用度、計画に伴うリスクといった問題を考慮しなければならない。

3　計画の各段階で目標とする結果を決定する。自分の「現状」を評価する、すなわち、計画（設備、人的資源、経営管理、能力など）の影響を受ける領域のうち、自分は今どの位置に立っているかを知り、それと「来るべき」状況計画達成中に置かれる状況を比較してみる。

4　次章で述べる計画化の段階を活用する。これは種々の重要な情報を総合的に検討し、創造的な思考力を働かしてよく練られた計画を立てることを可能にする。

5　計画を生かす。計画を利用するのである。経営者は口先だけで計画を支えるのではなく、「計画に従って仕事をすること」を会社経営の基本としなければならない。

6　再調査し再評価する。少なくとも六カ月ごとに計画の実施状況を再調査し、どのように変えたらよいかを調べなければならない。

年の終わりには毎年、最終年の次の一年間の計画を立て、長期計画に加えるべきである。たとえば、本年末には、本年から持続して実施していく五年計画に加えて、翌年の計画を立てる。

長期計画で注意すべき点

長期計画ができればそれで会社が発展する上での問題は解決してしまったかのように思い込みがちである。この思い違いは大変悪い結果を招く恐れがある。次に管理者が注意しなければならない点をいくつか挙げてみることにする。

1　準備は万全か。最初がずさんだと、計画は生きてこない。長期計画は時間をかけずにできるものではない。これは大仕事であるため、時間をかけて充分に考えることだ。

2　計画を実行する管理者は計画の立案に参加したか。専門家が計画化を行ない、出来上がったものを、計画を実施する業務執行者に提示する場合が多い。これではあまり効果が上がらない。必要な場合に援助をさせたり、アイデアを出させたり、専門的知識を提供させるために専門家を使うのはかまわないが、実際の最終計画はこれを利用する人たちにつくらせるべきである。

3　その計画は、まだ実際に必要としない資金などの資源までも管理者に与えるようになってはいないか。計画がある以上、管理者はあくまでそれに従おうとするが、情勢が変われば計画の調整も必要になってくる。したがって、資源はそれが必要になるまで管理者に与えるべきではない。

4　関係者は一度つくった計画の変更を嫌がらないか。計画は労作であり情が移ってしまう。計画立案者は自分の仕事に「ほれてしまう」ことが多い。しかし、長期計画の場合、社会の動きに応じて変更する必要が出てくる。経営者は再調査の上、修正したほうがよいと思ったら、積極的にそうすべきである。

5　すぐに結果が出ることを期待していないか。経営者の中には、五年計画が初年度から実効が上がらないことに失望する人がいる。達成するためには、それだけの時間をかけなければならない。

結果の評価

長期計画はとかく抽象的になりがちだから、半年ごとないしは一年ごとに計画の進捗状況をはかる方式を開発することが重要である。

これを成し遂げる最善の方法は、計画の段階ごとに予測結果の形で具体的な基準を設けることである。

結果が量的に表わせる場合は、測定は比較的容易である。売り上げや生産性の伸びを期待するなら、それらの伸びを一年ごとに量的に決め、実際の伸びと比較する。

計画の達成度を段階ごとにはかる場合も、同じようなことが言える。たとえば、工期三年の建設工事などがそうである。この場合、一年間にどのくらい工事を進めなければならないかがわかる。

しかし、長期計画に不確定要素が含まれている場合は難しい。社会的イメージの向上に目標を置いている場合、購買態度調査や新聞などのメディアの論評を分析することでしか結果をはかることはできない。だが、この場合も何らかの方法で評価の手がかりとなる一定の基準をつくるべきである。

4 計画化の第一段階

計画化は常に目標と一体となっていなければならない。計画化の中に目標がなければ、いい加減なものになってしまう。計画化を行なう担当者は、対象となる部や課の目標はもとより、会社全体の目標についてもあますところなく精通していなければならない。

誰が計画を立てるべきか

計画化は全管理者の職務でなければならない。場合によって他の管理者より強い関心を計画化に持つ管理者もいる。たとえば、生産管理部長は同じ部の他の管理者にくらべて生産計画の立案により多くの時間を費やしている。しかし計画に従って仕事をする者は全員、計画化に参加するようにすべきである。

計画化は誰が行ない、どの部分を専門家や直接の管理者が行なうべきかという問題に対処する方法はいろいろある。一部の会社では、部長が自分の部の計画化を全部行なうことになっている。部長個人がその仕事に直接関わりを持っており、下した意思決定の問題点や分担状況を知っているので効果的であるが、問題点もある。自分の部の日常業務に追われるあまり、計画化の仕事を表面的に済ませてしまう管理者もいるからだ。

管理者が専門家や同僚と協力して計画化を行なうことも、かなり一般化している。これに類する方法として、部下に計画をつくらせて管理職が承認を与える方法や、管理職が計画化に対等に参加し、仕事はすべて部下にやらせる方法もある。

ほとんどの会社でライン担当者は自ら計画化を行なえないことになっているが、自分の仕事に影響のある計画化には、いかなる場合も参加すべきである。彼らは業務上の問題に精通しており、スタッフだけより状況の把握が具体的にできるからだ。計画立案者は充分な時間と、現状を超えて広い視野から物を見る客観性を備えていなければならない。

会社によっては各種の計画化を独立して行なう専門家を置いているところもある。また、専任で長期計画をつくっている人たちもいる。これには、長い間会社に勤め、そのキャリアの最後に計画づくりに異動した高年齢の経営幹部がなることが多い。長年日常業務に従事していた関係で、計画化の仕事にその経験と成熟した判断力を生かすことができる。

一般原則として、長期的活動に関する計画は専門家と経営者がつくり、短期的問題と現在の問題に関する計画は、もっと低い階層で扱われる。

何が問題か

目標が明確に定められ、計画化の責任の所在が明らかになったら、計画者は解決すべき問題を診断しなければならない。これを行なうには、次のような一定の段階を踏まなければならない。

問題を明確にする　計画者の各人が問題を同じようにとらえるようにする。全体計画の目標は売り上げを伸ばすことであるが、一人の計画者は現状を診断して販売技術の向上に問題があるとし、もう一人は価格形成に問題があるとするような状態であれば問題はいっこうに解決しない。すべての者が問題を正しく認識するようにする一つの方法は、各計画者に問題を簡潔に書かせてみることである。

状況を客観的に見る。そして何が、なぜ、いつ、どこで、誰が、どうやって、といった質問を発して、すべての計画者によく聞いてみることである。

非能率を改めたり、不慮の事故に備えたり、方法を変更したりするには、まず何をしなければならないか、を考えてみる。そして次に、

なぜそうしなければならないか。そうしないと、どういうことが起こるか。現在の問題を解決したり、将来に備えるためにどうしてもそのような措置が必要か。それは自分たちの目標にどういう関わりを持っているか、を考えてみる。

それはいつ行なうべきか。すぐに行なわなければならないほどの緊急性があるか。この計画ではそれはどのような予定表に載せるべきか。

それはどこで行なうべきか。計画の実施に設備は利用できるか。

計画の立案は誰に担当させるか。専門家グループかライン担当者か。

それをどのように行なうか。計画を立てたあとどのような方法でそれを実施するか。

このようないくつかの疑問に答えてみなければならない。

問題の診断は表面的に行なわれることが実に多い。実際は見かけよりかなり根が深いのに、問題の本質がわかったように思い込むのである。医者の診断でも症状だけでは病気の本当の原因がわからないのと同様に、経営者や管理者も問題の徴候と原因を混同してはならない。問題の根を見つけ出すには深く掘り下げなければならない。徴候は、事実と想像の間の隔たりを覆い隠すものにすぎない。

かつて、低価格で質の高い料理を提供することで有名だった、ニューヨークのある大手カフェテリア・チェーンが赤字を出した。この経営者はすぐに赤字の原因はコストの上昇にあり、質を落とすか値上げをしなければ利益を上げられないと思った。そこでまず値上げをしたが、取引額がかなり減ってしまった。それから逆に値下げをして質を落としたが、取引額はさらに減少した。この問題を詳しく調べると、どちらも赤字の根本原因ではなかったことが明らかになるはずである。飲食店業の中の軽食部門という観点からこのレストラン・チェーンを深く分析してみると、取引額の減少は食習慣の変化によるという事実が表われてくる。肉と野菜とデザートを売りものにしていたレストランは、ハンバーガーとフライとソーダ水の売れ行きに食われてしまったのである。真の原因は値段ではなく、売る料理の種類にあったのだ。

根本原因は常に徴候の下に何枚ものベールをかぶっている。この診断を担当する管理者は、根本原因が明らかになるまですべての徴候を疑ってかからなければならない。ニューヨークのカフェテリア・チェーンの例で言うと、値上げによって総売上額が一食あたりの利潤の増加分で総損失額を穴埋めできないところまで減ってしまった時は、値下げして質を落とせば赤字は補えると考えるのは当然である。しかし、このような意思決定を下す前に、低価格が量的にどんな影響を与えるかを研究するべきであった。業界のデータによると、価格は売られている製品の種類ほど重要ではなかったのである。自社の商品構成を調べただけでも、どの品物が売れてどの品物が売れないかがわかる。また、顧客のタイプの変化を分析すれば、潜在市場に大きな割合を占めつつある若者たちがカフェテリアに来なくなっていることもわかる。時間と労力に余裕があれば、さらに詳しく調べて、市場が変化した原因をつきとめたくなるかもしれないが、「原因の原因」を追究することは、ある程度でやめなければならない。診断がはっきりしていて、どういう措置を取ったらよいかわかる場合、つまり、経営に役立つ措置が取れるところまででよい。ここで示したのは、市場がどう変化したかを明確にすることによって変化に応じた計画を立てることができた例である。これ以上つきつめる必要はない。

事実をつかむ

事実を掘り起こすことは正しい診断を下す上で大切なことであるが、問題が確認されている場合は、一つの事実の掘り起こしに熱中することは、むしろ危険でさえある。現状打開の方策を見つけ、目標達成に必要な計画を立てるには、できるだけ多くの情報を集めることだ。

問題に関係ある情報をできるだけ多く集めるためなら、どんな手段でも用いなければならない。たとえば次のような手段がある。

これまでの経験　まず、前に同じような問題をどう処理したかを調べるところからはじめるのが合理的である。問題が新製品の発売であれば、前に行なった新製品発売について調べる。それが新方式の製紙機械の開発であれば、どのようにして開発されたかを調べればよい。過去に例がない場合は、他の会社で同種の問題を扱ったことのある例を生かすべきである。何もかも過去の方法に従えというわけではない。むしろ、現在行なっている計画化に必要な事実を知るための指標として利用すべきである。故障のたびに前と同じ轍を踏む必要はないし、とはいえ前の解決策が必ず役に立つという保証はない。

観察　管理者にしても計画者にしても、まず状況を観察することによって必要な事実をたくさん知ることができる。現在何が行なわれているかを物語る手近なデータを全部集めれば、「現状」を見きわめることができる。

観察は現に問題に取り組んでいる人たちとの議論によって補足する必要がある。問題に取り組んでいる人たちの中には、監督者と運用担当者も含まれる。これらの人たちは、表面的な観察ではわからない事実を教えてくれるだけでなく、状況を本当に理解する上できわめて重要な、実体のないものについても教えてくれる。従業員の考え方、現在の仕事についての悩みや不平、士気の程度といったことは、いずれも活動の成功につながっている。計画者は本当の事実を知るために、そのような問題に充分注意を払わなければならない。一般従業員との対話は、しばしばそれまで気づかなかった問題の重要な側面を掘り起こしてくれる。

調査研究　多くの会社が、仕事についての通常の観察やアンケート調査では得られないデータを集めるための特別の調査研究組織を持っている。この種の組織には、技術的な問題を研究しているものから、販売傾向や経済見通しなどに関する統計を集めているものまである。

技術的研究には、実験室で行なわれる研究、新しい技術や製法の調査、経験の浅い分野で計画化を行なう際に生ずる問題の明確化などがある。これを行なう施設がない場合は、計画者が外部の専門家を手配して技術的研究を行なうようにすべきである。

市場調査は、製品またはサービスの潜在市場の調査である。データはさまざまな情報から集められる。なかには社内にある記録でできる市場調査もある。販売記録を調べれば、区域別に予想売上高を割り出す参考になる。また、業界の販売記録を調べれば、あなたの会社が売っている製品やサービスの総売上高や市場占有率を決める手がかりが得られる。消費者の好み、特殊な製品やサービスの需要の有無、消費者購買力の動向などをつかむ市場調査には、市場調査コンサルタントを利用することができる。

マーケティング計画にはこれ以上のものが必要になるが、他の計画化においても、予想される売上高に頼る面は大きい。

　市場調査でできるデータ収集には、他に購買動機調査がある。これは、消費者の商品選択の理由を心理学的に分析する仕事である。調査員が可能な範囲内で抽出した消費者に面接し、内的動機が消費者の意思決定にどういう影響を与えるかを明らかにする。たとえば、購買動機調査で、水だけ加えればよいケーキ・ミックスを買いたがらない女性が多いことがわかった。心理学者に言わせると、バター、卵、牛乳のような「栄養のある」材料が加えられていないという罪悪感が買い手にあるからだという。メーカーが材料から粉末乳製品を取り除き、買い手にバター、卵、牛乳を加えるように指示すると、価格が上がったにもかかわらず爆発的な売れ行きを示した。問題はこの隠れた事実を発見することによって解決されたのである。

　事実を集める方法としては、他に人口趨勢、地域構造の変化、自社製品の市場となる新しい産業の開発状況などを伝える政府統計の利用がある。この情報は政府機関や関係業界の業界紙から収集できる。

データを組み立てる

　データを集めたら、正しい分析ができるように整理しなければならない。多くの場合、集めたデータは膨大な量になり、これを徹底的にふるいにかけたり意味を理解することは難しい。

事実が主として数量に関するものであれば、コンピューターを利用することができる。多くの会社は経営情報システム（ＭＩＳ。Management Information Systems）を持っていて、もっぱらデータの分析と、経営者に計画化や意思決定に役立つ情報を伝えることに使用している。

データの組み立てを一歩進めたシステムがオペレーションズ・リサーチ（ＯＲ）である。これは、計画化のいくつかの面で利用価値がある。たとえば、複雑な問題の診断、事実の評価、そのデータが全体の状況に及ぼす影響を見通すことなどに利用できる。また、ＯＲは、下した意思決定の検定にも利用できるようになった。

ＯＲは、問題を「モデル」と呼ばれる複雑な方程式に変えて行なわれる。この数式ができると、事実の一つ一つを他の事実や問題全体との関連において分析することができる。複雑なモデルもコンピューターを使って解くことができる。ＯＲは多くの変量が扱えるので、数式を解けば、予想される変量の個別的結果ないしはいくつかの変量の総合結果を予測することができる。

たとえば、自動車メーカーが、各種交換部品の来年の在庫量を種類別、地域別、月別に決めたいと思っていたとする。ＯＲの担当者が過去の経験、新車販売の市場見通し、旧型車の部品交換記録、全国各地の気象条件（ある種の部品の損耗に影響がある）、道路条件、制限速度などを参考にモデルをつくる。このモデルをコンピューターにかけると、地域別、種類別に自動車部品の必要量がわかる。この情報のおかげで需要を満たすと同時に数百万ドルの経費を節約できる計画が立てられる。これらの事実がいっさいわからず、相互に関係づけることができなかったら、部品によって顧客の要求を満たせない場合も出てくるだろうし、さもなければ在庫過剰となり、在庫投資で大損害をこうむるだろう。

数量にばかり頼ることの危険（ORないしコンピューター・データを利用する場合におちいりやすい落とし穴）の一つは、問題を解く鍵となるものがつかみにくいことが多いことである。計画者は、データ集めの一環として従業員の士気、会社に対する世論、地域社会との関係、計画に影響を及ぼしそうな政府の措置、関係者などの計画の受け止め力といった問題にも気を配らなければならない。

これらのつかみにくい要因を明確にとらえる方法としては、管理者の個人的「感情」に頼る他に、うってつけの方法がいくつかある。調査は、従業員態度調査とか世論や対地域社会関係の分析を専門にしている外部のコンサルタントがやってくれる。この種の調査は計画立案に役立つ詳細なデータを集めることができる。新しい地域社会で工場の操業をはじめようという場合には、その会社の業種や工場から生ずる公害問題などに対するその地域社会の人たちの考え方を知るのも有益である。調査の結果その地域に問題のあることが明らかになれば、計画化の段階でその事実を考慮に入れなければならない。

計画化を担当する管理者は、計画の組み立てをはじめる前にその全体像を確実に描けなければならない。その確信が持てれば、次の段階に取りかかることができる。

代替案をつくる

問題の処理方法が一つしかないことはまれである。「唯一最善の方法」を選ぶ前に、それに代わる方法をいくつも考えておかなければならない。大多数の経営者は問題の解決を過去の経験に頼っている。それが成功例であれば、現在の問題に対する立派な解答になり得るが、決定を下すまでは他にも可能な解決策を探すべきである。

何かの問題について事実を収集している時に、他の会社が同じような問題の解決に用いた方法を伝える情報が舞い込むことがよくある。他の人の経験は一考に値する代替案になることが多い。マネジメント・セミナーや産業団体の会合に出席することの利点の一つは、カクテルや食卓越しに非公式に交わされる情報の交換ができることである。

代替案をもっと直接的、組織的に探し求めることを、計画化の過程の一部とすべきである。同業ないしは似た業種の会社で関係ある地位を占める管理者たちは、しばしばいろいろなことについて話し合ったり、相互の問題に関して情報を交換しあったりしている。このような接触を保ったり、必要な時に利用することはよいことである。

業界紙を読んだり、業界の会合に出たり、経営者たちと商売の話に熱中したりすることは、経営問題に応用できるアイデアの貯蔵庫づくりに役立つ。各地の経済団体や商工会議所、経営者協会などの団体は、管理者にとって利用価値のある報告書を発表したりして、他の会社が類似の問題を解決した方法に関する情報を流布している。各種の経済紙や雑誌を定期的に読むことは、企業経営者の摂生の一部とすべきである。自身の問題に適用できるなら、他の誰かが成功した方法をそのまま真似したところで少しも恥ずかしいことではない。アイデアを読んだり、聞いたり、交換したりすることによって管理者は視野を広げ、思いつく可能な代替案を増やしていくのである。

個人の想像力を刺激する

代替案を生み出すには、部下の創造力を生かすべきである。創造力は誰でも持っている。心理学者たちによると、この偉大な能力はすべての人間の内部にあるが、抑圧されているか封じられていることが多い。部下の一人一人が持っている創造力を発揮させることが経営者の責任である。

多くの部下は自分にも創造力があることをまったく信じていない。生まれてからこのかた、創造力は画家、作家、広告クリエイターなど「天才」が特別に持っている才能であると信じ込まされてきたのである。彼らの独創的な提案やアイデアが、過去において親や先生や監督者から嘲笑されたり、持てあまし気味に相手にされなかったということがよくある。

彼らが創造力を信じられない理由は、自分のアイデアが批判されないだろうかと思ったり、アイデアが採用されなかったら自分が馬鹿に見えるのではないかと考えたりするからだ。管理者は、部下たちを励まして業務の改善を率先してやらせたり提案させたり、アイデアを出させたり、計画化に参加させたりすることによって、この不安を克服しなければならない。しかし、本当に創造力を発揮させたいと思ったら、いかに非現実的なアイデアであっても、決して馬鹿にしてはならない。取るに足らないアイデアでもこれを評価し、決して攻撃してはならない。独創性が歓迎されることが明らかになれば、やり込められはしないだろうかという不安は次第に拭い去ることができる。

創造過程がわかれば、自分自身の創造力を向上させるとともに、他人を助けてその創造力を引き出すこともできるようになる。心理学者は創造過程を五つの段階に分けている。

1 浸透 アイデアを生み出そうという時には、その前に問題についての知識を「浸透」させなければならない。これには関係領域に関する広範な知識を身につけることのほか、先に論じたように、事実を集めることも含まれる。

2 分析 事実とデータはすべて分類して選り分ける。そして何らかの形で系統立てて整理する。形が表われるまで何回でも整理を重ねる。絶えずいろいろな面の事実を選択し、入ってきた他の事実や膨大な記憶となって残っている（決して失ってはいない）過去の経験のすべてと比較する。これは、すでにプログラミングして入っている資料と新しい入力情報との比較を行なうコンピューターと同じである。人間の頭は人間がつくったコンピューターよりはるかに複雑であり、おびただしい情報を持っている。

3 孵化 私たちの頭脳が事実の整理と分析を終えると、いくつかの答えを出すことができる。ところが頭が事実や概念でごった返し、すっかり混乱してしまうことがよくある。整理がつくまで時間が必要である。たいていの人がこのような状態を経験しており、別のことを考え出すと頭が軽くなって、アイデアが潜在意識の中で孵化しはじめる。多くのアイデアは眠ったりリラックスしている時に孵化するのである。これが起こるのはよいことである。あなたやあなたの部下がある問題の解決で不満を感じた場合は、不満は創造過程における一歩にすぎず、それを悩みの種とせず、むしろしばらくの間問題を棚上げにして孵化を待つ時であると考えるべきである。

4　ひらめき　漫画家はキャラクターの頭上の吹き出しの中に電球を描くことで、新しいアイデアを思いついたことを表現するが、頭はしばしばまさにこれと同じ働き方をする。データを浸透させ、事実を分析し、いろいろな事実の間の関係を検討し、しばらくの間資料の孵化を待っていると、突然解答が出てくるといった具合である。この段階を全部たどってこなければ、ひらめきを期待してはならない。腰を下ろして待っているだけで問題解決のひらめきがあるのはまれであろう。天才とは九十九パーセントが努力で、ひらめきは一パーセントにすぎないというエジソンの信条を忘れてはならない。

5　適合　アイデアが芽生えたら、それを試験して個々の状況に適合させなければならない。仕事の別の側面や携わっている人たちのさまざまな視点など、アイデアが充分に理解された時に生じるあらゆる要因に対応すべく、調整しなければならない。管理者は、新しいアイデアが生まれた時にはものになるように見えても、これをテストし、確かめ、実際に役立つように調整、修正を加えながら、適合化をはかる必要がある。よくおちいりやすい危険は、自分自身のアイデアにほれ込んでしまって、変更を提案されても提案に従うどころか、そのアイデアを弁護するようになってしまうことである。

創造的思考力を伸ばす

アイデアをどんどん生み出すのも、創造力を封じてしまうのも、心構え一つである。人間の頭は二つの方向に働く。比較選択を行ない判断する考え、ないしは分析する考えと、想像したり予想したりアイデアを生み出したりする創造的な考えである。

判断することばかり考えると、その人間は時として消極的になる。彼の関心が、新しいアイデアを生み出すことより、むしろアイデアが役に立たない理由を明らかにすることにあるからだ。判断する考えは子供の頃からずっと育ってきたもので、その間常に創造的な考えは封じ込められている。私たちは「やってみる」ことより「粗探し」を教えられている。部下が創造力を持つようにするには、積極的な態度を教え込むことである。私たちは熱意を持つとともに楽観的にならなければならない。新しいアイデアについて考える時は、それが役に立つかどうかの判断を下すより先に、役立つようにできるあらゆる方法を考えるべきである。

創造力を伸ばす上でのもう一つの問題は、たいていの人が新しいアイデアを出すことに対して臆病になることである。自信を持つように仕向けなければ、創造的な働きはまるでできない。部下たちに対する信頼の態度は彼らの自信を強めることができる。

管理者は、部下たちが障害を乗り越えて創造力を伸ばすことに協力することができる。

創造的思考を妨げる主な障害の一つは、周囲を取り巻く習慣や慣例に、とかく順応しやすいことである。服装や言葉や態度が周囲の人たちと違うことを気にするのと同じように、自分の考え方が周囲の人たちと異なることを気にするのである。問題の解決に大いに役立つかもしれないまったく新しいアイデアに従うことは、習慣を打破する人になることである。偉大な発明のほとんどすべてが、同時代の習慣や伝統を無視する勇気を持った人たちによって行なわれている。

部下に革新的な考えを生み出させるようにするには、どんなに理屈に合わないものでも、部下が出すアイデアを何でもよく聞くことである。「それは使いものにならない」といった結論に一足飛びにいかないで、発案者と一緒にそのアイデアを入念に検討し、その中にメリットがあるかどうか、あるいは、その一部でも使えるかどうかを調べることだ。そしてあなた自身の判断において、アイデアの独創性を評価し、全面的に否定してがっかりさせるようなことはせずに、プラスになるような形で欠点を指摘し、アイデアを出した者を力づけること。たとえば「これは費用がかかりすぎる」という代わりに「ジョー、君にこの費用をまかないきれるかな」と言ったほうが効果的である。ジョーは自ら費用の問題を認識し、もっとよい答えを出そうとするだろう。「あえて人と違うことをする」人間は、しばしば非現実的で突飛なアイデアを出すが、上役や同僚の絶え間ない軽視にあって黙殺されることがなければ、いずれは革新的で有望なアイデアを出す可能性があることを決して忘れてはならない。

創造力の妨げとなるもう一つの大きな障害は、一度心に決めた概念に頑なに固執する傾向を多くの人が持っていることである。新しいアイデアが自分のアイデアと対立するものであれば、それを丹念に調べる。デール・カーネギーはこう書いている。「いつでも変化に応じられる心構えでいなさい。変化を歓迎しなさい。変化を求めなさい。自分の意見やアイデアを何回でも試練にあわせなければ、あなたの進歩はない」。これは、創造力を組織内で開発しなければならない場合に管理者自身はもちろんのこと部下にも守らせなければならない原則である。「私たちはいつもこうやっていた」という言いわけで新しいアイデアを考え出すことを妨げてはならない。

状況認識が人によってまちまちであったり、同じ人が同じ状況を異なった時期に知ることによって生ずる創造力の障害はもっと複雑である。心理学者はこのような認識の問題について詳しく書いている。人には自分を邪魔したり、自分の基本的な考え方をくずすものを無視したがる傾向がある。外部の力に押されたり、極端な場合には、自分の認識が型にはまっていることを自覚して疎外感を味わった時にはじめて認識を改めようという気になる。

前に論じたカフェテリア・チェーンの例では、経営者の認識は、原価主義で問題を処理したかつての経験に基づいていた。需要の変化の問題として認識するには、まったく新しい視点が必要だったのである。経営陣が将来の見通しを変えなければ問題は解明されず、解決は難しくなる。

一部の人たちは創造力の真の意味を誤解している。彼らは創造力を持つためには、制御できない内部の力に触発されてまったく新しいアイデアを生み出さなければならないと信じている。これは間違っている。大部分の独創的アイデアは、既存の知識や要素をもとにして新しい用途を組み合わせたり、変えたり、整理したり、見つけたりして生み出すものである。

アレックス・オズボーンは自著『独創力を伸ばせ（Applied Imagination）』の中で次のようなチェックリストを紹介しているが、これは創造性に関するアイデアについて自問自答する質問の一部を要約したものである。


他の用途に使えるか。そのままで新しい用途があるか。手を加えれば他に使えるか。

手を加えられるか。他にこれに似たものがあるか。このアイデアから他にどんなアイデアが思い浮かぶか。過去に類似したアイデアが出ているか。模倣できるものがあるか。誰の真似をすればよいか。

変更は？　新たな傾向は？　意味、色、動き、音、香り、形を変えるべきか。その他の変更は？

小さくすることは？　減らすのは？　分割するのは？　凝縮するのは？　小型化するのは？　低くするのは？　短くするのは？　軽くするのは？　排除するのは？　流線形にするのは？　控え目に言うのは？

代わりは？　代わりは他に誰がいるか。代わりは他に何があるか。他の成分は？　他の材料は？　他の製法は？　他の動力は？　他の場所は？　他の方法は？　他の声の調子は？　再整理は？　構成部品の入れ換えは？　他のパターンは？　他のレイアウトは？　他の順序は？　原因と結果を逆にしたら？　ペースを変えたら？　予定を変更したら？　逆は？　プラスとマイナスを逆にしたら？　反対のものはどうか。後ろ向きにしたら？　上を下にしたら？　役目を逆にしたら？　靴を替えたら？　テーブルの向きを変えたら？　組み合わせは？　ブレンドは？　合金は？　取り合わせは？　アンサンブルは？　ユニットの組み合わせは？　目的の組み合わせは？　アピールの組み合わせは？　アイデアの組み合わせは？

　管理者が、新しいアイデアを受け入れる空気を定着させ部下の創造力の芽を刺激すれば、たとえば読書やセミナーへの出席を部下にすすめたり、創造過程にじかに触れさせたりすることで、彼らは会社の成長に役立つ革新的で生産的なアイデアを生むようになり、成果を得ることができるだろう。しかし、もっと重要なことは、その過程が新しいアイデアでもって会社の成長に貢献する部下たちを助け、彼らをより精力的な、自力で目標を達成する人間にすることである。

グループの創造力をかき立てる

　創造的な人間というと、アインシュタインやエジソンのように自分一人で研究をし、アイデアを生み出したり発明したりする人のように想像する人が多い。しかし実際には、多くの創造的概念は共同作業をする集団から生まれている。アイデアの相互作用と交雑が観念構成を促進するのである。

古いことわざに「三人寄れば文殊の知恵」というのがあり、これを拡大解釈すると、頭数は少ないより多いほうがよいということになるが、これが事実であることは今さら言うまでもない。

近年、独創的アイデアを生み出すことを特に促進させる集団思考の新しい利用法が開発されている。これは本来、新しい宣伝計画をひねり出す広告代理店で用いられていたが、やがて集団創造力を伸ばすために各種の団体が利用するようになった。

アレックス・オズボーンが世に聞こえた広告代理店のバッテン、バートン、ダスティン、オズボーンを率いていた当時、この概念を生み出し、ブレーンストーミングと命名した。

従来の会議とブレーンストーミングとの違いは、従来の会議ではアイデアの評価と批判が中心となり、アイデアそのものを実際に生み出すことがあまり行なわれなかった点にある。従来の会議では座長が会議を取り仕切り、彼がボスということで、彼のアイデアに対する反対意見を封じてしまうことが多い。新しいアイデアが出されても、すぐに分析され判定が下されるので、それ以上アイデアが発展していくことはない。

ブレーンストーミングにおいては、その価値に関係なくできるだけ多くのアイデアを生み出すことが目標になる。つまらないアイデアでも、馬鹿げたアイデアでも、見当違いのアイデアでも、他の出席者の心の中に、素晴らしいアイデアをひらめかせるかもしれない。オズボーンは次のように述べている。「連想の電源は交流である。討論参加者の一人がアイデアを出すと、彼はほとんど自動的に別のアイデアに対する想像力をかき立てる。それと同時に彼のアイデアは他の参加者全員の連想の電源を刺激する」

典型的なブレーンストーミングでは、通常五人から十人のグループが、前もって発表された一つの問題に取り組む。座長は常に問題だけを提起してから一般参加者の席に着く。グループの一人が、出されるアイデアを全部大雑把に記録する書記の役目を果たす（場合によっては、この記録だけを専門にする書記を加えたり、オーディオレコーダーを使ったりする）。誰かがアイデアを出すことでブレーンストーミングの口火を切る。批判や分析は決してやらない。意見はいっさい言わない。別の参加者が出したアイデアをもとにしたアイデアを出してもよいし、まったく異なるアイデアを出してもかまわない。アイデアに関する規制はまったくない。どんなにひどいアイデアでも、他の誰かがよいアイデアを出すのに役立つものを秘めているかもしれない。それぞれ独自に仕事をしている一人一人の人間から個別にアイデアを出させるより、このような会議を開いたほうが代替案をたくさん生み出すことができる。

ブレーンストーミングには次のような四つの基本原則がある。

1　アイデア批判を行なわない。判断を下すような意見は排除される。分析はすべて会議後に行ない、会議中は行なわない。

2　「言いたい放題」が奨励される。アイデアが大胆になればなるほどよいアイデアが生まれる。
3　アイデアは多ければ多いほどよくなる。出されるアイデアの数が増えれば増えるほど、使えるアイデアも増えてくる。
4　参加者たちのアイデアを修正したり組み合わせたりする。他の参加者が出したアイデアを触媒として、少しでもアイデアを増やすように努める。

ブレーンストーミングはあらゆる種類の問題に応用できるわけではない。場合によっては、一人で考えたほうがよい問題もある。ブレーンストーミングが最も有効なのは、一般的な問題を扱う時より特殊な問題を扱う時である。扱う問題は、はっきりさせておかなければならない。参加者は必要なデータを全部頭の中にたたき込んでおくべきである。ブレーンストーミングは新しいデータを検討する場ではない。参加者全員がブレーンストーミングというものを認識し、どんなに下らなく見えても、アイデアを口に出す覚悟と意欲を持たなければならない。不幸なことに、多くの社員は、言わんとすることが枝葉末節に至るまで固まらないうちは口を開かないように訓練されており、なかなか発言しようとしない。この問題が克服され、同僚がのびのびとブレーンストーミングに参加すれば、彼らは計画の成功に貢献し、間違いなく計画は達成されるだろう。

アイデアがいろいろ出され、その説明が終わったら、その一つ一つを慎重に分析しなければならない。この仕事を担当する管理者は、最も有効と思われるアイデアを選び、次章で述べる、提案された解決案のどれを取るかを決める技術を用いてこれを分析し、判断を下さなければならない。

5 意思決定を下す

経営者や管理者は、意思決定を下すことに対して給与が支払われているという意見をよく耳にする。これはおそらく、難しい問題に対して適切な意思決定を、タイムリーに行なうという、その能力や責任に対して、それに相応しい地位や給与が与えられているということを言っているのであろう。

経営管理の過程で意思決定を下さなければならない場面はたくさんある。私たちが今取り上げている計画案の選択に伴う意思決定もあれば、組織、指示、調整、統制に関する意思決定もある。意思決定を下す技術はこれらのどの領域においても同じである。

意思決定をまったくの勘に頼って下す人は多い。過去の経験に裏づけされていることが多いが、彼らは直感によって正しい意思決定が下せると信じているのである。科学的オリエンテーションを受けている現代の経営者は、この種の思考を馬鹿にしがちである。しかし、直感的な意思決定をまったく否定するわけにはいかない。直感の基礎をなすものは問題に関する豊富な知識と経験である。これが潜在意識的に働いて経営者が妥当な意思決定を下すのを助けている。

しかし現代の経営者は勘に頼らない。問題に関する情報をできるだけ多く集め、これをもとに試案をいくつかつくる。意思決定を下すといっても、実質的にはそれらの試案の取捨選択である。どの試案を取るかを決めるには、どの程度目的にかなっているか、結果としてどういう問題が発生するか、さらには、どういう危険が生ずるかといったことを基準に試案の一つ一つについて評価する必要がある。

評価は試案を相互に比較する、できれば並べて比較すれば、長所短所がすぐわかる。これは次の例によって説明することができる。

アペックス印刷は近年、下町で営業している。ところが、町が郊外地域にまで拡大することを知り、郊外のショッピングセンター数カ所に支店を開設することを長期目標の一つにした。直近の目標は最初の支店を開くことにあった。場所は大型ショッピングモールに決めた。

そこで二つの案が出てきた。一つは、会社の直営店にする案であり、一つは、フランチャイズ店にすることである。経営陣は種々さまざまな要因に照らして二つの案を比較し、主に短期、長期の両目標にどの程度の効果があるかという点をよく考えなければならなかった。

付表について説明すると、二つの案は決定的な要因とそれぞれどう関わっているか、また全体として短期目標、長期目標とどういう関係があるかといった比較がきわめて行ないやすい。

長期目標――今後五年間にわたり郊外のショッピングセンター数カ所に支店を開設する。

短期目標――大型ショッピングモールに最初の支店を開設する。

	〔第一案〕直営店にする	〔第二案〕フランチャイズ店にする
構想	当社は機械を購入し、融資を取り決め、全資本金を投下し、運転資金を用意し、スタッフを雇い、経営者を派遣する。当社は総収益から利益を得、赤字になる危険性もある。	当社は一手販売権（フランチャイズ）を、フランチャイジーに売る。フランチャイジーは機械を買うか借りるかし、運転資金を用意し、スタッフを雇い、経営者を出す。当社はフランチャイジーに対し経営管理の教育を施し、支店の販売地域を対象にした広告に支店の住所を載せ、フランチャイジーの訓練を継続して行なうとともに、相談にも応じる。
予想売上高		
初年度	七五、〇〇〇ドル	七五、〇〇〇ドル
五年間	四五〇、〇〇〇ドル	四五〇、〇〇〇ドル
初年度諸費用		
	機械リース　三、五〇〇ドル	一手販売権売却費　五、〇〇〇ドル
	地代　七、五〇〇ドル	教育費　五、〇〇〇ドル
	原料　五、〇〇〇ドル	雑費　五、〇〇〇ドル
	人件費　三〇、〇〇〇ドル	計　一五、〇〇〇ドル

雑費　一〇、〇〇〇ドル 計　五六、〇〇〇ドル 初年度利益　一九、〇〇〇ドル	手数料に基づく一手販売権からの収益　一〇、〇〇〇ドル 販売権使用料（総売上高の五％）　三、七五〇ドル 計　一三、七五〇ドル
五年間の予想収益　一一四、〇〇〇ドル	三二、五〇〇ドル
管理者の時間 管理者は時間の大半を新事務所の監督に割き、本社業務はあまりできない。支店長も一従業員なので、きめ細かい監督が必要である。	管理者はフランチャイジーを訓練し、相談に乗る。期間は開店から三カ月まで。フランチャイジーがオーナー・マネジャーになるので、お雇い支店長より信頼できる。
リスク 支店開設の成否が決まるまで六カ月かかる。リスクは約三万ドルのほか、管理者の時間、支店で時間と労働力が費やされることによる本社業務ないしは本社利益の損失が含まれる。	フランチャイジーが全資金を出すので、金銭的なリスクはほとんどない。損失を受けるとすれば、管理者が販売と訓練に費やす時間だけである。
無形の利点 直営店は現従業員に昇進の機会を与える。仕事の質に対する監督が充分にできる。郊外地域の顧客が支店で本店並みのサービスが受けられる。	フランチャイジーが経営に新しいつながりを導入でき、地域内の人たちや取引を常に知ることができる。適切な訓練により品質問題を解決できる。

開店時期	決定が下されてから四〜六週間後に開店できる。本社の管理者およびスタッフが当初の労働力を提供し、二カ月以内に生産目標を達成しなければならない。	一手販売権をまず売らなければならない。これにかなりの時間を要するかも知れない。一手販売権が売れても、開店までには四〜六週間かかる。フランチャイジーの訓練もしなければならないので、生産目標を達成できるまでには二〜四カ月かかるだろう。
長期目標への影響	はじめての支店が採算ベースに乗り、次の支店の増設資金を生み出すようになるまでは、次の支店増設資金を見合わせる。次の支店増設が可能になるまでには数年かかるかもしれない。	最初の一手販売権を販売中でも、第二、第三の一手販売権を売ることができる。これは、最初のフランチャイズ店が営業をはじめていれば、もっと容易になる。初年度に五店以上開設できるはずである。
要　約	長所—— すぐに高い収益が上げられる。 すぐに最初の支店が開設できる。 スタッフの士気が上がる。 品質管理がより徹底する。 赤字のリスクがかなり低い。 短所—— 設備投資が大きい。 管理者の時間を多く必要とする。	販売権使用料により新たに資本金が得られる。 当社の資本投下が少ない。 訓練終了後は管理者をほとんど必要としない。 資本と時間をフランチャイズ店増設に使える。 フランチャイズ店の場合、支店から上がる利益がかなり少ない。

長期成長に限界がある。設備投資に基づく長期収益が低い。資本を拘束することによって長期目標をさらに延長しなければならなくなる。時間と労力が支店に取られ、本社が影響を受ける。	一手販売権を売るのに時間がかかる。売れたとしても、開店して生産をはじめるまでに時間がかかる。

この事例では、第二案を採用し、フランチャイズ店を開いた。直営店を経営したほうが長期的には大きな利益が上がるはずであるが、多額の資金を必要とするし、管理者の時間も多く割かなければならない。フランチャイズ店ならば、当座の資金は一手販売権を売った金でまかなえるし、フランチャイジーが事業に既得利権を持っているからそれほど監督しなくてもよく、少なくとも従業員並みの監督をする必要はない。当面の目標である大型ショッピングモールの支店開設はすぐに実現するはずである。長期目標は、フランチャイズ方式により最小限度の資本と時間をかけてショッピングセンター数カ所に支店を開設できるから早急に達成されるだろう。フランチャイジーから受け取る一手販売権使用料は営業利益にくらべ、一店舗あたりでは小さくなるが、数店舗営業できれば、資本収益はかなり大きくなる。

この意思決定を下す際に用いた方法は合理的分析といわれるものである。この合理的分析の第一段階は、目標をはっきりと理解することである。付表のはじめに示してあるのが目標である。これがないと、試案を比較する時に経営者は目標を見失ってしまう。

次の段階は、関連領域における素案の結果についてそれぞれ調べる。これを行なうには、関連要因のリストをつくらなければならない。この中には必ず有形のもの、つまり事業計画を開始するための経費、事業計画を維持する経費、利用できる設備と人材、必要とする管理者の配慮などが含まれる。また、各案はそれぞれ顧客の好意、企業イメージ、従業員の士気にどういう影響を及ぼすか、また、その他の面についてはどうかなど、無形のものも考慮に入れなければならない。

各案を比較する場合、全項目を同じように比較するのではなくて、違いのあるところに絞って比較を行なう。最も簡単な方法は、まず各案の共通点を見つけ出し、意思決定を下す際にはこれを無視する。たとえば、新規開店に要する時間、設備費、準備しなければならない顧客サービス、予想売上高などについては各案ともほとんど差異はない。したがって、これらの点は考慮する必要はない。

違いが出るのは、営業費、五年間の一店あたりの利益、管理者の時間と配慮、設備投資といった面である。経営者はこれらの要因と真剣に取り組まなければならない。

だからといって、共通点は重要でないとか、意思決定でもあまり重きを置かなくてもよいというように受け取ってはならないが、案を選択する際には違いのある面ほど重要ではなくなる。

経費、設備投資、予想収益など違いが量的に表わせる場合は、比較はもっと容易になる。できれば、数字は共通名目の金額に換算する。たとえば、ドル単位の売上高と生産個数を比較する場合は、生産個数をドル単位の金額に換算してみると、ずっとわかりやすくなる。

費用を比較する場合に忘れてならないことは、ある案を採用した時に、それによって発生してくる費用と、たとえそれを採用しなかったとしても、いずれ発生する費用とをくらべてみることである。この印刷会社の例では、管理者が、どの案を採用しても当然発生する本社関係の費用を考慮していなかったのである。

意思決定をする際にしばしば見られる自己欺瞞の一つは、ある種の費用は意思決定と実質的な関わりがないことを認めず、問題解決の過程にその費用を含んでしまうことである。典型的な例が、新製品の開発に多額の資金をすでに投入してしまった会社のそれである。しかも新製品を製造する他の方法はまだ検討中である。この場合よく見られる反応は「最初の製法にすでにかなり投資をしてしまっているから、今後もその製法でいくよりほかない」である。これでは泥棒に追い銭である。意思決定を下す時は、これまでに使った費用のことにあまりこだわってはならない。それは「埋没費用」である。意思決定は、これから使いはじめる費用のことと、これに関連する他の要因を考えて下すべきである。

無形の要因については、費用関係の要因と同じくらいに重要であるか、あるいは、それ以上に重要である場合が多く、分析は慎重に行なわなければならない。一部の無形の要因は未来の費用に転化できるので比較しやすい。

たとえば、ある決定によって従業員の士気の低下を招いた場合、それが原因で起こると予想される従業員の離職を具体的に示すことによって、その結果をある程度数量化できる。

この決定が外部の者を雇うか、内部から誰かを抜擢するかを決めることだとする。経営者は、ある者は近い将来退職する年齢に達しているので、やめないことはわかっているが、低い地位にいる者はやる気をなくし、会社をやめていくかもしれない。経営者が前述の方法を用いる気になれば、補充採用を行なった場合にかかる費用を細かく計算して出し、その数字を、意思決定の効果をはかる尺度の一つとして出すことができる。

近年、経営者が意思決定を下す際の補助手段がいろいろと開発されている。そのうちの大部分は数量化が主体になっており、そのためには高度の数学的技術に関する知識を必要とするものが多い。

この種の分析には改良の余地があり、経営者は用いる各種分析法に注意する必要がある。しかし、それらの技術を用いることが、数学的訓練を積むことになり、数学的技術を身につけることにもなる。経営者は、数量的な意思決定技術が経営病の万能薬ではないことを決して忘れてはならない。これは量的問題の評価にしか役に立たず、優れた判断を下す主役を果たすことはできない。数学的分析の結果は専門家に判断してもらい、それを最善の意思決定を下すために使える道具の一つとして利用すればよい。

意思決定に利用できるコンピューター

コンピューターは企業に進出して以来、企業経営者に情報や問題の解決法を提供するデータ処理で信頼されるようになった。データ処理は、意思決定をする多くの経営者を助けており、問題のあらゆる面についてプログラミングできれば、ちょっとした意思決定は経営者に代わって下してくれる。

しかし、たいていの問題は前もってプログラミングできないから、コンピューターは人間の経営者が意思決定の手がかりとする充分な情報を得られるように、情報を整理するのに最適な道具ということになる。コンピューターの利用によって経営者は以前より早く意思決定が下せるようになったが、これはとりもなおさず、データが以前よりも早く経営者の手元に来るようになったからである。また、定量分析を必要とする状況の解析も、以前よりも完全に行なえるようになった。コンピューターは、数学モデルを使った模擬実験でいくとおりもの行動を検証できるので、いくつかある試案の一つ一つについて予想される結果を具体的に示すことができる。さらに忘れたデータを探すこともできるので、意思決定を下す前に詳しく知りたいことが出てくれば、それを知ることができる。

今後、コンピューターは性能の向上とともにさらなる小型化と演算速度が増し、あらゆる企業において意思決定へのデータ処理装置として利用されるだろう。

パネル意思決定

集団の意思決定は多くの会社で行なわれている。委員会形式で行なっているところもあれば、専門の作業チームが行なっているところもある。さらにまた、関係管理者が集まって開く非公式な討論会形式で行なっているところもある。

集団の意思決定の鍵は全員一致という点にある。つまり、妥当な意思決定については関係当事者全員の合意を得ることが狙いである。決定の実施に責任を持つ者全員が同意していれば、それを成功させようという気持ちが全員に強く働くはずである。

集団の意思決定をさらに定式化したものがパネル技術である。いくとおりもの試案を生み出すブレーンストーミングの概念を基本に、それを試案の選択決定に取り入れるものである。

この技術は基本的には比較、分析、評価、判断を連続して行なうことによって多くの、またはごく少数のアイデアを処理し、問題の解決に合意を得ることができるようにする方法である。パネルは、問題に関わりを持つ専門家と管理者で構成される。

出されたアイデアは、五段階表示でつくられる得点表により格付けが行なわれる。それからグループのリーダーが各アイデアについて平均点を出し、特に点のよいアイデアをさらに上層のレベルのパネルにまわす。

上層のパネルにおいても、アイデアの格付けを同様に行なう。二回分析が行なわれ、よいところを組み合わせる。得点の低いアイデアは除かれ、使えそうなアイデアは組織の経営陣も加わった最後のパネルにまわされる。このグループは、ふるいにかけられたアイデアと、下のパネルから最後のパネルまで上がってきた各アイデアにつけられた理由書を審査する。一部の会社では、パネルが決定を下すまでに要する時間に制限を加えている。短時間の討議で結論を出し、理由書に記載すべき問題をめぐって必要以上に議論することを避けるためである。最後のパネルが結論を出せない場合は、下のパネルに差し戻し、さらに検討を重ねる。最後のパネルが決定について合意に達した時は、その決定を実行責任者に伝える。

この方法は小規模な組織より大規模な組織のほうが適している。これは集団の意思決定を定式化し、格付けと理由書を必要とするところから、より客観的な選択を可能にする。これはまた、創造性活動の手段であるブレーンストーミングからはじまって論理活動に移っていく過程を含んでおり、その面での効果も期待できる。

欠点についていうと、この技術は時間を消費するので費用がかかる。スタッフの専門知識を活用することや、必要なパネルをいくつもつくれるだけの管理者を充分に確保する点から言えば、大規模な組織にしか適しない。

しかし、この種の技術も考え方一つで小さなグループにも応用できる。特に数人の者が試案の格付けを行ない、その理由書を提案の裏づけに使う時に有効である。

意思決定の人間的要素

意思決定を下すのが専門家のパネルであろうと一人の人間であろうと、意思決定を下す過程の人間的側面を考慮しなければならない。集団の状態においては、人間的要素はあまりはっきり表われない。集団を形成する人たちの間に見られる違いが、集団そのものによって中和されてしまうからだ。それでもやはり、集団を形成する一人一人は、自分自身が持つ方向性に左右される。

一人で意思決定を下す場合は、人間的要素がもっと顕著に表われる。人はそれぞれ必ず仕事と生活における個人的目標を全体として持っている。この目標と状況についての概括的認識が、その人が下す意思決定を左右する。

意思決定を下す者として真に客観的であるためには、自分の先入観、方向性、個人的目標を認識し、それらに左右されないようにしなければならない。管理者の目標と会社の目標がいかなる状況においても一致するなどということはありえないのである。

最近、ニューヨークに本拠を置くある製造業者が、混雑していて汚いマンハッタン地区から工場を移転させる件について決定を迫られた。移転先としては二カ所の新しい工業団地（一つはニュージャージー、一つはロングアイランド）が試案として出された。ニュージャージーには有利な点がたくさんあったが、社長はロングアイランドを選んだ。そのほうが通いやすかったからである。この大変人間的な選択は、経営上の意思決定としてはよくなかった。彼はその選択に自分の個人的欲求を反映しすぎたのである。

一部の管理者、特に階級組織の中間に位置する管理者は、自分の部の目標で頭がいっぱいになってしまい、全社的な状況をつかめなくなってしまうことがある。このような管理者が参加する意思決定は、狭い視野に立って下されることが多いために、会社の目的と嚙み合わなくなる。彼が経営者になっても、そのような状態が続くことがある。それ以前の専門的な仕事をしていた時と同じ狭い視野でしか判断できず、それを意思決定に反映させてしまうからだ。

意思決定のもう一つの人間的な面は、意思決定を下す際に多くの人が抱く危惧である。これは前に批判されたり、あっさり拒絶されたりした経験があると、それが災いして職務遂行に支障を来してしまう。意思決定を下さないことが最善の意思決定である時もあるが、多くの場合、このような心理的弱点は克服しなければならない。意思決定はしかるべき部や組織の管理者が下すというのが原則なのである。有能な管理者は、自分は常に正しいとは限らないが、必要な意思決定を下さずに何もしないよりは、間違いがあっても下したほうがよいということを認識している。よい意思決定の数が悪い意思決定の数を上まわっている限り、判断を誤ってもゆとりはある。使える手段を使い、客観的に試案を評価すれば、意思決定を誤る可能性は少なくなる。

妥協を図る

下した意思決定がすべての人間を満足させることはまれである。意思決定参加者の中には、不本意ながら、もしくは原則的に同意する者がいるが、細かい点になると千差万別である。完全な意思決定などめったにない。経営者としてはあくまで全員合意を取りつけなければならないから、実際には不満を抱く者も出てこようが、とにかく意思決定に至る全討議を通じて全員の承諾を得るように妥協を図るわけである。

妥協の根幹をなすものは誰が正しいかではなく何が正しいかでなければならない。しかし、会社の利益のために譲歩するというよりは、むしろ強力な個人的派閥のために譲歩することによって妥協が図られることが実に多い。これは、議会での法案審議の実態を調べてみれば、よくわかることである。妥協と取引は、本質的要因によってではなく、政治的利害によって成立する。その結果、曖昧で効果のない法律がたくさんできているのである。

　しかし、意思決定に政治的要因を加味することは、時には重要である。提案全体の主要部分を受け入れさせるために提案の一部を取引するのもうまいやり方である。

　妥協を図る際に忘れてはならないことは、肝心の目的を捨てて反対派に譲歩したり、政治的理由で役にも立たない解決策を受け入れたりしないことである。赤ん坊を半分に切るというソロモンの提案のような妥協は双方を満足させるように見えるが、赤ん坊を殺すことにもなる。

　うまく妥協を図るには、交渉できるものとできないものを考え、交渉できるものについては取引をし、交渉できないものについては、原案どおりにする。

　軋轢（あつれき）は、経営者グループの一部に見られる頑なな態度が原因で起こる場合が多い。彼らは、これまでずっとやってきたことが変わることに抵抗する。無気力のせいであったり、変えることに彼らがやってきたことへの批判が暗に込められているのではないかという懸念があったりする。提案に反対する理由がわかれば、どういう妥協をすべきか、あるいは、どういう妥協はすべきでないかもわかるはずである。変化に対する抵抗を克服する方法は、屈服させる以外にもある。この点についてはあとで論ずることにする。

意思決定を下してはならない場合

多くの管理者が、意思決定の重要性と緊急性を買いかぶりすぎている。意思決定を早急に下すことが賢明でないことを示す事例はたくさんある。時間を延ばすことで意思決定が不要になることもよくある。

管理者が覚えておかなければならない原則の一つは、充分な討議、検討も行なわずに、やむを得ず意思決定を強いられるようなことをなくすことである。

根本問題の解決にはならないが、当面の問題を解決する暫定的な意思決定が必要になることもある。これは、大学生たちがベトナム戦争介入に抗議していた頃の話である。アメリカ中西部の小さな町のある大学で、学生たちがアメリカ国旗の掲揚をやめるように要求した。激しいデモを恐れた大学側はこの要求に従った。すると学生たちは大学の向かい側にあるハンバーガー屋にもやってきて、店長にアメリカ国旗を取り除くように要求した。学生たちは、要求を拒否すれば店をボイコットするとも言った。町の人たちは学生たちの要求に怒り、店長は途方に暮れてしまった。そこで本店に電話をかけ相談したところ、次のような仮の意思決定が伝えられた。翌朝配達のトラックが来たら、トラックを旗竿にぶつけて押し倒すようにと。そうすれば学生たちも文句を言わなくなるし、町の人たちも旗竿が倒れている以上、何も言えない。旗竿を取り換える頃には、大学は夏休みに入っている。大学が再開されるまでには事態は収まり、この問題について意思決定を下す必要はなくなっているはずである。

これに対し、放っておくと事態をかえって悪化させてしまう時もある。競争に勝つために値下げすべきかどうかを決めることが遅れ、取引が大幅に減ってしまったとか、労働組合の不満を静めることが遅れ、仕事の停滞を招いてしまったといったたぐいである。管理者は状況の真の緊急性を検討し、遅延にはどんな効果があるか、意思決定はどのくらい延期できるか、直ちに処理しなければならないものは何か、延期してさらに協議が重ねられるのは何か、などを明らかにしなければならない。

意思決定を試験する

意思決定が果たして有効かどうかを確かめるための試験は必ずできるわけではないが、時と条件が揃えば可能である。

マーケティングの分野では、マーケティングの意思決定が正しいかどうか、そしてどうすれば意思決定を改善できるかを確かめるために、試験販売の方法がごく普通に用いられている。この場合、二種類以上の箱で製品を包装し、それを同じ市場で売って、どちらの包装がよいかを試験することもできる。また、広告を全国的に使用する前に、地方市場でその効果を確かめることもできる。

製造分野でも、製造方法に関する意思決定を本格的に取り入れる前に、小規模な試験を行なうことができる。

前にも述べたように、一部の会社では意思決定を数学的な言葉に変え、模擬実験とコンピューター技術を用いて、意思決定によってもたらされると予想される結果を具体的に示すことを行なっている。この種の試験は、コンピューター技術が高度化するにつれて効果を増し、利用価値が高まってきている。

意思決定はできれば試験すべきである。それまで気づかなかった問題が明るみに出ることがよくあり、意思決定を大規模に実行する前に誤りを正すこともできる。また、経営者は試験によって計画実施中にぶつかる困難に備えることができ、直面してもそれを受け入れ、対策を練ることができる。

フィードバック

意思決定の仕上げは、椅子にどっぷり腰かけて実行されるのを待つだけではうまくいかない。どんな問題に対しても、経営者がいつでも結果について知ることができるようなフィードバック機構を組むことを忘れてはならない。

フィードバックとは意思決定の連続試験である。印刷物やレポートでの報告、定期検査など、実際に今何が起こっているかを明確にする手段が備わっていれば、経営者は意思決定が正しかったことを確かめることができるし、修正が必要ならば、いち早く効果的な修正を行なうことができる。

管理者には、意思決定の結果を調べることを主な仕事にしているアシスタントがついている場合が多い。管理者自身も自分たちが下す意思決定の影響を受ける事業計画に携わっている現場の人たちを訪ね、どういう状況になっているかを調べている。

フィードバックの究極の目的は、下した意思決定がどの程度目標達成につながっているかを明確にすることである。これはどうすればできるか、また、目標逸脱をどんな段階を踏んで修正するかは、本書第五部（PART5）で述べることにする。

意思決定、つまり可能な試案の中から解決策を選ぶことは、経営管理の決定的な要素である。数学やコンピューターを利用するからといって、機械的なものであってはならない。管理者の冷静で革新的な問題に対する洞察力と、問題に関する事実を集め、起こり得る問題を見通し、それから意思決定を下す危険に挑む能力を必要とする。

6 計画を仕上げる

どの案を採用して計画に組み入れていくかが決まったからといって、計画化の過程が全部終わったわけではない。細部まで綿密に仕上げ、関係者全員にわかるような文書にすることが必要である。これによって、方針や手順や戦略が記録文書になる。

文書化することにはいろいろな利点がある。この文書を作成する管理者は、自分たちが決定したことの趣意についてよく考え、正しく理解するように要求される。つまり、自分自身にも文書を読む人たちにも、よくわかる文書を作成しなければならないということである。この文書はまた、計画に従う人にとって恒久的な記録となり、必ず計画の各面の責任者の名前が明記される。さらに、その計画を利用するすべての人たちにとって、将来参考にできる権威ある典拠にもなるだろう。

政策は、法律用語や官庁用語を使わずに、簡潔にして直接的な文体で記録するのが最もよい。あまりまわりくどい表現はすべきではない。計画に従う人たちを力づけ、部の目標、会社の目標、さらには自分自身の目標を達成する上で、計画に参加することがいかに有益かを示すものにする。

第三章（PART2の3）で紹介した計画文書の例は、計画や手順の表記法についていくつかの示唆を与えてくれる。しかし、計画の多くの点については、その責任者である管理者の自主的判断にまかせるべきである。あらゆる偶発的な出来事を計画の中に含めることは不可能に近いからだ。計画は、これに従う人の行動に一貫性を持たせる上で適切な指標とならなければならない。

文書化することには欠点もある。計画の中には、秘密保持のために広く回覧できない部分もある。文書の中身は、たとえ保護措置が講じてあっても見られる恐れがある。もう一つの問題は、誤解されないように正確に誤りなく記述することが困難な場合があることである。書いた本人は理解できても、第三者が読むと違った受け取り方をするということがよくある。書いたものはよく点検して、読み手が書き手の意図を正確に理解できるようにしないと、文書にしなかった場合より事態が悪くなることもある。

前に述べたように、文書が不変なものとして受け取られやすいのは当然である。その結果、文書はとかく融通の利かないものとなり、計画に組み込まれた各領域への創造的アプローチを封じてしまう。経営者は、書かれた政策なり手順なりにそれぞれある程度の柔軟性と修正条項を加えることによって、これを克服しなければならない。この問題については、本章の終わりのほうでさらに触れるつもりである。

また、単用計画も文書にすべきである。たとえ単用計画に標準計画のような反復性がなくても、それを頼りに計画の進行状況を調べる指標として利用するのに役に立つ。この例としては、第三章（PART2の3）の「新製品発売計画」を参考にしてもらいたい。

長期計画を文書化することには、考慮すべき点が他にもある。多くの場合、長期計画は通常組織上の区分（製造、販売など）または利益管理部門か地理的区分によっていくつかの区分に分けることができる。その他、一年ごとの区分も可能なので、五年計画に補助計画として年間計画をつけることができる。

各区分の目標および年間目標ははっきりと記述し、年度末までに計画のどの段階まで実施し、全期間終了時にはどこまで完了していなければならないかについて指示を与えなければならない。

長期計画は、次に紹介するある出版社の五カ年計画のように、まず目標を明記しなければならない。

目標——今後五年間にわたりマーケティングおよびセールス関係の経営者や管理者の興味を引くニュースを専門に掲載していた雑誌を、あらゆる企業の経営者や管理者を読者対象にした一般記事や特集記事を中心とした雑誌に変える計画である。

これによって五年間に発行部数を現在の十万から十二万五千に増やさなければならない。

発行部数の増加に伴い、ABC（部数公査機構。Audit Bureau of Circulation）規則に従って広告料を増やすことができ、利益も十五パーセント伸びる。

このあとに続けて、一般経営、管理者市場に進出するためと、管理者たちに政策の転換を知らせるための綿密な戦略が詳述されている。これには販売促進戦略、発行部数計画、編集計画など長期戦略のあらゆる面が網羅されている。

次にこの計画を年間計画に分割し、年間計画で毎年実行しなければならないことが明示されている。

最後は五カ年間の予算、**数量化計画書**である。この面の計画化はおそらく計画の有力な武器になるだろう。これは計画化のどの面でも使えるわけではないが（たとえば、広告や編集内容の細目を出すわけにはいかない）、経営全体を左右する費用と計画収益額を集計する時には威力を発揮する。広告でもどのくらいの経費を使ったかといったことは「数量化」が可能である。

予算

予算は経営管理において二重の目的を果たす。予算編成は計画化であると同時に統制の媒体でもある。本章においては計画化の方策としての予算について検討してみたい。予算の経営管理への利用法については後述する。

予算はすべて収入と支出の見積もりであり、組織の目標を達成するためにどのくらい経費が使える見込みかを予測したものである。企業では使える資金は常に売り上げの見通しによって決まり、非企業においては調達できる資金の見積もり額など充当支出金の額によって決まる。

予算編成は、組織全体ないしはその一部のいずれかに利用できる。財務関係だけに限定する必要はない。予算は一般的に金額で表わされるが、一部の業種では製造関係の予算に物理学的単位を用いたり、労務関係の予算に労働時間を用いたりしている。たいていの予算が年間予算を基本にしている。しかし、予算期間は短くしたり（四半期とか数カ月）、長くしたり（二年、三年、四年、五年など）することができる。

よく用いられる予算の種類には次のようなものがある。

販売予算　地域別、製品別、月（または四半期）別、セールスマン別などに分けられた予想売上高の見積もり額。販売予算ではその他、広告費、セールスマンの給与および手数料、出張旅費、間接費分担など、販売を行なうために生ずる支出を含む販売原価の細目を出さなければならない。

製造予算　製造予算は生産単位（生産した品目のケース数、長さ、重量など）で表わされる場合が多い。ここでは、生産計画に従って製品を完成しなければならない時期が示されるほか、使用すべき機械や各機械に見込まれる生産量も示される。この種の予算にはよく品目別生産原価が付け加えられるので、後日、不当な低価格で売ってしまうというようなことがないように、品目別に管理ができる。

現金収支予算　見込み収入を基礎とする現金収支予算は、多くの会社が実施している主要な予算である。これでは、運転資本が必要な時にいつでも使えるように見込み現金受取高と計画的支出が示される。会社は、一時外部融資が必要な時に内部資金額で判断することができるし、融資問題の見通しが立たない時もすぐわかる。

総合予算（マスター・バジェット）または連結予算（コンソリデーティッド・バジェット） 名前が示すとおり、この種の予算は業種別予算ないしは部門別予算の総計であり、経営者が使う有力な武器である。これによって会社の活動の全貌を知ることができる。各部門の詳細な活動計画は、各部門の予算としてそのまま残される。

予算をつくる

予算づくりの専門家がいる会社もあるが、最も効果的な方法は、その予算を使って仕事をする管理者に予算づくりを頼むことである。従業員中心の経営を行なっているところでは、従業員自身が自分たちの部の予算を立てる。

経営者は部門別予算を調査し、部長にその部の予算について助言し、部と部の間の摩擦を解消する調整役を果たすべきである。全部門の利害のバランスが保てるようにすることが、経営者の責任である。

管理者はもちろん予算づくりのスタッフの専門技術を借りなければならない。現場に最も近いところにいる人は、予算決定に役立つ現実的な情報を提供できるという点で重要な立場に立っている。予算が組まれた時に関係者に相談すれば、予算が最終的な承認を得た時に、彼らがそれを理解して受け入れる可能性が高くなる。

管理者の側には、請求額はいずれ削られるのだから余計に請求すれば、削られても必要な分だけ取れるかもしれないというもっともな憶測に立って、予算請求を水増しする傾向がある。予算は目標を達成するための計画だから、そういうことがあってはならない。道理にかなった予算計画なら、予算請求をむやみに削る必要はない。まず明確な目標を設定することが重要である。関係者全員がこの目標に照らして自分たちの予算請求をはじき出さなければならないことを認識すれば、目標に沿った請求が出せるだろう。

予算目標は過去の実績と経験に基づいて設定される。これを柱にして、物価の趨勢、市場における類似品の利用可能性（アベイラビリティー）、競争の状況、対象となる市場の成長など全般的な経済状態を検討する。その他、広告を増やす、もしくは減らす計画、生産能力、会社の拡張計画なども加えて検討する。

予算編成に参加する人たちは、それぞれ第四章（PART2の4）で論じたように、予測と計画化に利用できるあらゆる技術を駆使して検討すべき最初の提案のために、アイデアや適切な情報を提供する。

多くの会社では、この第一次提案は、部長たちの勧告に従って暫定試算を行なう委員会が処理する。この仕事が完了すると、予算の第一次案が経営者、または予算担当重役に提出される。通常、各部の部長によって何回か会議が開かれて暫定試算の審議が行なわれ、やがて最終案が採用される。従業員中心の会社では、最終案はこの予算によって仕事をする人たちが改めて綿密に調べ、原案に盛られたどんな変化をも理解するようにする。この再調査で大きな問題が明るみに出たら、予算を再度調査し、正当な理由があれば調整を行なう。

人的資源計画

大会社や大組織で欠かせないのが、会社の目標を達成するのに充分な人材を確保する計画の立案である。人的資源計画とは、短期および長期の人事計画の数量化である。

短期の場合は、生産需要を満たすために職種別にどのくらいの人間を必要とするかを知らなければならない。次に示すのは典型的な工場用人員配置表である。これは月別に見た年間計画で、後に職種別実働人員がわかる人事管理表としても利用できる。

長期人的資源計画は単なる人的需要の数量化ではなく、もっと複雑である。通常の中途退職、定年退職、組織の拡張などの要因によって生ずる必要度も含めなければならないからだ。長期人的資源計画は実質的には全組織的な計画である。これには所定の期間内に雇ったり教育したり昇進させなければならない社員数の予測が含まれ、各種人事政策や人事計画の間の相互関係も考慮の対象となる。

職種別に中途退職、定年退職、雇用期間終了、配置転換、昇進などによる異動人員の見積もりを出すことは、会社の過去の経験を生かして行なわれる。会社はこの情報を手がかりに補充人員の数を決め、配置転換計画を立てることができる。一定の割合を従業員から確保し、残りを外部から募集することもできる。さらに将来の管理監督者や経営者の候補生となる大学や実業学校などを出た幹部候補生を雇う計画も立てることができる。訓練計画や経営開発計画も、現在の従業員が昇格するのに必要な技術と、より大きな責任負担能力の向上に役立てることができる。

人的資源計画

	月	1月	2月	3月	4月	5月	6月	7月	8月	9月	10月	11月	12月
パンチプレス・運転係	Req.	4	4	4	6	6	7	7	5	4	4	4	4
	On P/R	4	4	4	5								
ドリルプレス・運転係	Req.	6	6	6	8	8	9	9	7	6	6	6	6
	On P/R	6	6	6	8								
組み立て係	Req.	20	20	20	25	30	35	40	40	30	20	20	20
	On P/R	18	20	20	22								
包装係	Req.	12	12	12	14	16	17	20	20	20	15	12	12
	On P/R	11	11	12	12								
検査係	Req.	4	4	4	5	6	8	8	8	8	5	4	4
	On P/R	4	4	4	4								

Req. ＝月別職種別必要人員の見積もり数。
On P/R ＝月はじめにおける職種別雇用人員。これは毎月1日に人事課が記入する（本例は4月1日時点のもの）。

必要な技術や才能の変化に追いついていくように気をつけなければならない。現在経理課員が三十人いるから、経理課員は常時三十人必要であると考えるのは早計である。コンピューターを導入すれば、経理課員の必要度を下げ、コンピューター技術者の必要度を高めることになる。技術の変化はその他にも必要とする人材のタイプに影響を及ぼしている。人的資源計画を立てる人は、このようなことのすべてに気を配らなければならない。

この分野のもう一つの要因は、仕事の種類によって利用できる労働力の供給事情が変わることである。職種によっては労働力が不足しており、人的資源の計画化も、そのような労働力に代わるものを見つけなければうまくいかない。かつて速記者を常時大勢雇っていたある会社は、速記ができる人材が不足していることを知ると、速記者を必要としない新しい言語処理システムに移行した。人的資源の計画化では、以前にはあまり雇っていなかった、各種の能力を持つ社会的マイノリティーの雇用を促す政府などからの圧力も考慮に入れなければならない。なお、経済不況の時は、一時帰休の順番の決定や高齢者の配置転換も、人的資源計画の中に含めなければならない。これらの計画の実施方法については第十章（PART 4の10）で述べることにする。

時間表をつくる

計画の仕上げにあたっては、計画を実施する人たちが継続して作業できる日程を事前に組めるように明確な時間表をつくるべきである。

期限を設けると、計画に緊迫感が備わる。期限がないと、とかくだらだらしがちである し、仕事が軽く見られてしまう。

時間表の作成は、計画をいくつかの段階に分割することからはじめる。各段階はそれぞれ計画の特定部分をカバーし、優先順位に従って順番を決め、次の段階がはじまるまでに前の段階が完了するようにする。計画の各段階と順番が決まったら、段階ごとにはじまりと終わりの時間を定めなければならない。

この場合、参加型の計画を推奨する。計画実施の責任を負う人たちも期限の決定に関与すべきである。仕事をする人たちが時間表をつくれば、期限が守られる可能性が一段と強くなる。

計画を部分に分割し、各小部分について期限を設けた場合の利点は、管理がしやすくなる点である。経営者は、ある段階が遅れていることを知ると、時間を調整することができ、最後にきて計画が予定より全面的に遅れていることを発見するといったことがなくなる。また、一つの段階を終えるごとにその評価を行なうことで、必要な変更を加えてから次の段階をはじめる機会が得られることも利点の一つである。もちろん、一つの段階をやり終えた満足感は、その責任者に、仕事の見事な出来ばえを見て感ずるあの特別な充足感を与えてくれる。

さらにもう一つの利点は、一段ずつ登るために目標達成がきわめて容易なことである。計画が細かく分割してあるので、その一つ一つが達成しやすく、計画全体をまるごとやり遂げようとするよりもかなり楽になる。計画実施者にとっても、区分ごとに仕事をこなしていくほうがはるかに快適である。

柔軟性を持たせる

未来のことはわからないのが普通だから、優れた計画者は計画そのものに柔軟性を持たせようとする。つまり、少し調整するだけで変化する状況に応じられる計画を立てようとする。

これを行なう効果的な方法は、「変動計画」と呼ばれるものをつくることである。この「変動計画」は固定的なものとして扱うのではなく、各段階の終わりごとに再点検し、修正を加える。たとえば、五年計画では、厳密に特に五年間と限定せず、毎年変更を加えていき、本年度が完了すると本年度より六年先の計画を追加するというように順次更新していく。この新しい年度の計画を付け加える前に、その年度までの各年度の計画を、最近の状況変化に合わせて修正するので、この変動計画自体、常に柔軟性のある最新なものになる。

比較的、状況が不安定だと思われるものについては、管理者が当面の状況に即応していくための自由裁量ができるように、計画というよりは指標として扱い、幅を持たせるべきである。こうすれば、管理者は一定の範囲内で状況の急激な変化に対応することができる。

たとえば、数カ月間にわたる新製品の発売にはマーケティング計画が必要になる。販売から二カ月後、マーケティング・マネジャーは一般消費者に新製品が受け入れられ、競合他社が同様の製品を販売することに気づくやいなや、競争に勝つためにまだ売り出していない地域での発売を早めるといった柔軟性を発揮することになる。

計画化では多くの場合、まず計画を実施するのに必要な資金の充当が行なわれる。この資金は、その計画の実施には使えても他の目的には使えないのが普通である。その計画を担当する管理者は常に柔軟な態度で臨み、必要な時が来るまで資金を実際に使わないようにすべきである。三年前から新工場の建設を計画している会社が、いよいよ計画を実施に移すことになったとする。しかし、計画化をはじめた時から今までの間に事情が変われば、計画を修正するか中止するかしなければならないこともある。経営者は一定のキーポイントを決め、計画の実施に踏みきる前にそれを頼りに再検討すべきである。一定のキーポイントを通りすぎてしまうと、変更が困難になることがあり、もはや期待する成果が上がらなくても、計画を最後までやり遂げなければならないこともある。場合によっては、事情が変わって所期の目的が果たせなければ、最初の計画をあくまで実施するより、すでに割り当てられた時間と資金を捨てたほうがよいこともある。

計画に柔軟性を持たせるもう一つの方法としては、代替計画の立案がある。A市に工場の建設を計画中の会社が、工場建設の前提となる地域制の変更を認めてもらえるかどうかわからないでいたとする。その会社は安全策としてB市に工場を建設する代替計画を立て、そこの土地の選択権を取得する。A市が地域制の変更を認めなければ、代替計画を実施してB市に工場を建設するというわけである。代替計画では費用が余計にかかる（選択権を買わなければならない）が、工場建設が遅れずに済むことは確かである。

このあとの「通常」の経営計画については、他に売上高に基づく代替計画を立てる会社もある。これは、最初の見通しに立って経営を行なうか、あるいは変化した状況を反映して経営を行なうかを柔軟に選択し、経営を活動的なものにする。

一度計画が採用されたら、それが確実に実行されているかどうかを再調査し、会社の目標が達成されつつあるかどうかを確認していかなければならない。定期的な評価と、必要な修正措置をとることによって、計画がより活動的で意義のあるものとなり、さらに優れた管理体制のもと、より健全な組織をつくり上げていくことができる。

計画を実施する

計画実施の結果は、計画の立案に用いた方法と、計画を実行する人たちに計画を示す際の管理者の態度によって左右される。

管理者が部下に計画を伝える方法は六通りある。

1　一方的に意思決定を下し、それを部下に伝える管理者。この独善的な方法は、関係する部下たちに意思決定に参加できるだけの知識がなく、何でも言いなりになることが前提となる。代行者、平社員を問わず、多くの部下はこれに怒り、意識的にせよ無意識的にせよ、計画の実施に対して全面的に協力しなくなる。

2　意思決定を下し、それを部下に「売り込む」管理者。自分の地位に備わる権限と権力を利用して意思決定を押しつける代わりに、部下を説得して計画を認めさせ、実施させる。管理者が優秀なセールスマンなら、この第一の抵抗を突破するが、それでも部下たちは操られているような気がして、半信半疑で意思決定に従うだけになる。

3　自分のアイデアを部下に話し、彼らの質問や提案を受けはするが、自分が最初に立てた計画を変更することがまれな管理者。このタイプの管理者は、しばしば部下たちに疑問や提案を「植えつけ」、部下たちに彼らのアイデアを聞き入れているような感じを抱かせる。このような管理者は口がうまい。やがて部下たちがこれに気づき、怒る。そうなると、計画の実施も思うようにいかなくなる。

4　計画の背景や自分の試案を話し、アイデアや提案を求める管理者。これはある種の全員参加の経営であり、ある程度よい結果が得られる。ただし、管理者がグループから出されたアイデアを生かしたいと心から願っていることが前提になる。この場合、管理者が自ら試案を出したがために、部下たちが彼と極端に異なるアイデアを出すことを封じてしまうことが問題である。部下たちは、彼の気持ちはすでに決まっていて、同意ないしはわずかばかりの変更を求めているだけだと考えるかもしれない。

5　部下たちに問題を提起し、彼らとともに計画を練る管理者。この場合は、技術的問題については技術の専門家にまかせるが、計画化は関係者が全員参加して行なう。このような計画化は最高の成果が上げられる。計画を実施する予定の人たちが計画化を行なうからだ。彼らが持っている知識やアイデアが利用できるだけでなく、最初から計画の立案に加わっているということで計画に熱意を持ち、それを成功させるために力を尽くそうとする。これが全員参加の経営の背後にある基本概念であり、関係者の一人一人がそれぞれ到達すべき目標を理解し、目標達成のための活動で大幅な自由を認めようとする「目標による経営」の成長する哲学である（これは、あとのほうの章でもう少し突っ込んで述べるつもりである）。全員参加の経営を行なうには、参加する人たちが充分な教育を受け、下さなければならない意思決定を下せる能力を備え、自分たちの参加が歓迎されるばかりか、経営管理と計画化の過程では欠かせない一部であることをわからせるような空気が社内に生まれることが前提になる。これらの前提条件が揃わず、関係者が計画化の過程で果たす役割と責任を受け入れない限り、計画化は成功しないだろう。計画を生かす基礎をつくるのは経営者の責任である。

6　5のタイプの管理者は、参加者が問題の解決策を探して計画を立てることばかりでなく、まず何が問題でありどんな計画を立てるべきかを明確にすることも可能にする。ピーター・ドラッカーは『マネジメント――課題、責任、実践』の中で、日本の経営者が用いるこの種の問題の処理方法について次のように述べている。日本の経営者は、意思決定を下す過程の大部分を、何が本当の問題であるかを見きわめることに費やしている。問題が明確になれば、回答が自ずと明らかになる場合が多い。このような参加の仕方は、大変な時間を費やし、しばしば意思決定が大幅に遅れる原因にもなるが、結果的にはよい計画が生まれるのである。

おそらく普通の経営状態においては、4と5が最も適している。計画を効果的に実施できるようにするには、計画の概要をつかんでその実施を図ったり、うわべだけの納得しか得られないような独善的で口先だけのやり方などはしないようにすべきである。

前にも述べたように、採用した計画でも、計画の実施状況と目標の達成度を確かめるために、時々再調査を行なわなければならない。定期的な評価と、必要に応じて行なう修正が、経営の活動的で重要な面の計画化に必要であり、それが経営管理を改善し、組織全体をより健全なものにするのである。

PART

3

組織化

成功する道は、第一に、一定の、はっきりした、実際的な理念である目標、目的を持つことであり、第二に、目的を達するために必要な手段である知恵、金、材料、方法を持つことであり、第三に、目的を達するための全手段を調整することである。

アリストテレス

MANAGING
THROUGH
PEOPLE

7 組織構造

経営の「PLORDICOCO」分析における第二段階は、意図したとおりの結果が得られるように会社の資源を組織化することである。

有能な管理者になるには、管理すべき活動、ともに働く者、報告する相手、報告してくる者を知ることが大切である。さらに、企業構造全体、その中における自分の地位、利用しなければならない公的な意思伝達手段についても知っていなければならない。そしてこれを全部、部や会社の目標達成に振り向けなければならない。それらの目標は、期待される結果という形で示すのが最もよい。

残念ながら多くの会社は、社員が求める結果を明確にし、仕事ができる人たちをしかるべき地位に就けることはせず、現在の職位に就いている人たちの周囲に組織を築いている。小さな会社では、たいていの場合、組織構造はなきに等しい。社員各人がそれぞれ割り当てられた仕事をしているだけである。それで成績がよければ、部の中核になる。やがて社員の増員が行なわれ、各部に配属されると、安普請（やすぶしん）ながら構造が形成されはじめる。会社の実際の要求とはほとんど無関係である。

この種の構造は、何事も円滑に運んでいる間は機能する。しかし、ひとたび危機にさらされると、構造全体が崩壊してしまう。構造が貧弱でも長く生き延びる会社はよくあるが、これは指導者がよほどしっかりしているからか、あるいは（その業績にもともと備わっている）大きな利幅によって経営の弱点を補っているからである。いずれにしても、こういう会社は思うように伸びない。

成功するには、成果中心に考えて組織構造をつくることが必要である。目標は明瞭かつ現実的であるべきで、管理者は常にその目標を達成することから目をそらしてはならない。組織構造は見込まれる成果のみに基づいてつくり、各職位はそれぞれ目標の特定部分を担当することを固有の目的として設定し、人員を配置する。管理者はいろいろな仕事をするためではなく、最も効果的に仕事ができる人物として雇われているのである。

組織構造は会社の目標を達成する上で決定的な要素となるから、組織のニーズを満たすものを慎重かつ合理的につくらなければならない。それには連続したいくつかの段階を踏む必要がある。

第一段階は、利用できる資源（人的資源、物的資源、財源）の入念な分析を行なうことである。このような分析を行なう時は、目標達成に役立つ、あるいは妨げとなる組織内外のいろいろな要素を考慮しなければならない。

次の段階では、「今自由になる資源に照らしてみて、合理的かつ妥当な、達成できる会社の目標は長期の場合は何か、短期の場合は何か」という問題に答える。目標が設定されれば第三段階の、会社の目標を達成するための組織構造の枠づくりへ進むことができる。

この段階を処理する最善の方法は、以下の問題に答えることである。

1　会社の目標達成を確実にするために時間と注意を集中しなければならない「主要成果領域」は何か。

2　予期したとおりの成果を得るには、この主要成果領域の中にどんな主要機能が必要か。この問題に正しく答えられれば、望ましい成果を得るために実際に必要とするそれらの主要機能のみを組織に加えることができるだろう。

3　それらの主要機能からどんな成果が確実に求められるか。主要機能から確実に求められる成果が曖昧であると、それらの主要機能を果たす人たちは、成果のために働くというよりは仕事だから働くという面が強くなる。

4　望ましい成果を得るために時間と注意の集中を必要とするそれらの主要機能には、それぞれどんな「重要な活動」領域があるか。

5　望ましい成果を得るために、それらの主要機能にはどんな主要職務が必要か。この問題に正しく答えられれば、目標達成に不可欠なそれらの主要職務のみを組織に加えることができる。

6　それらの主要職務は、どうすれば成果中心に組織化できるか。現在数多くある職務記述書は、それが意図したとおりには使われていない。いずれも「作業中心」になっていて、「成果中心」になっていないからだ。つまり、管理者は何をなすべきかということはわかるが、彼が達成すべき成果のことははっきりわからない。主要な職域内に「成果中心」の雰囲気をつくり出すには、管理者が達成すべき主要な目標をはっきりと理解するように職務を組織化すべきである。また、満足すべき作業とはどういうものかを明確に示す職務別作業基準を設けなければならない。成果中心の職務記述書の作成方法については、本章の終わりのほうで述べることにする。

7 会社の目標を達成するにはどんな支援（支持）機能が必要か。この支援（支持）機能からはどんな成果を得る必要があるか。望ましい成果を得るために時間と注意を集中する必要がある。この支援機能の重要な活動領域は何か。この支援機能領域における目標達成にはどんな職務が不可欠か。この支援職務はどうすれば最もよい成果が得られるように組織化できるか。

8 どうすれば「成果中心」の委譲が最もよくできるか。部下への職務の委譲が、何をどうするかを伝えるという形で行なわれることが多いが、これが容易に「作業中心」の状況を生み出し、定着させている。部下を「作業中心」ではなく「成果中心」にしなければならない場合には、見込まれる成果に「波長を合わせ」、目標達成に不可欠なアイデアや意思決定に参加させる必要がある。

9 部下を主要成果領域および重要な活動領域内の目標から離れないようにする効果的な

管理情報システムは、どうすれば組織に加えることができるか。この問題に正しく答えられないと、慎重に立てた計画がすべて不発に終わる可能性が高くなる。成果のための計画を立てることは、立てることが一つの仕事であり、成果を管理することはまったく別の仕事である。優れた組織構造づくりの計画化には、確実な目標を狙い、成果を左右する人たちの役に立つ固有の管理情報システムが含まれる。

10　類似した活動ないしは密接な関係がある活動を同じ管理下に置くには、どんな活動をどのくらいの単位に組み分けしたらよいか。実行すべき活動の一つ一つについて必要な義務を明確にする。社員が期待された成果を得られるように、会社の資源（人的資源、物的資源、財源）を割り当てる。

11　職務を実行する最適任者は誰か。人に職務を合わせるのではなく、職務に人を合わせる。在職者に適任者がいない場合は、可能ならば在職者の訓練と能力開発を行なうようにする。これができない場合は、在職者の代わりに成果が上げられる別の者と交代させる。職務を遂行することになった者には必要な権限を委譲する。何を期待され、どのように評価されるかを各人に知らせる。チームワークと統一された協力体制を築くために、適切な人間関係、相互関係を築き、維持していく。これらの関係は調整が必要であるが、各管理者が目標を具体的な計画に変換し、それを実施するにあたっては柔軟性を持たなければならない。

部下統制の単一性

組織が効果的に機能するようにするには、各活動領域の権限内に誰が入るかということについて、混乱や曖昧さがないようにすることが大切である。管理と監督は一人の人間によって行なわれなければならない。直接管理、監督する職務を二人以上で分担しようとすると、足並みが揃わなくなる恐れがある。一人の管理者が部下にある命令を下すと、別の管理者が反対の命令を下す。ある政策をめぐって一人の管理者がある解釈を下すと、別の管理者はまったく違った解釈をしているといった具合である。

それから権限は単一にすべきである。部下がそれぞれ帰属する上司は一人だけにする。そして、誰から報告を受け、誰に報告をするかをわきまえていなければならない。

しかし、非常に密接な協力関係にあって、一人の人間として行動したり考えたりする傾向のある二人の人間が管理を分担する場合は、必ずしも管理の単一性を破ることにはならない。会社によっては、この腹心関係（オルター・エゴ）が顕著に表われても、両者が達成すべき目標をはっきりと理解し、関係ある部下の取り扱いで統一された政策を実施すれば成功する。

部下統制の範囲

一人の管理者で何人の部下を効率よく管理できるだろうか。責任範囲が大きすぎても小さすぎても、管理構造を弱める恐れがある。組織の能力を最高度に発揮させるためには、この問題を考慮した上で組織構造を考えなければならない。管理者は決定を下す前に、次の問題に答える必要がある。

1　管理者は監督の仕事にどのくらい時間を費やすか。大多数の管理者は部下を監督する仕事の他に、技術的な仕事や管理上の仕事などいろいろな仕事があるから、部下との仕事で実際にどのくらいの時間を使うか理解する必要がある。部下を管理する仕事が主になる場合は、管理者は管理責任の範囲を広げることができる。その他の仕事にかなりの時間を費やす場合は、大勢の部下に充分に気を配ることができないから、管理責任の範囲は狭くしなければならない。

2　管理者が処理する問題はどのくらい複雑か。問題が高度に技術的な性格を帯びている場合、あるいは上級管理者に関わる問題である場合には、報告者の数を減らしたほうがよい。経営管理と作業監督を区別すべきである。経営者はしばしば組織のさまざまな領域に影響を与える意思決定を下すが、作業監督者はもっぱら自分の部のことに専念し、決められた方針に従うことが多い。作業監督者は経営者よりも多くの部下を直接管理することができる。

3　管理する問題と活動は反復的なものか特別なものか。主に反復的な状況に取り組んでいる管理者は、さまざまに変化する領域を扱っている管理者より多くの部下を持つことができる。

4　部下はどの程度の訓練を積み、能力を備えているか。有能な部下を持っている管理者は、部下の教育と監視に多くの時間を割かなければならない管理者より、多くの部下を管理できる。

5　部下はどのくらい広い範囲に散らばっているか。管理下に入る部下が非常に広い範囲に散らばっていると、個人的接触を効果的に保つことができない。その結果、意思の疎通がはかりにくくなり、動機づけが困難になる。このような場合は、部下に近い場所に上司を置いたほうがよい。しかし、物理的に接近しすぎると指導力が発揮できなくなる恐れがある。

6　どういうスタッフの援助が得られるか。部下が上役の他に技術スタッフにも助力を求めることができ、組織が積極的な支援チームを持っている場合は、管理者はスタッフの扱う課題について部下と直接接触することは少なくなり、それだけ多くの部下を扱うことができる。

近年、権限の範囲は拡大傾向にある。最適範囲は六人から八人と考えられていたが、コミュニケーションや情報収集の進歩、各種作業の機械化によって、管理者は容易に権限の範囲を拡大することができるようになった。権限の範囲を拡大できれば、組織の層の数を減らすことができ、不完全な情報やゆがめられた情報が流される機会が減るとともに、社内のコミュニケーションが容易になる。情報が通り抜ける層が増えればそれだけ、誤解や間違いが生じやすくなる。

また、権限の拡大は管理者にとってより大きな挑戦となる。権限の拡大によって管理者はより重要な意思決定を下せるようになり、「目標管理」（MBO。Management by Objectives）と参加型の管理という新しい経営哲学が、より身近なものになる。また、権限の拡大は部下により重い責任を負わせる機会を提供し、これは成長に備えるための立派な社内教育と経験を部下に与えることになる。

部門編成

会社の活動を組織構造で分割する方法がいくつかある。最もよく用いられる方法は、会社の活動を部または課に分ける方法である。きわめて大きな組織になると、製品ライン、提供するサービス、担当地域など、適当な分類法に従ってその構造を形成することができる。しかし、大多数の会社は部を基本単位にしている。部はいくつかの「職位」または「職務」からなり、共通の目標に向って統括され、活動する。

部門化の方法を決定する際には、次の要因を考慮に入れなければならない。

1　期待される主要成果は何か。主要成果領域は、個人および組織単位としての部が努力を集中すべき決定的な領域である。たとえば、在庫管理部が目指す主要成果領域は、販売需要に見合う適正な在庫品を保持することである。これに関連する職務はすべて在庫管理部が調整しなければならない。

2　主要成果領域に直接関係のない補助機能はどこに置くべきか。最も効果的な補助機能の配置は、その活動を最も生かせる部を考慮して行なう。たとえば、エンジニアリング主体の会社の複写事務を行なう課は、従来の事務課に入れるより複写事務が多いエンジニアリング部に入れたほうが能率的である。

3　分業化が図れるか。会社の重要な領域に同じ分野の専門家が何人かいる場合は、その専門家グループで専門の部を創設したほうが便利かもしれない。たとえば、いくつかの機能部門に会社が雇った統計専門家が何人か散らばって配属されている場合、それらの人たちの技術をよりよく管理できるように、統計部を設けてもよい。

4　部門編成は調整に役立つか。互いに異質の機能でも、綿密な調整が必要とされるものであるなら、一人の管理者の統制下に入れてもかまわない。これは、主要成果領域が密接にからみ合う場合に特に有効である。たとえば、ホテルのフロントと会計係は同じ管理者の管理を受けることが多い。また、工場では発送と荷受け（この二つの機能は関係はあるが正反対）が、しばしば同じ部長の管理下に入っている。

5　管理を容易にするような部門編成ができるか。管理を容易にする組織づくりの方法がいくつかある。各活動がそれぞれ他の活動を独自にチェックする役割を果たすように組織化するのもそのうちの一つである。たとえば、品質管理は製造と切り離す。その場合、「品質管理」係は、製造係の上役と同じ上役に所属するようにすれば、製造のチェックを円滑に行なうことができる。また、内部監査部の例では、監査の対象になる部と同じ組織に組み入れてはならない。

部門編成にあたっては、ある部の職務と他の部の職務との間の関係や区別を明確にすること。どの部がどの業務を実行する責任があるかを明確にしていれば、業務の進捗状況を評価し、どこを修正ないしは調整しなければならないかを容易に決めることができる。

一部の会社では、各部間の競争を慎重に織り込んでいる。目的は、各部の業績拡大を促進するだけでなく、経営者が似たような部の結果を比較できるようにすることにある。これは、経費や方法、成果の比較がしやすいように編成された販売部門では、普通に行なわれていることである。

6 部の管理者は部下全員に対し充分に注意を払うことができるか。これができない場合は、部をいくつかの単位に分割したほうがよい。これを決める時は、部下統制の原則と管理範囲の問題を忘れてはならない。また、アシスタントを活用することで管理者の能力が高まり、部下に対する配慮が充分に行き届くようになることもある。

7 部門化によって何が犠牲になるか。部が増えるにつれて、これに充てる人材が必要になってくる。管理者ばかりでなく、管理者の一人一人に秘書やスタッフをつけなければならない。部が能率的に機能するためには、事務室や電話などが必要である。部がその機能を果たすために専門家が必要になることも多い。これに人件費や出張旅費などが加わる。部を少なくすれば、経費も大幅に抑えられる。

8 会社は部に割り当てた機能を果たすのに足るだけの経営関係、技術関係の人材を持っているか。そうした人材がいない限り、部を新設するのは適切ではない。無から有をつくり出すような人員配置を行なうと、部門編成計画全体を否定するような問題が生じてくる。もちろん、新しい会社はこれを行なわなければならないことがあるが、可能であれば新しい部を創設することは避け、既存の部に新しい仕事を加えたほうがよい。

9 提案された部門編成は組織内部の調和と連携を図れるか。部を形成するスタッフを検討する。彼らの目標は考慮されているか。変更を余儀なくされた場合、彼らはその理由を理解し、それに従うか。最後の分析は成果を得ることが主目標になる。また、ある程度の人材不足は覚悟の上でこれを行なわなければならない場合には、二つの要素を比較して考えなければならない。「調和」を強調しすぎる会社は、会社の真の目標を達成することなど考えずに、皆を喜ばせることにのみ関心を持つような、ご機嫌取りの経営陣や無能なスタッフを多くつくる危険性がある。

ラインとスタッフの関係

ライン系列、スタッフ系列による組織の概念は、軍隊の組織にその起源を持っている。これは、階層構造の成長に伴って生じてくる複雑な問題を解決する、一見合理的な手段として企業が採用したものである。

ライン権限とは直接指揮・監督を行なう権限のことである。全職位が一人の上の職位に直接報告する。各ライン・マネジャーは自分の単位内のあらゆる活動に責任がある。純然たるライン組織においては、ライン・マネジャーは仕事の予定を組み、部下を監督し、品質をチェックし、自分の部に関連するあらゆる意思決定を下す。これは小さな組織では効果を発揮するが、組織が大きくなるにつれてうまくいかなくなる。

このライン組織は、もし官僚主義的なところが克服され、組織の複雑化に伴って当然生じてくるコミュニケーションの悪化という問題が解決されるなら、目標を達成していくための組織としては効果的である。

しかし、明らかな欠点もいくつかある。管理者の職務が多すぎて、管理者の負担が過度に大きくなりやすいことである。管理者が仕事を休んだり、会社をやめたりした場合に、彼に代わる人を教育することが困難になる。さらに分業化の現代においては、管理者なら誰でも、すべての職務を理解し、それらの一つ一つについて、時間を充分にかけることはまず不可能である。

「スタッフ」という用語は通常、支援活動という意味を持つ。経営管理の分野においては、「ライン」という用語は、会社のために実際に収益を生み出す組織上の諸機能を表わすのに用いられる。製造会社で言えば、製造部門と販売部門がラインである。これらの活動を支援する他の全部門がスタッフ機能と言うことができる。

製造会社の各種スタッフ機能には、販売部に対して商品販売に必要な手段を提供するマーケティング部、金の出し入れを担当する財務部、会社の人的資源の監視役的な働きをする人事部などがある。スタッフ・マネジャーは必ずしもラインの人たちと直接的な関係はないが、自分たちの専門分野の問題についてライン・マネジャーに助言したり援助したりする。

今日、大多数の組織はラインとスタッフの組み合わせによる経営管理を行なっている。スタッフは、ライン・マネジャーの職務からスタッフがしたほうが効果的な仕事を請け負い、より多くの時間をライン・マネジャーの部に直接関係ある仕事に使えるようにしてやる。

また、組織構造全体との関連では本来スタッフ的機能を果たしていても、スタッフ機能内部ではライン的な役割を果たしうることにも注意する必要がある。たとえば、人事部などは求職者を募集して選考する機能を果たす点ではライン的活動をしており、面接と雇用を人事部が実際に行なっている。しかし、対従業員関係で果たす機能は、従業員の士気や規律の問題でライン・マネジャーに助言や援助を行なうこと、つまりスタッフ機能を果たしている。また、人事部長は人事部内の面接試験係や次長などのスタッフに対してはライン権限を持っているが、社内の他の部門の人たちに対してはスタッフ権限を持っている。

組織内でライン・マネジャーとスタッフ・マネジャーは対立することが多い。ラインの人たちの中には、スタッフはたいした役割も果たしていないのに、成功するとその功績を我が物としたり、また、スタッフの勧告に従ったためにライン・マネジャーが失敗すると、ラインだけに非難の矛先が向けられるといった不満がある。さらにスタッフはライン権限を持ってはならない場合にもそれを持ち、ラインの人たちを混乱させ、部内の部下統制の単一性を乱すといったことも不満の種になっている。これは、自分のアイデアを実行に移すことに不安を持っているスタッフ・スペシャリストが、ライン管理者を無視して直接ラインの人たちに働きかけるような時に起こる。

スタッフ・マネジャーの主な不満は、ライン・マネジャーは新しいアイデアに抵抗し、スタッフが必要な時にも声をかけないし、スタッフが行なった勧告にも従わない、といったことである。もう一つよく非難される点は、スタッフ・マネジャーに充分な権限が与えられないことである。彼らは担当分野の専門家であり、自分の意思決定を実行に移せるだけの権限を与えられるべきであると主張する。

これらの問題を解決する、最も注目される方法の一つは、ラインとスタッフの基本的な関係を明確にすることである。これには、ラインとスタッフの責任と権限の明確化に関与する者全員に対する行き届いた教育とも関連してくる。明解にして簡潔な職務説明と権限系列の的確な理解は絶対に必要である。ライン・マネジャーもスタッフ・マネジャーも目標の設定に関与し、決定した主要成果領域に従うべきである。必要なことはラインとスタッフ間の競争ではなく、チームワークである。

スタッフの活動には、個人的な活動と専門家としての活動の二種類がある。前者は「補佐役」と言えば最もわかりやすく、後者は法律、広報活動、市場調査などの専門家とも言うべきものである。

スタッフの個人的職務には、雑務から、管理者が意思決定した業務の実行までいろいろある。多くの組織に管理者の補佐役がいて、検討中の問題に関する情報を収集したり、計画の立案を助けたり、上役の命令を部下や同僚に伝えたり、上役のために特別な課題と取り組んだりしているほか、小さな懸案に関しては意思決定まで下している。これはまれな例であるが、「最高スタッフ（チーフ・オブ・スタッフ）」の職務を設けて絶大な影響力と権力を持たせている組織もある。これにはシャーマン・アダムズを登用したアイゼンハワー大統領や、ニクソン大統領とアレクサンダー・ヘイグとの関係などにその例が見られる。

専門家スタッフは自分の専門領域内の問題にしか関与しない。専門家には、⑴アドバイザー、⑵ラインへの援助、⑶管理スタッフ、⑷機能スタッフというように、四通りの役割がある。

1　アドバイザーとしては、問題を研究したり、助言を与えたり、ライン・マネジャーのために実際に計画を立てたりする。その場合、ライン・マネジャーは専門家スタッフの提案の全部または一部を受け入れたり拒否できる権限を持っている。活動の成否に関わる責任はあくまでライン・マネジャーが負わなければならないから、ライン・マネジャーは拒否権を持つ必要がある。しかし、専門家スタッフからの提案が経営者の支持を得ている場合は、ライン・マネジャーとしてはそれを拒否することはなかなかできない。スタッフの仕事が優れていれば、ライン・マネジャーにとって時間、費用、労力の節約になり、健全な意思決定を下すことを可能にしてくれる。

2　ライン・マネジャーへの援助では、スタッフ部門が助言だけするのではなく、積極的に特定の機能を果たす。人事部の例では、実際に人を雇ったり、職務説明書を書いたりすることがそうであり、仕入部の場合は、ライン・マネジャーから原料や設備の請求を受け、実際の仕入れ活動を行なう。

3　管理スタッフとしては、ライン各部が基本成果基準を満たすように確実な管理を実施する。品質管理部がこれに当たる。

4　機能スタッフとしては、スタッフ部門の専門技術が、ラインの計画を成功させるために必要になるケースがある。ライン・マネジャーが行使する通常の権限は、計画化の処理でより優れた能力を持つ専門家スタッフに委任される。この例は新製品の発売に見られる。たとえば、(普通はセールス・マネジャーに対して報告義務がある)セールスマンを統制下に置き、新製品の発売が適切に行なわれるようにする機能的権限をプロダクト・マネジャー(スタッフ)に与えることがある。プロダクト・マネジャーに与えられるこの権限は特定の製品一種類にしか行使できず、それも一定期間だけである。機能的権限はこのように限定するか、ライン・マネジャーの職位を大幅に下げるかしなければならない。

新しいタイプの組織構造

近年、組織上の特殊な問題の処理を目的とした新しい組織形態がいくつか生まれている。そのうちの一つが、今述べたプロダクト・マネジャーの職位である。プロダクト・マネジャーはきわめて特殊な責任を持ったスタッフ管理者である。その機能は、プロクター・アンド・ギャンブル社(プロダクト・マネジャーの概念はこの会社で生まれた)のように、多種多様の製品を製造販売している会社に応用できる。

プロダクト・マネジャーは、研究開発から製造、マーケティング、販売、配給に至るまで、製品を扱う過程全体に対して責任を負う。製品が開発され、会社の通常の製品ラインの一部になると、プロダクト・マネジャーの職務はそれの維持と成長を管理することになる。

プロダクト・マネジャーの主な仕事は、製品の宣伝販売に際してラインの活動を調整することである。たとえば、化粧品会社の販売部隊が十種類の化粧品を売っていたとする。各化粧品担当のプロダクト・マネジャーは、それぞれ自分の製品が無視されないようにし、セールスマンに充分注意してもらい、製品の販売に関連して生じる問題を適切に処理するよう確認する。また、製造係と品質管理係と協力して商品を使用に耐える品質基準に従ったものにし、宣伝係とはマーケティング計画について協力し、場合によっては販売部隊とも協力する。プロダクト・マネジャーは必ずしもラインの責任まで負わないが、当該部門にそれぞれ働きかけて仕事の能率を高める。

技術系組織でプロダクト・マネジャーに相当するものはプロジェクト・マネジャーである。電子装置の設計や製造など特定のプロジェクトを担当する。この管理者は技術者、製造監督、契約管理者の仕事を調整し、プロジェクトを適切に完了し、期限に間に合わせるようにする。

プロジェクト・マネジャー機能から派生したものにマトリックス組織がある。これは、多くの不確定要素が活動に影響を及ぼしそうなきわめて複雑な状況に対して用いられる。このような事業を行なっている大多数の会社は、各プロジェクトの達成を援助する有能な社員を全社的に散らばして配置している。

マトリックス組織は、プロジェクト・マネジャーに特別な任務を与え、各機能部門から任務達成に必要な有能社員を引き抜いて彼に割り当てることによって、全社に散らばっている有能な社員を生かそうというものである。彼らは専門家としてそのプロジェクトに携わる間はプロジェクト・マネジャーに預けられるが、プロジェクトが完了次第、自分の通常の部に戻る。これによって組織内の各部から有能な社員を引っ張り出して特別な計画を実施することが可能になり、既成の部課にそういう計画を割り当てるようなことをしなくて済むわけである。

言うまでもなくこれには問題がある。通常業務から人員が削減されれば、通常業務に支障をきたすことになるからだ。しかし、マトリックス組織が形成されるのは、特別な計画が会社全体の目標に絶対不可欠な場合に限られ、経費についても明細がはっきり出される。この種のプロジェクトは必ず期限付きで実施されるので、「借りもの」の専門家は、期限がくれば本来の職場に戻れるわけである。

マトリックス組織は「臨時プロジェクト・チーム」の名前で呼ばれることもある。このチームに配属されている間、そのメンバーは、通常の業務や責任から解放される。またプロジェクトに取り組んでいる間は、プロジェクト・マネジャーに対する報告義務はあるが、本来の上役に対する報告義務はなくなる。
マトリックス組織の利点は、大変融通が利く点にある。メンバーは永久的なものではないから、必要に応じて専門家をメンバーから外したり新たに加えたりすることができる。

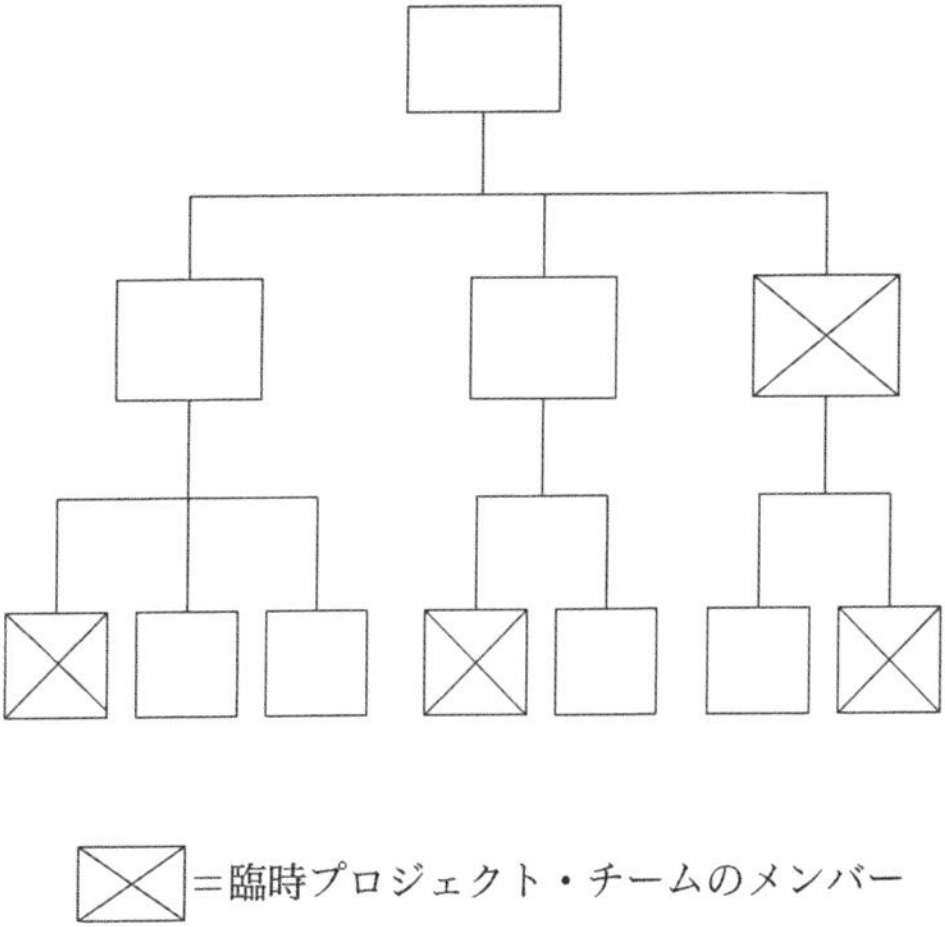

＝臨時プロジェクト・チームのメンバー

メンバーが非永久的なものである関係で、現状に対して既得利権を持たないから、プロジェクトに関するいろいろな修正が受け入れやすい。また、権限の範囲も永久的なものではないので、特定の上役を喜ばせようということには関心が薄く、望ましい成果を得ることに強い関心を持つ。

この組織形態の限界の一つとして、責任体制を固定化しにくい面がある。調整は行なわれるが、プロジェクトは一時的なものであるから、調整をやり遂げることは困難である。ライン・マネジャーの側からすると、中心的な部下が引き抜かれていくにつれて（本来の職場で必要になる時もある）基盤がくずれていき、意思伝達の系列が曖昧になってしまう。

前ページの図はマトリックス組織の構造図である。

近年の最高経営層に見られる新機軸は、一部の会社で一人制の社長職に代わって「社長室会」が設けられたことである。何人かの上級管理者が社長の全責任を分担し、意思決定に際しては彼らの知力を結集するほか、それぞれの分野でそれぞれの専門技術を生かす。

これが成功するかどうかは、これに加わる管理者たちの人格にかかっている。最高経営層には元来強い人が多いから、社長職を他の人たちと分け合うことに不満を持つ者もいる。しかし、多くの上級管理者が一心同体の気持ちになれば、この組織で気持ちよく仕事ができるようになる。

この方式を変形すれば、非常に積極的な経営委員会なり重役会を設けて一人制の社長を補佐することができる。

成果中心の職務記述書

職務が第一線監督の職務であれ、社長職であれ、管理者が自分の機能を追求する方法は、自分の職位の認識の仕方によって異なる。

会社の組織構造については、職位ごとにある程度詳しい職位の記述が行なわれる。この職務記述書には、職位の上下を問わず、在職者が何を組織内の他の在職者から期待されるかが明記される。

残念ながら多くの職務記述書は「成果中心」ではなく「作業中心」である。期待される成果に焦点を合わせる代わりに、職務をどう果たすべきか（段階的に示すことが多い）を簡単に示している。現代の経営の専門家たちが認めているように、従業員が成果中心に考えるようにならなければ、従業員の仕事は苦しくなるばかりでなく、その目的や意義まで失われてしまうだろう。

成果中心の組織構造をつくる場合、成果中心の基本職務をつくらなければならない。職務記述書は、職務より期待される成果に重きを置くべきである。

各職務記述書には主要目標（当該職務の存在理由）、主要成果領域（在職者が特に注意を集中しなければならない領域）、二次目標（基本成果の達成に役立つ目標）、実績基準（詳細かつ量的に測定可能な基準）などの説明がつく。

以下に紹介する職務記述書はセールス・マネジャーのものである。問題は本章で論ずる特徴をどう取り入れるかである。もちろん、この職務は他にも多くの要因を含んでいるが、この例では一部の基本成果を示しただけである。同種の職務記述書はあらゆる管理職務に用いることができる。

注意――これはセールス・マネジャーが達成するように求められる主要成果領域のごく一部を示したものである。全体では当該職務のあらゆる面と数量で表わせる業績基準が含まれる。

職務記述書

セールス・マネジャー

主目標――許容販売原価以内で所定の売上高を達成する。

主要成果領域

販売可能な均衡在庫を維持する。

業績基準

販売可能な均衡在庫の領域におけるセールス・マネジャーの職務は、次のような場合に充分に果たしたことになる。

1　必要とする在庫品の過剰分が常に在庫品全体の四パーセントを超えない。

2　必要とする在庫品が不足したために売り上げが減った形跡がまったく認められない。

3　不適当な在庫品によって売り上げが減った形跡がまったく認められない。

主要成果領域

主目標を達成できる程度に販売部隊の生産性を維持する。

業績基準

販売部隊生産性の領域におけるセールス・マネジャーの職務は、次のような場合に充分に果たしたことになる。

1　セールスマン全員が自分の販売担当地域に定められた割り当て額を達成する。

2　全製品ラインの売上高が定めた目標に達する。

主要成果領域

会社の製品やサービスに対する根強い継続的需要を生み出し、それを維持する。

業績基準

製品ないしはサービスに対する継続的需要の領域におけるセールス・マネジャーの職務は、次のような場合に充分に果たしたことになる。

1　新規顧客が年十パーセントの割合で増える。

2　既存の顧客の減少を年五パーセント以下にとどめる。

3　新規顧客との取引額が、年に少なくとも八パーセント増える。

これらの目標をはかる予測結果と業績基準が示されれば、セールス・マネジャーは、自分の業績がはかれる基準ばかりでなく、望ましい成果を生む行動を促す動機づけの道具まで与えられることになる。

成果領域をもっと実りあるものにするには、ただつくって押しつけるのではなく、セールス・マネジャーと協力してそれらを発展させることが必要である。セールス・マネジャーが目標を生み出し、業績基準をつくることに協力すれば、彼はそれを現実的で達成可能なものとして受け入れるだろう。

上位の管理者が下位の管理者に命ずる目標はかたよっていることが多いため、部下の協力が充分に得られず目標を達成できないことがよくある。管理者が有能ならば（有能でなければこの職務に就いてはならない）、彼の部下たちはその管理者を信頼し、計画の初期の段階から積極的に意見を具申すべきである。主要成果領域と業績基準の決定に際して部下の協力が得られれば、目標達成の確率はさらに一段と高まる。

職務記述書に記された成果を得られなかった場合は、管理者は失敗原因の分析において協力を得て、正しい措置を取る示唆を受ける必要がある。そして専門家スタッフや上層管理者の意見とともに、提言を解決策に織り込まなければならない。時には職務記述書が正しく作成されていないこともある。その場合は、訂正を行ない、職務記述書をより正確なものにしなければならない。

組織図とマニュアル

組織図は組織構造を図式的に表わしたものである。これによって主要機能、各機能間の関係、監督の経路、各機能を担当する人たちの相対的権限が図示される。

組織図を見ると、組織の骨格が一目瞭然にわかる。しかし、そこに見るものは骨格にすぎないということを忘れてはならない。組織のことは、図ではとてもすべてを示しきれないからだ。

組織図は、どの経営管理層にどの職位を置くかとか、各部は上位のどの職位に報告義務があるかといったことを決める際に役立つ。

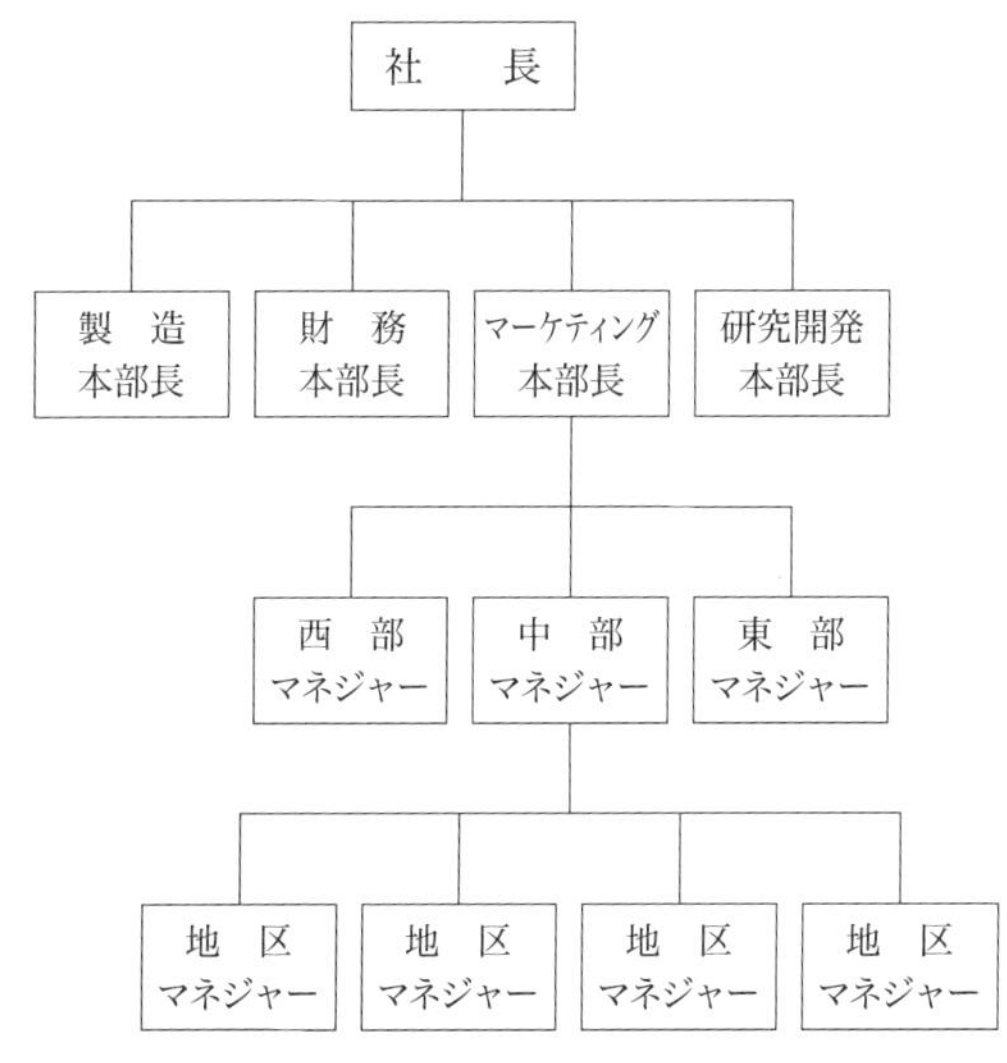

上の図を見ると、地区のマネジャーが中央のマネジャーに、中央のマネジャーがマーケティング本部長に、マーケティング本部長が社長にそれぞれ報告義務のあることがすぐにわかる。

会社の権力構造の理解のために組織図を頼りにすることの大きな難点は、組織図が実際の状況を活写していないことである。すでに指摘したように、組織のことは図では示しきれないのである。たとえば、上の図を見ると、財務、製造、マーケティング、研究開発の各本部長は全員同じレベルにあり、社長に対し等しく報告義務を負っている。しかし、実際にはそれらの職位のいずれか一つが他の職位にくらべ著しく重要で、会社の中で大きな比重を占めていることがある。技術中心の会社であれば、研究開発担当本部長が重要な地位を占める。販売中心の会社では、製造、財務、研究開発各部門の果たす役割はマーケティング部門より弱く、最も重要な職務はマーケティング本部長になる。これは、マーケティング本部長が経営上の意思決定でふるう権力、給料（彼の「同僚たち」よりかなり高い）、態度に表われる。組織図では同じ階層でも権限も平等であると考えるのは、大変な誤りである。

組織構造を評価する場合、もう一つの面を考慮に入れなければならない。組織図は、最も重要な要素の一つを示していない。それは、各職位を占める管理者の人格である。どこの組織にも、組織図上の肩書きや地位よりはるかに大きい影響力を持つ経営者や管理者が、一人や二人はいるものである。これにはいくつかの要因が考えられる。なかでも多いのが、状況を支配し、力の弱い仲間のそれよりも自分の考えや意見に重みを持たせる管理者の強い個性である。会社の実像をつかむ必要がある時は、そのような人を見分け、その影響力を知ることが大切である。

これらの新たな要因を組織図の中に描き込む方法はないが、一部の組織図作成者は、型破りな図によってそれを表現しようとしている。たとえば、円形組織図では、最高業務執行者が一連の同心円の中心に描かれ、その他の業務執行者は、その職位と権力に応じて中心から遠くあるいは近くに位置する衛星として描かれている。このような組織図は読み取りや利用が難しく、従来のピラミッド型のものほど多くの事実を示せない。組織図の最善の利用法は、組織図を骨格と考え、観察や社内の人たちとの討論によって実際の構造の肉づけを行なうことである。

組織図を補足するために、たいていの会社が組織マニュアルをつくっている。これには、詳細な職務記述書、各職位の責任と権限の限界に関する説明など、組織図には描けない細部が描かれている。

このマニュアルは、会社の職務内容を理解しようとする時に役立つ。組織図に出ている職名だけでは必ずしも本当の機能ははっきりしないからだ。肩書きは人によって受け取り方がさまざまであり、意味も違ってくる。たとえば、ある会社の「工場長」は総括現場責任者にすぎないが、別の会社では製造本部長に相当する職位だったりする。職位の程度は、マニュアル内の職務記述書の細目を読むだけで決めることができる。会社によっては給料を上げる代わりに肩書きを与えている。いずれにしても、各職務のすべての責任を調べ、それを組織図上の他の職務と比較し、実際の関係を考えてみなければ、組織を本当に理解することはできない。

組織化はこれだけでは終わらない。組織図とマニュアル作成を組織開発の最終段階と考えるのは大きな誤りである。状況の変化に応じて組織も変えていかなければならない。組織は活動的なものであり、完成するということがないからだ。

なぜ組織の変化は起きるのだろうか。その原因は取引の伸び縮みや人員の増減など、組織の外側にあることが多い。このような変化が起こると、会社の原初組織では通用しなくなる。変化は新しい状況を反映していなければならない。もう一つの外因は、国の要求である。主要な国の規制の中には会社の組織構造の再編成も含まれる。

技術の変化も組織構造に影響を及ぼしている。コンピューターの進歩は、近年の他の技術革新より強く経理部など管理機能の再編成を促している。

内部的には、新製品が開発された時、古い製品ラインが変わった時、実力者が会社をやめた時などに変化が必要になる。

組織が成長するにしたがい、それに合わせて構造も変えなければならない。成長は垂直方向にも水平方向にも起こる。垂直方向では、会社は取引額の伸びに応じてその構造を変えていく。組織がまだ小さいうちは、一人ないし二人の管理者が管理業務の大半を処理することができる。組織が大きくなるにつれて管理者（専門家が多い）が増えてくる。組織の成長が続く間は管理者も増え続け、それに伴って管理者の上に管理者がいる階層構造、つまり大企業の多層型原型が出来上がる。

水平方向への成長は、組織内のある部門が独自の目標を達成するために新たに従業員を必要とするようになった時にはじまる。たとえば、創業当初は二人のセールスマンで全市場を網羅できたが、会社の成長とともに販売部門はさらに何人かのセールスマンが必要になってくる。そして営業所がつくられる。そうなると、販売支援が必要になり、市場調査、販売促進、コンピューター・サービスなどのスタッフ部門が新たにつくられる。

会社の組織構造は、設定した目標の達成に向かって絶えず進み続けるように定期的に再評価すべきである。組織構造が悪いと、その発展の先駆けとなる計画化が無駄になる。経営に拍車がかからず、会社の指導層がいかなる命令を下しても最高の結果は得られず、全管理機能の調整と統制だけに終始してしまう。

8 権限委譲と分権化

有能な管理者は自分の部下の才能を認識しており、それを最大限に活用し、その過程で彼らの腕とプロ意識を極限まで磨き上げる。これを行なう最善の方法の一つは権限の委譲である。

権限の委譲とは、他の誰かに、管理者自身が持っている義務なり業務なり権限なり権力なりを割り当てることである。最も単純な形では、多忙な管理者が彼の職務の事務的な部分を代理にやらせたりしている。しかし、これはその委譲の中でも低次元に属するものである。管理者の本当の強さが発揮されるのは、権限や権力を自分の部下に渡してからである。

しかし、このような権限委譲は口先だけで、つまらない仕事以外はいかなるものも部下に委任することを拒否する経営者や管理者がいくらでもいる。また、権限を渡す管理者がいたとしても、権限の委譲が無意味になるくらい幾重にも制約を加えることが多い。

この理由を理解するには、管理者が権限を委譲する時、委譲はしても放棄してはいないということを認識しなければならない。彼は依然として権力を保有しており、さらにまた権限のコインを裏返しにした責任を負っているのである。

管理者としては、部下が失敗してもその責任を負うことになるから、必要な権限を部下に渡すことを、とかく不安がる。この不安がなくならない限り、権限の委譲はうまくいかない。

この不安が消えないと、管理者は部下を信頼して仕事をやらせることを拒否するようになる。この信頼の欠如に管理者は、「自分でやったほうがよくできる」といった理屈をつける。仕事によっては確かに部下がやるより管理者がやったほうが能率よくできるかもしれないが、管理者の職務は管理することであって、それ以下の仕事をすることではない。権限の委譲が行なわれなければ、会社や部の仕事が不安におののく管理者のところで詰まってしまうだろう。

権限の委譲を拒否するもう一つの理由は自信の欠如である。彼らは、自分たちより部下のほうが仕事がよくできるかもしれないと思ったり、自分の地位が危うくなるのではないかと考えたりする。このような管理者を救う道は、自信を持たせる以外に方法はない。そうしないと、彼らが恐れる不適格者に本当になってしまう。

なかには、委譲の方法を知らない管理者もいる。このような場合は教えなければならない。本章の後半で、効果的な委譲の方法について詳述するつもりである。

一部の管理者に見られる困った現象は、握っている権力の虜（とりこ）になってしまうことである。

彼らは、その一部でも他の者に与えることを嫌がる。これは、言わば他の者が下す意思決定の責任を背負わされる不安の裏返しである。

また、実質的には義務だけ委任したり、些細なことでわずかばかりの権限を委譲しただけで権限の委譲を行なったと考える管理者もいる。このような管理者は、実権は握っているくせに「権限委譲」が失敗してもその理由がわからない。

これと対照的なのが、委譲に値する能力のない部下に権限を委譲する管理者である。権限の委譲を行なうには、部下がよく訓練されており、その責任を果たす能力を備えていることが前提となる。部下が実際に割り当てられた職務を果たせるという確信なしに委任を行なうのは、まずい管理である。また、ある種の権限は委譲することができない。当該の問題が部下の権限外の領域に影響を及ぼすような意思決定、あるいは上役のみが下せる判断を必要とする場合は、権限を委譲してはならない。

権限の委譲をより効果的に行なう

管理者は、次の十原則に従うことによって、権限の委譲をほぼ確実に成功させることができる。

1　権限の一部を譲渡しなければならない者には、会社に占める彼の地位に就いて安心感を持たせる。多くの場合「権限委譲者」は不安を感じ、一部でも権限を部下に譲渡することを恐れるものである。これは、自信を持たせることによって克服できる。彼の成功をたたえることだ。肩書きなり特権なりを与えて認めるのもよい。デール・カーネギー・コースの「効果的な話し方と人間関係（Effective Speaking and Human Relations）」を受講するようにすすめてみてはどうか。また、権限の一部譲渡を求めるのは、会社が彼を低く評価したからではなく、高く評価したからであるということをわかってもらうようにする。さらに権限の一部譲渡によって時間と気力にゆとりができるため、今度は上役がより重要な権限を彼に譲渡することを保証する。

2　権限委譲の必要性を理解させる。管理者は自分でやれることだけに終始している限り、真の潜在能力を発揮することはできない。管理者の評価は彼の個人的な特殊技能だけでなく、部下にどれほど信頼されているかによっても行なうべきである。信頼されるには、適切な権限委譲を行なわなければならない。

3　社内に革新を奨励するような空気をつくらなければならない。革新は部下中心に行なうべきである。管理者が部下全員に自信を持たせるのである。不安や不満が生まれないようにし、生まれたと思ったら、いつでも摘み取るようにしなければならない。

4　管理者は権限委譲を心から信じなければならない。経営者から第一線のライン・マネジャーに至るまで全管理者がこれを実践すべきである。どの階層の管理者も、部下が成長するためには部下自身に意思決定をさせ、当然のことながら誤りを犯すこともやむをえないという事実を受け入れなければならない。会社としても、権限の委譲を成功させるためには、失敗にかかる費用を備えておき、それを人材の養成に転化していく覚悟が必要である。経験からいっても、成長期の管理者はこれから伸びようという時に失敗を恐れずに仕事ができれば、失敗から教訓を得、企業階層の上位に立った時、高くついた失敗の代償はほとんど回収されているだろう。

5　職務を委譲する管理者は、職務を委譲される部下がそれを自分の進歩のための一歩と考えられるようにしなければならない。部下を教育する上で最も効果的な方法の一つである。部下たちには、委譲される権限とこれに付随する責任によって、彼らが有能な管理者になっていくことをはっきり教えるべきである。

6　部下に対して、どんな成果が期待されているかを知らせるべきである。期待される成果をどのように達成するつもりか、そしてどのような援助を必要としているかがわかる行動計画を立てるように、部下に求めるのである。

7　管理者は、部下一人一人の能力を知り、職務を委譲する部下が技術ばかりでなく、課せられた目標を達成しようという意欲を持っていることを信じられなければならない。調査したところによると、大多数の管理者は、通常の職務を果たす上で潜在能力を充分に発揮していない。この隠れた能力を探し出し、部下の知力を伸ばし、それまで無視されていた才能や充分に生かされていなかった才能を発揮させることである。

8　業績基準は、達成された成果に対して部下と上役の双方が取った行動の評価に役立つようにすべきである。部下中心の会社では、業績基準は上級管理者によって部下に課せられることはないが、目標達成の責任を有するチームが加わって設定される。ライン管理者には自分の計画の進行状況をはかり、計画の修正を行ない、必要に応じて別の計画を実施する自由を余分に与えるべきである。もちろん、結果に対する責任は負わせなければならない。

9　管理者は、見込まれる成果を達成するのに必要な意思決定をしたり、これを行なうために必要な資源を集めたりできる権限を部下に与えなければならない。部下が自分を助けてくれるスタッフ部門に出入りでき、自分の責任範囲内にあるあらゆる問題について自ら意思決定を下せるようにすべきである。

10　管理者は、部下が必要とする援助は何でも与えられるようでなければならない。権限委譲は「一か八か」の方法であってはならない。権限を委譲する管理者は、部下が目標を達成できるようにする明確な責任を持っており、部下に必要なあらゆる援助を与える上で積極的な役割を担う。当該の問題に関する会社の方針や原則や規則を部下が忘れないように努力し、状況に応じて、相談や議論、実際的な援助を買って出る。部下が管理者の助けが得られることに気づいていても、有能な管理者は干渉はしない。問題が起きることがわかっていても、それを見きわめて解決する機会を部下に与えたほうがよい。

多くの管理者は、実際にはたいして重要でもない半端な仕事を部下にやらせておきながら、部下に権限を委譲していると信じている。部下に権限を委譲している場合でも、数々の原則、規則、手続き、方法、警告、助言などを与え、部下は自分の考えや自発性を発揮することができず、息が詰まりそうな状態になってしまう。

真の権限委譲には、三つの行為が含まれる。これには、三角形の三辺のような相互関係がある。

1　職務の割り当て
2　権限の授与
3　義務の発生

これら三つの行為を部下にどう伝えるかによって、権限委譲がどの程度の効果を上げるかが決まる。職務の割り当てでよく見られる例は、期待される活動をいちいち細かく決めていることである。

文書で伝えるにしても、口頭で伝えるにしても、「活動」リストを部下に渡す。「○○の百貨店を対象にした販売活動を命じるが、それには次のような活動を行なう。

活動1　毎日得意先二十軒を訪問する。
活動2　新しい顧客を見つける。
活動3　小売業者のセールスマンと協力して当社の製品を売り込む。
活動4　………
活動5　………」

これらのリストによって勤務上の毎日の行動をいちいち定められているせいで、部下は仕事に活用できる天性の創造力なり主導力なり常識なりを発揮できない。

職務の委譲は成果に基づいて行なったほうがよい。職務をどのように遂行するかを詳細に決める代わりに、管理者と部下は見込まれる成果について了解し、方法は部下にまかせる。

前述の職務割り当ての結果、委譲は次のようになる。

「販売担当地域は○○市と○○市。

見込まれる成果は次のとおり。

1　売上高を七パーセント伸ばす

2　毎月新規顧客を三人獲得する

3　製品AとBの売上高を十五パーセント増やす」

この職務割り当てには指定された「活動」はなく、見込まれる成果が記されているだけである。これをどのように達成するかは、委譲された者の腕次第である。

日常的な反復作業以外のことを部下の管理者にやらせる時には、必要に応じて適切な措置が取れる権限を与えておく。たとえば、資金の支出、社内ないしは社外からの資源の収集、原材料または機械設備の購入、他の社員に対する業務命令などである。

効果的な委譲で決定的な役割を果たすのは権限である。しかし、この種の権限は無制限な権力と混同してはならない。権限はすべて法的規制、権限を有する者の能力、会社の方針などとともに業界の習慣や慣例によっても制限される。

管理職はそれぞれ超えることのできない権限の領域を持っている。部長ならば自分の部に必要な原材料を「一定の金額まで」購入する権限、生産計画を「制限範囲内で」変更する権限、従業員の超過勤務や昇給が「与えられている枠を超える場合には上層部の承認を得て」認める権限を持っている。労働組合との契約があれば、従業員に対する管理者の権限はさらに制限される。管理者に人を雇ったり解雇したりできる権限も与えることができるが、現実には人事部が定めた慣例に従って人を雇わなければならないことになっているし、会社や労働組合の方針と相容れなければ解雇もできない。これらの制約があるからこそ、権限の委譲を行なう場合に、権限に付随する権利と権力をはっきりさせることが重要になってくるのである。

権限委譲三角形の第三辺は義務の発生である。この義務はしばしば「責任」とか「責務」と同じ意味に取られる。しかし、この要因には、失敗の責任を問われる者を決めたり、成功の功労者を決めること以上のものが含まれている。義務とは部下が割り当てられた職務を遂行する際に感じる道徳的強制である。この義務は権限委譲のどの面にも暗に含まれている。部下が職務割り当てを引き受けると、それだけでその部下はその職務を果たすものと解され、期待されるようでなければならない。この責任体制の理解がないと、権限委譲は行なえない。

仕事を委譲される部下の大多数は割り当てを希望し、義務を果たすために最善を尽くす。管理者は、そのような義務感が育ちうる空気を生み出す必要がある。

また、効果的な権限委譲に絶対に必要なことは、権限委譲を受ける者が割り当てを処理できるという確信である。権限委譲を行なうにあたって管理者を慎重に選び、訓練を施すことが実際に行なわれている。

経営者仲間でよく引用される金言に「権限のない責任は地獄である」というものがある。成果に対する責任を負わされながら、その成果を達成するために必要なことをする権限が与えられない立場に管理者を置くことは確かにまずい。たとえば、急ぎの事業を期限内に完了する義務を負わされながら、部下に超過勤務を命じたり増員を図ったりする権限が与えられない管理者は、非常に苦しい立場に立たされる。

しかし、義務を実際に委譲することはできない。仕事を部下に委譲する上役も、所期の目的を達成する義務は免れない。

社長が本部長に仕事を委譲し、本部長が部長にその仕事を委譲し、部長がさらに部下の課長にそれを委譲する場合、その義務と責任は部長と本部長の両者に残っている。「期限に遅れたのは課長のせいであって私の落ち度ではない」と言っても、誰も納得しない。

分権化

権限の委譲を論理的にさらに一歩進めたものが分権化である。たいていの会社は集権化された組織ではじまる。命令はすべて経営者から出されてふるいにかけられ、命令系統を経て各組織単位に流れていく。会社が成長するにつれて、アイデアなり革新なりを中央から打ち出すことが困難になる。第一線にいる人たちは、自分たちの問題をすべて中央が受けて吸い上げ、それから対応するのを頼りにしなければならないとしたら、動的な状況に敏速に対応していくことはできない。

この問題を克服するために分権化（重要な権限を各経営単位に与え、それぞれ独自に意思決定を下させる）が行なわれている。一部の会社では、この分権化が事業部独立をもたらしている。各事業部がそれぞれ損益面で自己責任を負った独立企業のように運営されるのである。事業部の責任者は必要とあれば親会社に援助を求めたり相談したりするが、独自に計画を立て、独自に組織を発展させ、独自に活動の指導、調整、統制を行なう。これがいわゆる利益分散である。

この独立単位は、製品、得意先、地理など論理的な分類法に基づいて選ぶことができる。

集権化にも分権化にも利点はある。個々の会社においてどちらがよいかを決める場合には、次のようなことを考慮に入れなければならない。

集権的組織の経営者と本部スタッフは大きな権力を持ち、したがって威信も持っている。意思決定を行なうとともに、よくても悪くても、その結果について責任を取る覚悟もできている。

分権的組織の企業の経営者は、それほど大きな権力は持っていない。権力の一部は部下に委譲され、それがさらにその下の部下に委譲されるからだ。これによって経営者は、命令を出す仕事からかなり解放される。しかし、前にも指摘したように、責任は依然として経営者にある。分権化を進めるには、部下を充分に信頼し、部下にも重要な意思決定をさせる覚悟を持たなければならない。

集権化された会社は政策や実務の統一を図る。その結果、創造力を発揮できなくしてしまう傾向がある。特に変化する状況に応じて活動を変えていく際に、いろいろ許可をとることが障害になるような場合に、その傾向が著しく表われる。

集権化では、本部の専門スタッフが重要な役割を果たす。彼らが物理的にも組織上でも経営者の近くにいるからだ。彼らの仕事の範囲や量からいって当然なことだが、会社は高い資格を持った（したがって経費のかかる）技術専門家を支えなければならない。スタッフとラインは、企業ヒエラルキーの頂点に立つラインの経営責任者とともに、強力な経営管理チームを形成する。

分権化された組織では、経営者とそのスタッフの重要性は低下する。そして多方面の仕事に責任を持つ総括責任者（ゼネラリスト）が各部門に生まれてくる。これには将来、総括管理者（ゼネラル・マネジメント）になる者を訓練できる利点がある。集権化された経営管理の限界の一つは、専門家の養成に力を入れるあまり専門化が非常に進み、総括管理者が必要になっても務められる者がいなくなることである。

集権化された会社では、経営者と下層部の間に距離があるため、双方が互いに他方を実際に意識することはほとんどない。結びつきが遠くなればなるほど、親近感は薄くなる。分権化された集団ではより親密な関係ができるため仕事が大いにはかどり、部下たちも熱意を持って働く。

集権化は統制を強め、それが非能率的な業務を排除したり会社の方針からの逸脱を防ぐのに役に立つ。事実、集権化によって機械的な統制を組織に組み込むことが容易になる。経営者とライン管理者の接近が統制をしやすくするからだ。

これに対し、分権化された会社は局部的な状況を支配できる利点を持っており、その状況に迅速に即応することができる。分権化された組織は、はっきりと定められた目標に従って活動するから、目標が達成されるように自己統制を行なうことができる。

分権化のもう一つの大きな利点は、小組織での実験や調査が可能なことである。新しいアイデアを一つの経営組織で試してみて成功すれば、他の経営組織が採用することができる。これはまた、リスクを分散することにもなる。失敗しても損害をこうむるのは一組織だけで、企業内の他の組織に影響を及ぼすようなことはない。

しかし、利益追求を特に重視すると、多くの会社で問題になっている利益分散化の面が表われてくる。分権化された組織とその管理者の評価は、その事業部の利益を基にして行なわれる。金銭的な報酬がつく功罪は、ともに短期財務諸表で決められることが多い。管理者は巧みに、あるいは公然と、長期的利得を犠牲にして短期的利益を求めるように圧力をかけられる。四半期利益ないしは年間利益を見込めた多くの研究開発計画が、延期になったり全面中止になることもある。その計画が実施されていれば、将来大きな利益が上げられたかもしれないのに、管理者の今年度の業績は今のところかんばしくないということになる。

分権化に見られるもう一つの否定的な要因は、部門間に過度の競争をしばしば引き起こすることである。利益競争の果てに部門同士で成長を妨げあうようなことになれば、企業全体の利益を増やすどころか、減らしてしまう。

過去の例では、多くの会社が分権化を導入した理由の一つに、多様な組織単位から的確な情報を素早く手に入れることができなかったことを挙げているが、コンピューターの進歩は、情報の収集という面で統制を非常にやりやすくした。現在では、客観的データの伝達、分析再伝達が迅速に行なえる。

しかし、この新技術は、組織の再集権化よりは分権化の改善に貢献するかもしれない。集権的組織が同じ手段を用いてその統制力を強化することができるのと同じように、分権化された組織単位は中央の設備を利用し、より完全なデータに基づいて意思決定を行なうことにより、さらに効果的に職務を遂行できる。

利益の分散化は必ず組織を管理しやすい単位規模に縮小する。単位構成員が少なくなれば、それだけ意思伝達が効果的に行なわれるようになり、命令系統がたくさんあるために起きる事実の歪曲（わいきょく）がなくなる。分権化された組織は「一つまみ」の大きさであるため、管理者も扱いやすい。しかし、この利点にも問題がある。どんな会社でも自己充足的な一つまみの組織に、きちんと分割できるとは限らないからだ。大組織をいくつかの小組織に細分化することが技術面から不可能な場合もある。利益分散化の大きな制約は、組織の運営を独立した自己充足的な、管理できる規模の単位に分けなければならないことである。

しかしそれが可能なら、小さな独立組織は、集権的な大組織の一部となっている場合よりも行き届いた注意を受けやすい。また調整や統制が容易に行なえるし、責任の所在をはっきりさせやすい。

利益分散化の制約としては、他に親会社が事業部のために行なわなければならない補助的なサービス活動が挙げられる。親会社のサービス部門が一つでは、各事業部の要求に応じられないことが多い。そのようなサービスは外部組織から買ったほうが、事業部にとって安くつく状態が続いている。外部から買えば分権化された組織には経費の節減となり、利益の増加につながるかもしれないが、それでは会社全体の利益にどう響くだろうか。

利益分散化の効果を高めようという場合には、次のようなことが指標となる。

1　量的問題ばかりでなく、企業イメージの改善、従業員の士気の高揚、単位組織内の人材開発などの不確定要素を含む長期目標と年間目標を設定する。

2　分権化された組織単位が従わなければならない広範な政策を定める。これは管理者たちが一致した意思決定を行なう基礎となるくらい包括的なもので、かつ彼らの指導力を利用して局部的な状況に対応していけるくらい柔軟なものでなければならない。

3　各単位組織内の主要経営責任者には、その職務に最適任の人材が配置されるようにする。これは、社外から人材を募集して選考する際に本社が協力したり、全社的な経営者養成計画と経営責任者選抜制度を設けることによって可能になる。

4　（本社の承認を得て）事業の拡張ができるよう、子会社への融資ができるようにしておく。

5　単位組織の損益に影響を及ぼすような取引を審査する機関を設け、必要な時には適切な措置を勧告し、過大な損失を未然に防ぐようにする。

6　各単位組織に対し、必要な技術サービスと経営相談を妥当な費用で行なう機関を設ける。

7　全社的に統一を図るために会計、人事、仕入れなどの手続きを標準化する。

9 非公式組織

会社の組織図を見ると、常備組織の公式組織構造しか出ていない。常時起こっている非公式な相互作用は目に見えないどころか、推測さえできない。それはまるで水滴を肉眼で見ているようなものである。水滴は澄んで静まり返っている。同じ水滴を顕微鏡で見たらどうだろうか。前後左右に動きまわる無数の微生物が見えるはずである。

この「非公式」組織は、会社の目標を達成する上で適切に維持する必要がある場合には、管理者はそれを見つけて理解し、検討を加えなければならない。

行動科学者たちの意見によれば、非公式集団の、そのメンバーに対する影響をあますところなく評価するには、組織内で放任されていたり、従業員の間に育っている非公式社会集団に見られる慣例や労働慣習に注目しなければならないということである。

習慣とか文化的態度は、仕事とか個人の私生活とかに関係なく、あらゆる種類の社会的人間関係の中に生まれてくるものである。そして国家的要因や民族的要因、教育水準、特定の国民や理想に対する忠誠、各種の「階級」または思想による色分けなどによって影響されることが多い。

働く者が監督者を「上役」と見ると同時に自分たちを「労働者」という認識で見ているとすれば、そこには闘争を生む下地が備わっている。また彼らに、会社の一員である前に、ある社会集団の一員であるという認識がある場合にも、同じような問題が存在する。たとえば、大学卒業者は大学を卒業していない者と交わらないし、技能を持つ職人は技能を持たない職人との間に一線を画す。

集団は個人的な考えによってのみ形成されるわけではなく、組織の中で占める地位や役割によって形成されることも多い。ともすれば自分に期待されていることの先入観に従って振る舞いがちである。発送部の課長補佐が課長に昇進したとする。彼は同僚の管理者の振る舞い、態度、服装を真似して、あっという間にマナーや態度から洋服の着方まで変えてしまう。彼は「平社員集団」から管理者集団に移ったのである。

個人が集団に加わっただけではなく、個人としても仕事に必要な役割を演じる。会社に権威主義的な組織環境が出来上がっていれば、新しい管理者たちも権威ある態度を取るだろう。部下たちも自分の占める職位の職務記述書に従うだけでなく、自分に期待されていると思われる一定の役割を演ずる。

これは、その人の態度ややり方を予想する手がかりとして重要である。同僚が状況の変化に応じてどういうことをするか、最も可能性のあることを（なぜならそれは社内で最も普通に行なわれていることだから）知っていれば、驚くこともないだろうし、その態度や行動を信頼してそれにつながる状況に対処することができる。

しかし、役割のあらゆる面を完全に理解していないと、困ったことになる。経営者が公式組織の面から職務を考えても、その他の管理者は別の見方をし、経営者や直属の上司とは別の観点から自分の役割を見ている。たとえば、現場責任者の役割がそうである。経営者が、現場責任者は必要に応じて安い原価で品質のよいものをつくるのが職務だと心得ているととらえていても、現場責任者の部下たちは、上の管理者との間に立って部下を助けたり、仕事上の個々の問題に同情してくれるのが現場責任者の役目だと考えるかもしれない。現場責任者はどの見方を取るにしても他方には受け入れてもらえず、両方から圧力を受けることになる。これに打ち勝つために現場責任者は両方の役割を果たしているようなふりをするが、いずれかの方向に傾いていく。どちらともつかぬ役割しか果たさないとなれば、彼は曖昧な存在となり、したがって何の役にも立たなくなる。

非公式集団

人間が協力しあうところには常に非公式集団が形成される。この種の集団のメンバーは互いにつきあったり、昼食をともにしたりすることを好む。そして常に共通の関心を持ち、似ている経歴の持ち主が多い。

人間は社会的な動物である。集団に属することを求め、仕事上の「味方」を持つことで楽しく働けるような気になる。人間は労働に社会的満足を求めるが、それは、自分たちが加わっている公式組織より非公式集団から得る可能性が高い。また、上役が不合理な圧力をかけてきた場合に、圧力をかけられた集団を支援する集団もある。

もし非公式集団が提供する社会的満足がなかったら、面白くない、決まりきった、退屈な仕事は耐えがたいだろう。しかし、やり甲斐のある職位においてさえも、小さな非公式集団はそのメンバーの行動に大きな比重を占めている。

集団は多くの共通分母を中心に形成される。多くの集団は、ボウリングといった趣味や近所に住んでいること、共通の関心など、まったく仕事に関係ないことが中心になっている。専門家の団体の会員であったり、同じ経営哲学を持っている（たとえば、権威主義的経営に反対して、参加型の経営を支持するなど）というように、職務や職業を中心に形成される集団もある。

社会的集団には、顕在的ないしは潜在的に、集団の基準なり理想なりに従うことをメンバーに強制する傾向が見られる。この基準は経営者の希望に沿う場合もあるし、沿わない場合もある。非公式集団と経営者の間に見られる対立の最も多い原因は、生産割り当ての設定である。それが労働者集団による一日の生産個数であれ、保険事務員集団による一日の苦情処理件数であれ、非公式集団は独自の「幽霊基準」を持っている。メンバーの一人がこの基準を超えたりすると、「生産抑制」をするように圧力がかかる。これに従わないと、いろいろな手を尽くして圧力が加えられ、しまいには集団からつまはじきにされてしまう。

非公式集団がそのメンバーに加えるもう一つの大きな影響力は、態度と価値の共有である。集団に新たに加わった者は仲間の態度を自動的に身につける。上司は不公平だと仲間が思えば、新しいメンバーは自分ではその反対だと思っても、仲間の言うことを信じるだろう。

集団にはまた、活動を百八十度転換させるような変化に抵抗する傾向が見られる。変化が集団の利益になる可能性があっても、それに反発する。変化を目論む時は、管理者はこの種の抵抗にあうことを覚悟しなければならない。

集団行動を理解する

公式集団にしても非公式集団にしても、集団に加わることによって、メンバーにある種の地位が与えられる。非役員集団と対立する銀行役員集団のように公式集団には公式に認められた地位がある。非公式集団の場合は、地位は非公式なものであるが、それにもかかわらず両集団のメンバーも外部の者もこれを認めている。

もしその集団が社内で高い地位を占めていると、その集団に加わっていない人たちの側に集団に加わりたいという強い欲求が生まれ、その集団に対するメンバーの忠誠度も高くなる。ところが、その反対に地位の低い集団になると、集団への加入を一時的な手段と考え、集団に対する忠誠度も低下する。たとえば、ある病院の看護師集団の中でも手術室勤務の集団が一段高い地位を占めるとする。この集団に属する看護師たちは、同僚や他の病院関係者からエリート集団とみなされる。手術室勤務の看護師は自分たちの集団にきわめて忠実であり、他の看護師たちとの間に距離を置き、病院をめぐるいろいろな問題で一致した立場をとる。他の看護師たちもその他の非公式集団に属しているが、手術室勤務の看護師をうらやましく思い、先を争って手術室勤務になろうとするくらいだから、同じ給料がもらえる特別な職場が空いていても、手術室勤務に加わる。

影響力を持つ集団には凝集力がある。集団内に意見の違いがあると、その集団が経営組織に及ぼす影響力は小さくなる。集団はメンバーの凝集力を維持しようとする。小さな問題についての意見の違いには寛大であり、大きな問題についてもさまざまな意見を出すことを許すが、組織に対する重大な態度決定や方法についてはメンバー全員の合意を期待する。反抗的な態度をとると、服従を強いられる。集団は逸脱に対して寛容ではない。逸脱は集団行動における大罪であり、自分の個人感情を絶えず集団感情に優先させている人は、すぐにのけ者にされるだろう。

外部の圧力が集団に加えられると、共通の危険におびやかされる時と同じように、集団のメンバーは個人差を忘れて外部の者に対して結束を固める。新任の部長が仕事のやり方を次々に変えたりすれば、その部の非公式集団が結束してそれと闘おうとするだろう。このような集団行動は、しばしば経営者が導入を望んでいる進歩的な技術革新を阻害する。管理者はこのことを認識し、変更を行なう際にはそのことを考慮に入れなければならない。

企業組織によく見られる集団のもう一つのタイプは「派閥」である。派閥は、メンバーがいくつかの部課に散らばっている他の非公式集団とは異なる。これを一つにまとめるものは、特別な動機に寄せる共通の関心である。その動機もいろいろある。人気のある経営責任者を昇格させるために働くといった一時的な課題もあれば、組織内の社会的責任感を育てるといった長期的なものもある。

派閥は何となく形成される場合もあるし、固い結束のもとに形成される場合もある。極端な例では、たまたま出会って互いに励ましあううちに、相互に関心を寄せ合って形成される少人数の集団もある。このような派閥は、よく組織され、政治的に抜け目のない、結束の固い集団ほど強力なものではない。

派閥は、会社に利益をもたらす価値ある動機を追求するために結成することができる。ところが、強力な派閥の目標は会社の目標と嚙み合わないことが多く、会社の目標達成に協力するどころか、足を引っ張ることさえある。派閥は全組織的な広がりを持っているから、その影響力によって荒らされる部分は、他の非公式集団のそれより、はるかに大きいかもしれない。また、派閥によってコミュニケーションが分断され、経営を成功させるために必要な一貫した活動が阻害されることもある。

社内に活発な派閥があることを発見したら、管理者はどんな目的で結成されたのかを見定めなければならない。多くの場合、派閥の目標と会社の目標の間にほとんど差はない。目標の達成方法について意見の違いが見られる程度である。この場合は、経営者と派閥のリーダーとで両者の違いを取り除くことができる。経営者は派閥の支援を求めるようにすべきであり、両者は一丸となって目標達成に必要なあらゆる努力をすべきである。

しかし、派閥の狙いと会社の狙いが、相容れないこともある。これは経営者にとって微妙な問題である。できれば派閥のリーダーに会い、会社の意向に従うように翻意を迫るべきである。これを行なうのは容易なことではない。その派閥に属する人たちのことをよく知り、大いに説得力を発揮してその人たちの考えを変えさせるのである。たとえば最近、ある大手の卸売会社が、会計および在庫管理のシステムを新しいコンピューターシステムに切り換えることを決定した。ところが、複数地域に広がりを持つ強力な派閥が組織内にあって、これに反対した。会社側はこの派閥の存在を見逃すか、あえて無視するかしたのである。新しいコンピューターシステムは導入されたが、失敗に終わった。その派閥の人たちが全面的に協力しなかったからである。

集団が局部的な非公式集団であろうと、全組織的な広がりを持つ派閥であろうと、独自の指導力を発揮する。集団の闘争性と方向性を決めるのは、集団のリーダーである。どの集団にもリーダーがいる。たいていは「自然発生的」なリーダーで、人徳によって支持者を集め、メンバーの信頼を得た人たちである。古い会社では、古くからいるという理由で年長の従業員の中から集団のリーダーが選ばれる。時には新入社員が指導権を争い、その個人的魅力、機知、強さ、説得力でそれを勝ち取ることもある。選挙はなく、リーダーと目される者は非公式にこの地位に就く。

リーダーの選出については、それまで互いに面識のない人たちを何かの会議に集めると、興味深い実験ができる。三十分とたたないうちに、そのうちの一人が、他の人たちから自然発生的なリーダーとして認められる。これはデール・カーネギー・コースのカリキュラムに組まれていることだが、グループを適当にいくつかつくり、二十分間から三十分間討論をやらせてから、グループごとにリーダーに選ぶ男性なり女性なりを指名させる。すると必ず出席者の大半が同じ人間を指名する。

もちろん、指導権が移ることもある。グループ内の別のメンバーが討論でも活動でもリーダーより積極的な役割を演じ、次第に最初のリーダーが彼の言うことを聞くようになる。新しいメンバーがリーダーに挑戦し、その結果、指導権争いが起こる。採決まではしないが、結局、他のメンバーに受け入れられることで、いずれかのメンバーが指導権を「勝ち取る」。時には、失脚したリーダーがグループを出て新しいグループをつくることもある。また、失脚したリーダーが新しい役割を受け入れ、新しいリーダーに協力する場合もある。

リーダーは集団の中を動きまわり、問題に対処する統一戦線を叱咤激励することでその機能を果たす。また、率先してアイデアを出し、人を説得して従わせるようにする。さらに離脱者の処罰も考える。しかし、やらなければならないことについてメンバーの合意を引き出すことも、リーダーの主要な任務である。有能なリーダーはメンバーの意向を探り、必要な場合には妥協をすすめる。その他、他の集団や経営層や労働組合との連絡役を果たすこともある。

一方、リーダーのいない集団も多い。数人で指導権を共有し、自分の専門的知識や特殊技能が最も生かせる領域で、それぞれ役目を果たすというようなこともできる。集団の中で最も多く意見を発表するメンバーが経営者にはリーダーのように思われたりするが、彼はまさに「代弁者」ではあっても、肝心の指導権はどこかで眠っている。管理者はこの点に絶えず気をつけ、集団を扱う上で実際には誰が最も大きな影響力を持っているか認識しなければならない。

合意を求める

遅かれ早かれ、どの集団においても意思決定の方式を決めなければならない。純然たる多数決の原則が意思決定の方式になる場合もあるが、多くの集団、特に意思決定を下すための正式な規則がない非公式集団では、全員の合意を得る方法が用いられている。メンバーは全員、集団の決定に同意しなければならない。

公式な構造を持つ集団ならば、票決によって目下の問題に決着をつけることができる。投票結果が六対二ならば明らかに決着がついたことになるが、集団としては少数派の反対理由を明確にしたがり、少数派の考え方を変えさせようとする。前にも述べたように、合意を得ることは重要である。個人が自分の気持ちや多数派に対する反対理由を表明できないと、決定の実施に公然とあるいは無意識的に抵抗するからだ。しかし、自分の意見を主張することができたと感じられたら、たとえ多数派の意見に考えを変えなくても、集団の意思に逆らう可能性は減るだろう。

優秀なリーダーの特徴の一つは、表面に出ない反対意見を見つけ出し、それを表面に引き出すことができることである。反対を表面に出すこと（リーダーは意見の違いが明るみに出るように配慮しなければならない）と、反対者に意見を述べる機会を与えることが大切である。

協力の成果を上げるために知っておかなければならない集団のもう一つの面は、リーダーとメンバーの関係である。正式なリーダーであっても肩書きだけの存在であれば、メンバーたちが相反する感情を抱いたところで不思議ではない。彼らは職位、専門的知識、集団を扱った経験、個人的な地位などから、リーダーに対して正式な権限として肯定的な感情を抱くものだ。しかし、そこには同時にその権力のゆえに権限に反対する怒りの感情もある。これらの否定的な感情が表に出ないのは、反対していることが明らかになれば自分の職務が危うくなることをわきまえているからだ。

しかし、敵意は、会議に遅れて来たり、些細なことを大げさに取り上げてみたり（大きな問題で上司と争うのは怖い）、身代わりをいじめる（集団の中で性格の弱い者は他のメンバーから否定的感情をぶつけられる）など、つまらない反抗的行動によって、知らず知らずのうちに表に現われてくるものである。

有能なグループ・リーダーはこのことを認識しており、少しぐらい敵対感情があっても別に差し障りがないということも心得ている。彼は敵対感情を認めた上で積極的な策を講じ、時にはそれに対する非難まで甘んじて受けるなど、敵対感情に真正面からぶつかっていく。敵対感情を表に引き出すことで集団のメンバーに対する影響は弱まり、これによって起こる内部分裂を防ぐことができる。リーダーや身代わりに向けられていた力は、今や集団の使命達成に必要な建設的な活動に集中的に注ぎ込まれるようになる。

問題のあるメンバー

集団力学上のもう一つのありふれた問題は、集団内に問題のあるメンバーがいることである。これには積極的すぎるタイプと消極的すぎるタイプの二種類がある。

積極的すぎる人間は、自分の能力限界をはるかに超えて集団の注意を集めようとする。また、話にたいした中身はないのに多弁であったり、討議中のどんな問題にも必ず意見を述べることで自己主張しようとする不安定な人間であったりする。そのうち、他のメンバーがこのような人間に腹を立て、彼らが口を開くと無視するようになる。そうなると、集団に対する彼らの責任が曖昧なものとなり、他のメンバーが怒りを爆発させて彼を相手に、あるいは彼のことで激論を闘わせるようなことになる。

この問題を解決する最善の方法は、リーダーが問題の人物を脇へ連れていき、会議への協力はありがたいが、度重なる長話が他のメンバーに発言の機会を与えていないのを教えることである。これができない場合は、いかなる会議でも一定時間を超えて話し続けてはならないことを司会者が告げるべきである。他のメンバーが彼に圧力を加えて、会議を独り占めしようとするのを阻止することもよく行なわれる。

これと対照的なのが、討議中の問題についてめったに意見を述べない消極的すぎる人間である。このようなメンバーでも集団の目標達成に重要な知識なり能力なりを持っており、自分の役目を果たすように励まさなければならない。リーダーは彼に積極性が欠けている理由を明らかにしなければならない。それが内気のせいであれば、彼の意見を求めたり、(賞賛に値するものであれば)彼のアイデアをほめたり、集団全体の活動を通して彼もチームに受け入れられた一員だと教えることで討議参加を促すべきである。それでも効果がない場合は、心理学的なカウンセリングや、デール・カーネギー・コースで行なわれているような自信と自己表現の訓練が、ある程度必要になるだろう。

これまで取り上げた問題は、公式集団にも非公式集団にも同じように当てはまる。公式集団では経営者がリーダーを任命する。それが委員長であり、部長である。この種のリーダーは公式的なグループ・リーダーの地位に就いているが、「本当の」リーダーが別にちゃんといて、メンバーが暗黙の了解を与えているような場合もある。これは公式のリーダーの能力を軽視したからではなく、彼らが経営者を代弁しているためであって、グループとしては、独自のリーダーを持つことが最もグループの利益になると考えている。この非公式リーダーは、集団内で代弁者の役割を果たすことによってリーダーたることを示すのである。正式な会議の前にメンバーがこのような人をリーダーにして問題の検討を重ね、ある程度の意思決定を下してしまうことがよくある。このような場合は、新しいアイデアが出てくると、メンバーは問題について意見を述べないうちに非公式リーダーに従ってしまいがちである。

有能な公式リーダーは、集団内の彼と相対する位置に非公式リーダーがいることを知っている。彼は自分の地位を正式に退くようなことはしない代わりに、非公式リーダーをパートナーとして受け入れ、グループの目標と長期にわたる組織の目標を達成するために協力していく。

支援集団の形成

経営政策に共鳴する非公式集団の形成促進に利用できる特異な方法が一つある。それは組織のマトリックス組織（第七章〈PART3の7〉参照）の利用である。この組織では、一時的なプロジェクトに専門家の従業員を集めることが行なわれる。その場合、要員はプロジェクトが進められる間、元の組織単位から配属になる。プロジェクトの性質上、元の集団から転属はごく短期間に限られる。

マトリックス・チーム、すなわちプロジェクトに配属される人の選考に際し、経営者は自分自身の目標と一致する集団をつくる必要があることを忘れてはならない。この集団は正式なプロジェクト・チームとしての機能を果たすだけでなく、仕事の性質上メンバー同士が互いに親密になり、非公式集団と同じように行動する。

経営者は人間的な面に配慮し、各人が持っている技術よりむしろ各人の目標、組織との関係における各人の過去の行動や反応に基づいて人選を行なう。この場合危険なのは、文字どおり会社に忠誠を尽くす「イエスマン」ばかりを選ぶことである。これは問題の独創的な解決を封じてしまう恐れがある。これを克服するには、各人の能力と目標に基づいて人選を行ない、批判や報復を恐れずに自己表現できる機会を与えるべきである。とはいえ、全員が意見の一致へ到達できるような、合理的な人たちを選ぶべきである。前述のような問題のある人は、プロジェクト・チームに加えてはならない。

プロジェクト・チームの人選が終わったら、指標を示し、プロジェクト・チームの目標を明確にしなければならない。チームに課せられるプロジェクトが意義のあるものであれば、そのプロジェクトを中心に社会的集団が形成される可能性がある。行動科学者の指摘によれば、プロジェクトに熱意を持っている人たちは、通常の仕事としてこれを行なう場合より熱心に働き、目標を達成するという。

前にも述べたように、非公式集団は、仕事関係など共通の関心を持つ領域を中心に形成される場合が多い。プロジェクト・チームをつくる時は、共通の関心（プロジェクトの成功）が必ずつくられる。これをできるだけ成功させるには、プロジェクトの活動計画を立てるために必要な自主性を、チームのメンバーに可能な限り与えなければならない。プロジェクトの構想が出来上がると、会議を開くまでは互いに知らなかった人たちまでが、チームの構成員として互いに協力しあうようになり、社会的関係が必然的に生まれてくる。

このような状況になると、各種各層の管理者や支援スタッフも協力し、同じ考えを持ち、温かい協力関係を築こうという気になってくる。これは、管理者がその集団に仕事を行なうのに必要な措置が取れる権限を与えると、さらに拍車がかけられる。

チームのメンバーの職務記述書にプロジェクトの中で行なう彼らの新しい仕事が明記されていない場合は、その職務記述書を修正するなり、プロジェクト専用の職務記述書を作成するなりしなければならない。たとえば、通常の職務が「マーケティング担当管理者代理（アドミニストラティブ・アシスタント）」の人は、マーケティング部の細かい仕事を担当しているが、プロジェクト・チームでは通常の仕事と関係のない調査や創造的な仕事を依頼されたりする。このことは関係者全員に知ってもらわなければならない。これは彼が他の人から、「それはあなたの仕事ではない」などと官僚的なことを言われずに仕事の援助を受けられるようにするためである。

以上を要約すると次のようになる。管理者は自分の目標を達成するには公式および非公式組織構造の両方を認識していなければならない。非公式集団が内的集団内の相互作用および外的（集団全体と全組織との関係）にどのように作用するかを理解することによって、両組織構造を効果的に利用することができる。

PART

4

指導

最も優れた経営者は、自分がしてもらいたいと思うことをしてくれる有能な人を探し出す才能を備えており、その人が仕事をしている間干渉しないだけの自制心を持っている。

セオドア・ルーズベルト

MANAGING
THROUGH
PEOPLE

10 適した人材を得る

人を生かす経営の鍵は、生かす対象となる有望な人をつかまえることである。有能な人材を見分け、配置し、育てることは容易ではないが、経営を成功させる妙薬の最も重要な成分は人材である。技術の進歩は、専門的な訓練と教育を受けた人材の不足に拍車をかけている。ピラミッド型経営組織の各層において、適任者の需要は不況の時でも供給を上まわっている。機械の自動化によって産業界が必要とする未熟練労働者の数がかなり減少したと言われているが、技術者や職業訓練を受けた労働者の需要が幾何級数的に増大した。

経営者は短期、長期両方の見通しに立って雇用政策を考えなければならない。当面必要とする人材を確保するにしても、現在ある職位を全階層にわたって埋めるのに必要な従業員ばかりでなく、将来必要になる人材、つまり何年か先に管理職になるために訓練を必要とする若い従業員も多数確保しなければならない。

管理職の補充を会社内部の昇進だけに頼るわけにはいかない。そのような昇進待ちの管理者や潜在管理者が、他のところに登用される機会があって引き抜かれる可能性もある。

事実、管理者は自分の職務の成長に備え、出世の階段を登り続ける部下の訓練を担当しなければならない。学校を卒業してから退職するまで一つの会社にとどまるということは少なくなってきているから、管理職の人材は社内で見つけると同時に、社外からも求めるよう、常日頃心がけていなければならない。社内で管理職になるようにいくら仕込んでも、その人物が昇進の機会まで待っていられるとは限らない。

企業はまた、今日の経済の実情に即応できるように人事方針を慎重に検討してみる必要がある。いくつかの一般的な問題は古臭くなった方針を変えることで解決できる。たとえば、一定期間同じ職務に就いていないと昇進させない会社があるが、これは近視眼的なやり方である。時間では必ずしも能力ははかれない。その他、再検討を要する方針としては、管理職の給与基準、利益計画、部門間の移動、人選の基準となる職務明細書の現実性などがある。

職務分析

大多数の会社は組織内の各職務を評価する職務分析計画によって、職務を構成する義務や責任などの諸要因を決めている。この職務記述書は第七章（ＰＡＲＴ３の７）ですでに論述した。

職務分析の第二段階は職務資格明細書である。これには職務を遂行する上で必要な技能や適性が詳細に記載される。その内容は、必要な肉体的、精神的、心理学的特性をはじめ教育程度、過去に受けた訓練や経験などである。この職務資格分析は、管理者や従業員を選ぶ際に経営層が必要とするものである。

職務資格明細書が、当該職務において成果が上げられる必要条件を的確に記述したものであれば、職務配置の候補者を振るい落とす際に大いに利用することができる。ところが、多くの職務資格明細書は、まるで実情に合っていない。長年保管されたままになっている場合が多く、現在の職位の軽重とほとんど関係がない。職務はそこに就く人によって変わり、技術の変化に伴って変わり、さまざまな時期に直面する問題によっても変わる。職務資格明細書は作成された時点ですでに現実離れしていることが多いが、それは実際の条件からかけ離れて職務を理想化してしまうからだ。

職務はすべて定期的に再評価しなければならない。長い間同じ人が就いていたあと空席になった職務の再評価は特に重要である。職務にはそこに就いていた人の匂いが必ず残るものである。長期在職者を交代させる場合、その人の持っていた正確なイメージを考慮に入れるのが一般的な方法であるが、職務自体の理解と最適な新任者を選ぶ観点からすれば、これは間違いを起こす可能性がある。職務について新しく調査することで、前任者の個性に影響されることなく、正確で新しい職務資格明細書をつくることができるだろう。

職務資格明細書の主要な情報源は直属の上司である。彼、彼女の気まぐれ、偏見、個人的感情などによることで、職務を色眼鏡で見る例が実に多い。彼らの願望にも公平な配慮は必要であるが、常に正しい見通しに立ってこれを見なければならない。職務資格明細書作成の指標となるものには、職務の観察、当該職務とこれに対応する社内の他の職務との関係の調査、他社の関連職務についての理解などがある。この場合、職務の本質的な特徴を主要な判定基準とすべきである。

新しい管理者を選ぶ場合、経営者はとかく自分自身を鏡に映したような人、ないしは先入観から、特定の体つき、人柄、時には出自や出身などに基づく様式に合った人を求めがちである。これは、素晴らしい能力を秘めた人材を排除する恐れがあるという点で近視眼的であるばかりでなく、往々にして創造力を封じ込め、「イエスマン」の空気を助長する「組織人間」を生み出すきらいがある。管理職の椅子を外部に開放することはまた、新しいアイデアに対して門戸を開放することになり、新鮮な活力を会社にもたらすかもしれない。いつもしていることをただ漫然と続ける代わりに好機を利用するのである。

社内に求める管理職の人的資源

しかし、管理職になる機会は、社内における低い地位から部下を引き上げるための機会にもすべきである。組織内で適任者がいる場合は、彼を真っ先に考慮の対象とすべきである。経営管理面の計画化がうまくいったら、会社がつくった成長の機会を生かす従業員訓練の準備をしなければならない。

第六章（ＰＡＲＴ２の６）で述べたように、人的資源の計画化を制度的に実施している会社は多い。これらの会社は、一定期間必要とする人数を職種別に表にまとめるほか、組織内の各種昇進の対象となる人の表をつくり、昇進が近づくと本人にその旨を伝えている。いずれの表も定年退職や通常の中途退職に関する推定資料をもとに作成される。

せいぜいよい推定資料にしかならないこれらの表を補うために、技能記録がつくられている。これは会社が必要としたり、利用を予定している技能と職務要因が分類してある名簿で、利用できる技能を持っている従業員の名前が載っている。たとえば、市場調査課長がその職務を離れ、係長が昇格する場合、技能記録を調べれば、新しい空席に相応しい教育ないしは経験を身につけたセールスマンなり人材なりが他の課にいることがわかるというわけである。

社内の他の職務から昇格させる時は、いくつかの要因を考慮した上で、その「必然的」な後任者が昇格に最も相応しい人物であるかどうかを決めなければならない。ある大手メーカーの仕入課長が退職と決まった時、長年係長を務めた人がその後任になることは、誰の目にも明らかであった。しかし、その人はいろいろな面でよいマネジメントを行なう素質に欠けていた。彼は常に仕事のある面では専門家であったが、課長になるには力不足であった。会社が彼を鍛えなかったのが悪かったのかもしれない、あるいは彼に訓練を受けるだけの能力がなかったのかもしれないが、皆の予期するとおりだとはいえ、彼を昇格させていたら、大きな過ちを犯すことになったであろう。

他の部課からの昇格を行なう場合、たとえば、前述の仕入課長職に就ける人をマーケティング課から連れてくる場合に考慮しなければならないもう一つの要因は、彼の昇格によって前の部課に空いた穴をどうするかということである。部課長が彼は必要だからといって異動や昇格を押しとどめるケースも多いが、これは近視眼的な措置である。有能な人は、昇進のチャンス到来と見れば、同じ職務にいつまでもとどまっていないだろう。

空いた職位を社内もしくは社外から埋めるにしても、「最有力候補」が外される場合は、その結果生じる事態に対処できるように、ある程度準備しておかなければならない。外された人間が社内にとどまるということになれば、しかるべき措置を取らなければならないし、組織内の職位にとどまることが耐えられなくなってくる場合もある。会社が彼を別のところで吸収できるくらい大きければ、彼の能力を活用できる別の職務が与えられるかもしれない。会社によっては、このような立場に立たされた古参従業員に特別な肩書きを与え、昇給を行なって面目が保てるようにしている。多少の不評を買っても、あとで問題を起こすような職務に昇進させるよりはそうしたほうがよい。

この種の問題は、管理者養成計画を立てて、社内で昇進していく可能性のある将来有望な管理者を訓練すれば、回避することもできる。この計画については、本章の後半で述べることにする。

社外から人材を集める

会社が組織内から抜擢人事を行なうと、従業員全員に昇進できるという感じを抱かせ、それが士気を高める大きな原動力になる。またそれが管理職になるのに充分な経歴を持った人たちを確実に引きつけている。会社は入社当初から彼らを観察する機会を持っている。これらの人たちは、会社の政策や手続き、隠れた資産と欠陥を知っており、新しい職務を素早く引き継ぐことができる。それではどうして、かくも多くの会社が管理職の空席を埋めるために社外に人材を求めるのだろうか。

新たにできた管理職の空席に座れる一般従業員の適任者が社内に一人もいないということは、よくあることである。これは部下を教育しなかったことに原因がある場合もあるし、部下の選択がまずかったことに由来する場合もある。また、新しい技術的手腕や管理技術を身につけた人が必要になる新しい職務変更によって起きる場合もある。これは新しい技術体系（テクノロジー）を導入する時によく起きる現象である。

経営者は空席を埋める最も有望な候補者を見つけるように、いつも心がけるべきである。「最適任の候補者」が社内でなかなか見つからない時は、経営者は社外に目を向けなければならない。各企業は社の内外で管理者探しを行ない、最終的に決める前に、できるだけ多くの候補者の中から選んでいる。

社外の人間には他の企業で実証済みの新しい考え方や概念を持ち込んでくる利点がある。これによって同系繁殖の弊害から会社を守ることができる。昇進が見込まれる人にとっては、社外から人が入ってくることは面白くないが、昇進が機械的に行なわれないことを知り、かえってよい刺激になる。自分の価値を知っていれば、時流に遅れず、昇進が現実のものとなる時に、昇進に位負けしないよう、一生懸命に働くようにもなる。

管理者向きの人材を見つける供給源にもいろいろある。管理者より下の人材を探す際に使われるような供給源は多数あるが、もっと違う供給源を利用すべきである。

広告　求人広告の大部分は、かつては新聞の「求人」欄に出していたが、今や管理職の求人広告としては不充分である。会社が求める管理者は積極的な求職者でないかもしれないが、たまたま興味深い広告が目に入ればそれに反応を示すはずである。

特殊な技術や専門的な下地のある人を対象にした場合は、業界紙や専門紙のほうが供給源としては優れている。どの分野にもその問題を扱う出版物や媒体がある。そのうちの大部分には求人広告がついている。特殊な専門技術を身につけた人を必要とする場合は、他のどんな広告媒体を使うよりも業界紙を使ったほうが人材を引きつける可能性は高い。業界紙を利用する場合のマイナス要因は、月一回発行という業界紙が多いことである。急いで人材を確保したい場合には適さないだろう。

一般的な経済紙も、業界紙と同じように効果がある。このような職を変えたいと思っている管理職向きの人材をつかまえるのに威力を発揮する媒体は、他にもあるはずである。ほしい人を引き寄せるうまい宣伝文句をつくるにはこつがいる。その職務がどんな職務か、細かいところまでわかるように、相手の身になって広告の文案をよく練ることだ。あなたの広告代理店は、魅力ある広告になるように宣伝文句づくりに協力してくれているだろうか。

職業紹介所・サービス　かつて多くの経営者は、一般従業員や下級管理者の求職者を扱っている職業紹介所しか考えなかった。これはどうかと思われる。経営管理者の求職者を専門に扱っている職業紹介所やサービスがいくつもあるからだ。職業紹介サービスを選ぶ際には、あなたが埋めたいと思っている空席と同じ職種を扱っているかどうか確かめるべきである。これは、職業紹介サービスが宣伝している就職口の種類を調べるなり、こちらが希望する職種を扱っている職業紹介サービスであるかどうかを、同じ地域社会の他の経営者に聞くなりするとよい。当然のことながら、紹介サービスの職員たちと話をしたりして、はっきりさせることができる。

職業紹介サービスの便利な点は、すぐに求職者の職種が調べられることである。職業紹介サービスは常時、資格を持つ求職者を何人も抱えており、求人側の条件に合わせて彼らをふるいにかけていく。その結果、求職者と面接する時間を大幅に減らすことができる。明らかに条件に合わない者は除外されているからだ。最終選考はもちろん求人側が行なう。サービスの迅速さと応募者の事前選考だけでも、職業紹介サービスには手数料を支払うだけの利用価値が充分にある。管理職の紹介料は求職者ではなく、求人側の負担になる。その額は、就職する人の年間給与の一割から二割といったところである。

空いた空席がふさがりにくい時は、地元以外の他の都市にある職業紹介サービスを利用するとよい。たいていの職業紹介サービスが他都市に取引業者や支店を持っており、そこでそれ相当の資格があって転職を希望する人を見つけることができる。かなりの数の管理職志望者が、チャンスと見ればどこへでも移動するようであるから、企業のほうも地元の求人市場にばかり固執しないほうがよい。

役員専門のリクルーター　役員専門のリクルーターは、役員の職業紹介を専門にしているもので、一般の職業紹介サービスとはまったく異なる仕事をしている。一般の職業紹介サービスは広告による人集めを主に行なっているが、リクルーターは直接人探しをしている。

この機関を利用した場合の大きな利点は、転職を希望しているものの自分では積極的に転職先を探さないような人が掘り出せることである。彼らは現場を探して依頼主が求めているような求職者を見つける。それも求職者のほうからやってくるのを待っているのではなく、リクルーターのほうから直接人材を追い求めていくのである。

これは非常に効果的な方法である。当該の職務に対する最適任者がいたとしても、職を求めているとは限らないからだ。そういう人は求人広告を見ないし、職業紹介サービスに登録もしないし、新聞の経済面の広告を見たとしても、詳しいことがわかる資料がないからという理由で、応募の連絡もなかなか出さない。

リクルーターは職務明細書ばかりでなく、その会社で成功するために必要な人格的要因も調べるなど、就職先の調査にもかなりの時間を割いている。また、企業に足りない構想や考え方を具体化することで経営者に協力し、適任者をどこに配置するかを決定する。該当分野の調査が終わったら、必ず見込みのありそうな人に電話をし、関心を呼び起こし、面談の上、詳しい話をしたいからと言って相手を招待する。候補者は厳選し、身元保証人の調査や、時には試験も行なって一人か二人に絞り、最終決定を経営者に委ねる。実際に、リクルーターの紹介で他の企業のトップの地位に就いた人が何人もいる。

リクルーターは、時には高年棒の就職口の斡旋をすることもある。彼らが請求する手数料は普通、年棒の何パーセントに加えて必要経費の補償である。就職が決まった場合のみ手数料が発生する職業紹介サービスとは異なり、リクルーターの場合は、就職が決まっても決まらなくても手数料の全部または一部を支払う。手数料の算定基準はリクルーターによってまちまちである。

大学卒業者の募集　経営者はもう一方において、将来組織の管理職に就く若い男女を養成する必要がある。若い人材の教育促進計画については、本章の後半で述べるつもりである。

大企業では、大卒者を専門に集める人員を社内外に持ち、地元の大学や周辺の大学に派遣するなど、自分たちの要求にかなった大卒者選びを行なうところが多い。中小企業の場合は遠いところまで大学まわりはできないが、地元の大学を訪ね歩くことはできる。

新大卒者を集めるために大学を訪ねるのは、それほど重要なことではない。物理的に大学へ行けない企業は、企業に関する資料とともに企業側の要求を書いた説明書を大学の就職部に送付する。大学の就職部は学生の選別を行ない、彼らの履歴書を企業に提出する。それから企業の人事部の担当者が見込みのありそうな学生を招き、さらに選考を進める。

その他の人材供給源　これまで論じてきた正規の人材供給源の他に、非正規の管理職向き人材発掘法がいくつかある。

最もよく用いられる方法は個人的な推薦である。どんな管理者でも個人的なつながりから、転職を考えている管理者を一人や二人必ず知っているものである。管理者探しが公然と行なわれている（内密に行なわれることもある）場合は、どんなタイプの管理者を探しているか、社内の管理者に教えるとよい。

この「秘密情報網」からは、素晴らしい主役たちが生まれている。大きな難点は、友人や得意先が適任者と思っても、現実にその可能性がまったくない不適格者と面接してかなりの時間を浪費したりすることである。このような場合、失礼のないように面接しなければならないばかりか、不採用の理由を紹介者に説明しなければならない。

その他、銀行や会計事務所など経営サービス業も人材供給源となっている。これらの企業は変化を求めている管理職を数多く知っており、求職者にも企業にも喜ばれるということで必ず喜んで紹介役を引き受けてくれる。しかし、これにも個人的な紹介と同じ難点がある。求職者の就職が決まれば失費はないが、不適格者と面接した場合には、そのための管理者の時間的損失が馬鹿にならない。

同業組合や産業団体が職業紹介機能を持っていることも多い。これは特殊な分野のポストが空いた時に利用できる。しかし、多くの場合、そこでは人選を行なわず、書類をまわしてくれるだけである。広告による募集と同じで、まず書類選考を行ない、それから面接して応募者を選ぶ。

適任者を選ぶ

事務職を雇うにしても上級管理者を雇うにしても、選考過程は何らかの形で四段階に分かれる。すなわち、

一、応募書類の審査
二、試験
三、面接
四、前歴の確認

非常に高い地位に就職する場合を除き、応募者は必ず履歴書、もしくは応募申込書を書くように要求される。

書き込むことは応募者の略歴である。その中には個人的な情報、学歴、経験、特殊技能が含まれる。

社員募集に応募する場合、たいていの応募者は自分で用意した履歴書を提出するが、企業側はできるなら、自社独自または標準化した書式に書くように求めるほうがよい。履歴書には応募者の長所が強調して書かれ、短所はできるだけ目立たないように書かれる。標準化した書式を使えば、問題点を指摘しやすいし、応募者同士の比較もしやすい。

履歴書は、応募者の管理職歴を記したものとしても利用できる。採用になった時に、それが恒久的な従業員記録に必要な情報源になる。

有望な応募者に対しては、たいていの会社が、採用を決定する前にいくらか突っ込んだ

面接を行なう。面接は、応募者が希望する職務に適しているかどうかを決めるのに、最も有効な手段である。

面接は適切に行なわれれば、人選びの有力な武器になる。面接担当者は、応募者と打ち解けた会話をただ何となく続けるというのではなく、技術、人格の両面にわたって応募者の適性を総体的に評価するとともに、応募者にも会社や職位についての情報を的確に与えるなど、組織的な方法で面接しなければならない。面接試験を行なうには、ある程度の訓練が必要である。

この採用試験や面接の方法について書かれた本はたくさんあり、企業や社会人向けの講習会も開かれている。

事務職など管理者を補佐する人材を選ぶ際には、知能、事務職としての適性、事務能力などをはかるさまざまな試験がある。しかし、性格的要因をはかる試験はあまり重要ではない。性格試験は、その効果について意見が分かれており、行なう場合は注意を要する。

管理職に就く人材を選ぶ場合は、一般に行なわれている試験と異なる試験を行なう。一部の会社では応募者を心理学者のところへ行かせて心理学的な面接を受けさせたり、時には非常に高度な試験を行なって応募者の評価に利用している。このような方法は費用がかかるから、業務能力以外のことを知っておく必要があるような上級職の採用に限って行なうべきである。

試験をいつ、どんな形で行なうかを決める独自の専門家がいない会社は、人材コンサルタントに助けを求めればよい。

これら全段階を終了すると、優秀な管理職候補を選ぶことができる。最善の人選を行なうことの重要性は、いくら強調しても強調しすぎることはない。経営目標を達成するには、できるだけ優秀な人材を揃えなければならない。優秀な人材ならば、訓練して能力を伸ばし、やる気を起こさせ、成功するために必要な武器を与えるのが容易である。

訓練と能力開発

各社が実施している管理職の訓練と能力開発にはいくつかの形がある。

幹部養成訓練　一般的に大学卒の中堅社員であることが多いが、見習い管理者の訓練計画で、「幹部養成訓練」とか「経営者（または管理者）訓練計画」と呼ばれている。

この方法を用いている会社は、常に企業経営に関する社内外での講座や、組織内各部をまわって行なう仕事、現場での専門的な訓練からなる正規の訓練計画に新訓練生を参加させている。

これらの計画は数カ月で終了するものから、一年以上続くものまである。しかし、計画の立て方一つで非常に効果がある場合もあるし、まったく徒労に終わることもある。計画は、各部の間を行ったり来たりするより、実際の仕事で経験を積ませるもののほうが成功する。また、人の仕事を見学させるより、意義ある仕事を担当させてその遂行に参加させたほうが、はるかに効果的である。たとえば、製法、新製品の市場、事務処理過程などの評価をやらせるとよい。これらの仕事にセミナーや実習で行なったことに対する評価会議を組み合わせることによって、消極的な計画訓練より必ずよい訓練ができる。

幹部養成訓練のもう一つの優れた方法は、できるだけ早い時期に、つまり、低い地位にいる時から意思決定を下す機会を与えることである。ある大手流通企業はこれを小売部門で実施しており、経営者訓練生はわりあい短期間ではあるが密度の濃い基礎訓練を受けたのち、百貨店や小売商店の管理職になる。そして、それぞれの職務において損益に関する責任を負い、それぞれの所属単位に関わる意思決定を下す権限を与えられる。誤りを犯すかもしれないが、地位が低いうちならば、問題の処理を学ぶ過程で犯す誤りも比較的小さいし、訓練生に会社とともに成長するために必要な経験と自信を持たせることができる。

管理訓練　新しい訓練生には、訓練を必要とする一般従業員がなるとは限らない。管理職に就いた人や管理者になる準備をしている人も、部下を扱う技術や心理学を学ばなければならない。また、多くの会社は、人間関係や監督技術の面での進歩に遅れないようにするために、現役の管理者を対象にした上級管理者訓練計画も実施している。

これらの計画は人事部が実施してもよいし、指導力訓練を専門に行なっている外部のコンサルタントに依頼してもよい。この問題に関しては、利用できる映像、パンフレット、書籍などの資料がたくさんある。

優秀な機械工だから優秀な現場責任者になれるとは言えないし、優秀なセールスマンだから簡単に優れたセールス・マネジャーになれるというわけでもない。自分の職務で成功する条件は、管理者として成功する条件と同じではないのである。だからといって、何も天才的な指導者である必要はないし、管理者としての優秀な素質を持っていなければならないというわけでもない。リーダーシップの技術はあとから学ぶことができる。経営者にはリーダーシップ技術を身につけられるようにする方法を管理者に与える責任がある。

多くの会社が実施している社内訓練計画の他に、リーダーシップと管理に関するセミナーが、大学、同業組合、職業団体、人事コンサルタントなどの手で頻繁に開かれている。

技能訓練　多くの仕事が複雑さを増し、工場にも事務所にも新しい機械や装置が導入されているため、仕事を行なったり機械を使用したりするために必要な人材の訓練につながる訓練計画を実施しなければならない。

大多数の機械メーカーは、機械を買ってくれる会社の職員向けに技能訓練を行なっている。会社自身も、古くなった技術や機械を変える時に、新入社員の訓練や古参社員の再教育を行なう訓練計画を実施している。

近年、政府は大企業に対し、社会的マイノリティーや社会的弱者に技能訓練を施すように奨励している。そこで多くの企業が政府の資金援助を受けて、彼らに各企業が必要とする技能を習得させる訓練計画を立てている。

経営者の養成　経営者を養成することぐらい複雑微妙な訓練はないだろう。これに利用できる計画はいろいろある。企業が企業内で行なう昇進を前提とした訓練計画もあれば、大学、同業組合、コンサルタントなどが行なう外部のセミナーもある。デール・カーネギー・

マネジメント・セミナーはその好例である。

経営者の養成は、計画化から統制に至るまで課題が広範囲にわたる点で監督者訓練とは異なる。参加者は第一線の監督者よりさらに上の人たちで、経営者にまで及ぶこともある。経営管理者養成の目的は、有望な管理者を訓練し、これから経営者になろうとする人たちを助けるだけでなく、現役経営者の経営手腕に磨きをかけ、仕事でいっそう経営手腕を発揮できるようにすることにある。

経営者養成計画で用いられる技術には、経営現場のいろいろな面についての講義と討論、実際の問題を取り上げる事例研究、解決策の案出と検討、実習、各種視聴覚教育などがある。一部の企業が用いているさらに高度な技術には、提出された事実に基づいて一連の意思決定を行ない、その結果を、事前にプログラミングしたコンピューターの意思決定と比較することによって評価する経営シミュレーション・ゲームがある。

また、上役による個人指導も経営者養成のきわめて重要な方法である。どの経営責任者も、自分の部内の者を訓練して成功させることを自分の責任の一部と考えるべきである。経営者はこれを奨励するだけでなく、要求しなければならない。昇進する能力がある、よく訓練された部下を持っていないと、企業内に大きな問題を引き起こす恐れが出てくる。

経営者の養成は、決して無視してはならない領域であり、企業が生き残るための決め手の一つであり、人を生かす経営の本質的な部分を形成している。

11 意思伝達

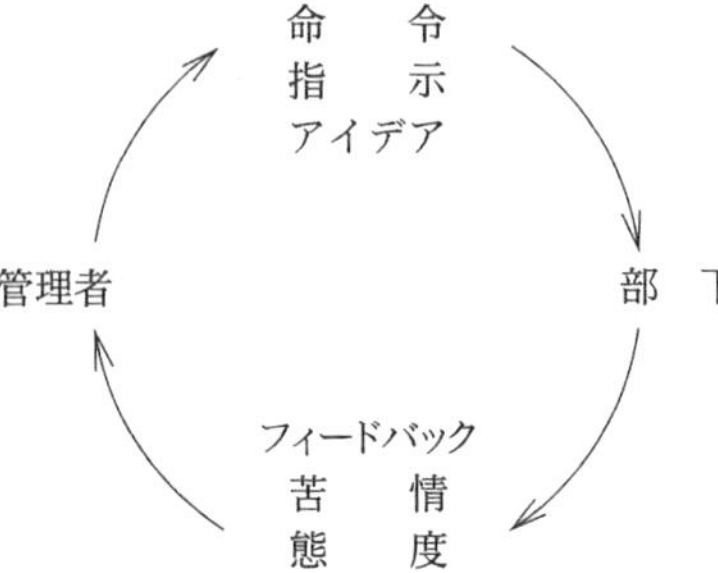

管理者の最も重要な責任の一つは、部下に指示、命令、構想、示唆を与え、部下からその反応や、仕事に関する問題についての考えを受け取る能力を持つことである。

この意思の流れが意思伝達（コミュニケーション）である。これとトランシーバーとを比較してみると、意思の相互交流がよくわかる。一方には送信を行なう管理者がおり、もう一方には受信を行なう部下がいる。しかし、いつでもこの役割は逆転し、部下が送信して管理者が受信することもある。

意思伝達を正しく受信するには、伝えられたことを理解するだけでなく、それを受け入れなければならない。

妨害があると、トランシーバーと同じように意思伝達がゆがめられ、誤解を生む原因となる。送信者のほうはメッセージが意図どおりに伝わっていないことに気づかない。妨害の発生源は送信者、受信者、両者の中間のいずれかにある。この妨害は空電妨害、わかりやすく言うと「雑音」であり、トランシーバーの送波の場合とまったく同じである。

次の表は、意思伝達を妨げる障害の一部を示したものである。

〔送信者側の障害〕
語彙
意味
不明瞭な発音
態度
受信者に対する配慮の欠如

〔中間の障害〕
意思伝達の経路

〔受信者側の障害〕
聞き方
聞きたいことだけを聞く
偏見
ハロー効果（後述）
言外の意味を無視する感情

それではこの問題をさらに詳しく調べ、しばしば意思伝達を無力化してしまう雑音を克服する方法について検討してみる。

送信者側の障害

言葉　管理者は、相手が自分と同じくらい専門用語を使いこなせるかどうかも顧みずに、使い慣れた語彙や専門用語を使いたがるものである。たとえば、数人の部下を抱えている管理者が彼らのわからない技術用語を使ったとしたら、伝えようとするメッセージも伝わらなくなってしまう。送信者側に障害が生まれているのである。

ある種の職業に就いている人たちは、彼ら特有の専門用語をつくりたがるが、分野外の人たちを相手にする時は、専門用語を使ったメッセージは意味をなさなくなってしまう。その半面、専門用語がわかる人との意思伝達に使うと、意思伝達が簡単になり、「心の内にある」感情まで関係当事者に伝わる。

言葉によってさまざまな印象を人に与え、それが言葉の意味を変えてしまうこともある。ある管理者が「能率向上」のために新しい計画を立てることを部下たちに告げたとする。これに対して「願ってもないことだ。今頭の中にある新しいアイデアを生かすことができる」と思う者もあるだろうし、「いよいよ給料を上げてもらえるぞ」と思う者もいるだろう。聞く側の心理状態やその言葉を前に聞いた時の経験などによって、一つの言葉からこのような二つの反応が出てくるわけである。

言葉の意味やさまざまな言外の意味を研究するのが「意味学」である。同じ言葉が送信者にあることを意味しても、受信者にはまったく別のことを意味することがあるという事実を忘れてはならない。送信者が言わんとすることが、意図したこととはまったく違う意味に受信者には受け取られるのである。

意思伝達は電話も含めて口頭で行なわれることが多いため、はっきり明確に話せるようになることが大切である。

はっきりしない不明瞭な指示や命令は聞き取りにくく、部下は上司にもう一度言ってくれるように頼もうか頼むまいかためらっているうちに、話を全部聞き損じてしまうようなことがよくある。

文書による意思伝達の場合は、文法や文章構造がお粗末であることが障害になる。文書による指示や命令については、もう少し詳しく後述する。

言葉にならない意思伝達も注意を要する。誰かに何かを話す時の様子が言葉以上に多くのことを物語ることがある。ある管理者が「機会があったらこの仕事をやってくれ」と言った場合、彼の目や口はもとより態度までが「これは急ぎの仕事だ」と言っているように思えるし、あるいは逆に「他のことを全部済ませてからこれをやってくれ」と言っているようにも思える。

意思伝達のもう一つの障害は送信者の側にある。それは自分の職務や部下に対する態度であり、自己主張である。威張る管理者はこの感情があらわになって、命令や情報を伝えられなくなってしまう。部下には彼が自分を見下して話をするように見えるのである。これが恨みを買い、意思伝達を妨げる。メッセージを受け取るということは、受け取る者がこれを理解するだけでなく受け入れなければならない。恨みを抱くようになると、なかなか話を聞き入れなくなる。管理者の態度に恨みを持つ多忙な部下は、言われることをまともに聞かない。優れた管理者は、部下と接する時に皮肉を言ったり、地位をひけらかしたりするなど、傲慢な態度を取らないようにする。

送信者は常に伝えようとしていることを受信者が受け入れているかどうか気を配っていなければならない。また、こちらのメッセージに対する相手の反応をとらえる「内部の耳」を持つべきである。これは優れた意思伝達者が持っているフィードバック循環線（ループ）の一部である。管理者は、部下が指示や命令を受ける時の様子をよく見ていれば、部下の理解や受容についてすぐフィードバックが得られる。

フィードバック
受信者
情報
送信者

フィードバックがないと、循環線が遮断されてしまう。情報は一方通行となり、送信者のほうにフィードバックされないので、送信者としても、情報が確実に受け取られるようにする措置が取られなくなる。

意思伝達を充分に行なうには循環線が接続していなければならない。情報が受信者に送られ、反応が即刻送信者のほうにフィードバックされる。送信者は必要な修正や調整を行なったり、新しいフィードバックを受け取ったりする。これを意思伝達が明確に完了するまで続けることである。

管理者はこのフィードバックを直接的にも間接的にも行なうことができる。受信者に直接質問すれば、少なくとも部分的なフィードバックは可能である。しかしそれでは充分とは言えない。管理者が「わかったか」と聞けばたいてい「わかりました」という返事が返ってくる。これだけでは部下が話の内容を理解しているかどうかわからない。馬鹿だと思われるのが嫌で、とりあえず「わかりました」と答えておいて、あとで話の内容を考えようとしているのかもしれない。あるいは、言われたことは全部理解したと心から信じているが、本当に理解しているのはほんの一部ということもあるし、理解したと思っても、管理者が意図したこととはまったく違う受け取り方をしていることもある。

間違いのないようにするには、伝えたことを部下がどう受け取っているか問いただしてみることだ。これを行なううまいやり方としては、こう言うのもよい。「誤りはないと思うが、話の要点だけでも確認したほうがよいだろう。それでは、今私はどんな話をしましたか」。いずれにしても、話を全部繰り返す必要はない。要点をとらえた質問をいくつかすれば、メッセージをどのように受け取っているか相手が教えてくれる。

言葉にならない言葉を注意深く観察すべきである。相手の癖、表情などに注意していると、今話していることが相手に本当に理解され、受け入れられているかどうかがわかる。

受信者側の障害

送信装置内で雑音や空電妨害が時々起こるのと同じように、受信装置内でも同じ障害が時々起こる。管理者は送信者でもあり受信者でもある。（指示命令を与えたり、情報を流したり、訓練を行なうなど）送信する時は、管理者は、部下が受信する、すなわち伝えられたことを理解し受け入れる時に直面する問題に気をつけなければならない。意思伝達とは送受信プロセスだから、部下が情報を提供してくれたり、悩みや不満を打ち明けたりしている時は、管理者が受信者になる。したがって、管理者は送信者になるのと同じくらいに受信者になる機会も多いと考えなければならない。

受信者側の大きな障害の一つは、たいていの人が本当に話を聞いてくれないことである。セールスマンがセールス・マネジャーに対し、いろいろな問題について十五分間にわたり話をしたとする。セールス・マネジャーはその間何をしていただろうか。はじめのうちこそ注意深く話を聞いていたが、やがてうわの空になる。解決を迫られている問題のことなどそっちのけにして、今終えたばかりの会議のことや、週末に予定されているゴルフ大会のことなどを考えはじめる。このようにうわの空で話を聞き、セールスマンが話そうとしたことを聞き漏らしてしまう。

なぜうわの空になるのだろうか。それは心理学者に言わせると、話す速度より考える速度のほうが何倍も早いからだという。話し手が話している間、聞き手の心は話の先へ行っている。話し手は相手が聞きたいことを話していると思って（そう錯覚していることが多いが）話をするが、聞き手のほうは無意識のうちに話を終わらせている。「聞き手」が話し手の考えを心の中ですっかり読み取ってしまってから話し手の実際の口述が終わるまでの間に、聞き手はうわの空になりはじめる。聞き手は、頭で相手の言わんとするところを吸収してしまって、いくらでも本筋から離れられるようになり、他のことを考える。

他の考えが「聞き手」の心を占領しても、話し手は話を続ける。話し手が話しはじめて、「聞き手」が心の中で終わらせてしまった話が予定どおり終わる。あるいは予定どおり終わらずに話し続けて、新しい話や考えが付け加えられる。「聞き手」はどうするだろう。聞き手は要点を聞き漏らしてしまう。聞き手の心は話し手から離れてしまっていたのである。彼は言葉を聞きながら心にとめておかなかった。本当は聞いていなかったのである。

どうすればこのような傾向を是正できるだろうか。

何よりもまずこの問題を認識し、自分が聞くのをやめたことにすぐに気づくようにすること。

会議では、話し手の声が単調にいつまでも続くと、気持ちがそれについていけなくなる。これは危険信号である。**そうならないで話をよく聞くこと。**

会話では、言葉は聞いていても考えは聞かないことが多い。**そういうことはやめて話をよく聞くこと。**

インタビューでは、聞くこと、あるいは答えることがなくなってしまう。**それでは駄目だから、話をよく聞くこと。**

聞くのをやめてしまうと問題の解決が中途半端になり、話の大部分を聞き損じてしまうかもしれない。よい聞き手は自らの努力によって、うわの空になりやすい時を予測できる。

以下は、聞く時の癖を改めるためのアイデア集である。

あなたはよい聞き手か

○あなたは、誰かがあなたに何かを話そうとしている間自分から話をしようとはしないか。話すのをやめるべきである。話をしていれば相手の話を聞けないからだ。また、相手の話が区切りにきたり、相手が息をつくために話をやめる一瞬の間に話を割り込ませようと待ち構えていても、相手の話を本当に聞くことはできない。

○あなたは相手が話すことに神経を集中し、相手の目を見つめているか。話を聞くには良心的な努力が必要である。聞くことは体験を通して身につく技能であるから容易なことではない。相手が話していることにまったく興味が持てない時もあるが、全神経を集中して聞くのが礼儀である。

○あなたは相手の話を全部聞こうとしているか。相手がすっかり話し終わらないうちに話をさえぎるようなことはしていないか。

相手のペースで充分に話をさせる時間を与えなければ、相手が何を言おうとしているかわからなくなる。ジョージ・C・マーシャル元帥は、よい聞き手になるために次のことを信条としていた。「相手の話を聞け、相手の話を全部聞け。とにかく相手の話を全部聞け」

○あなたは自分の考えや意見を押し出したり、相手の話を引き取ったりしないようにしているか。

これは多くの人が持っている最も困った癖である。相手の話をよく聞き、口をはさんだり話を引き取ろうとしてはならない。

○あなたは終始相手が話すことに興味を持っているという印象を相手に与え、最高の話をしようという気を相手に起こさせているか。

自分の考えをはっきり述べ、言いたいことを言えるようになるには「聴衆」の励ましを必要とする人が多いから、これは必要である。

○経営会議などで、あなたはいつも発言者が話し終わるのを待って質問しているか。

発言者の話をさえぎるのは、やめなければならないもう一つの悪い癖である。話の途中で質問すると、発言者は(困惑すると同時に)話の調子をくずしてしまう恐れがある。発言が続いているうちは質問を差し控えるべきである。

○最後に、あなたは発言者が卓見を述べた時に、微笑みかけることを忘れていないか。また、面白い話を聞かされた時に含み笑いをするだろうか。

誰でも卓見を述べた時は、微笑みかけることを忘れてはならない。これは感じのよいものであり、発言者は気をよくするだろう。また、面白い話(あまり面白くなくても)を聞いてくすくす笑えば、発言者はあなたを最も素晴らしい聞き手だと思うだろう。

○まとめ

聞くことは学ぶことである。話を聞くことによって話し手のことをいろいろと知ることができる。

よい聞き手になれ。そうすれば、仕事の相手からも仕事の協力者からも好かれるだろう。聞く時のよい癖を伸ばしてよい聞き手になれ。そうすれば、会話上手や話し上手になれるだろう。

受信者側のもう一つの障害は、聞きたいことだけ聞く傾向が一般に見られることである。人の話を受けて承諾することが、前の経験や経歴に基づいて行なわれることがよくある。人の話をありのままに聞くのではなく、自分の心の中で自分が語っていることを人が語ったこととして聞くのである。

これは、人または状況に対して先入観を持っている場合に多く見られる。経営者が工場労働者は教養がないと思っていると、彼らが気の利いた独創的な提案を行なっても、彼らからよい考えが生まれるとは思っていないから、それに「耳を貸す」ことをしない。

これに似た傾向で、自分が今持っている信念と合致する意思伝達だけを受け入れようとする傾向が見られる。心理学者はこれを認知的不協和（コグニティブ・ディソナンス）と呼んでいる。心理学者の研究は、自分の信念と一致する情報に対する場合と、自分の信念と一致しない新しい情報に対する場合とでは、受ける側の反応に大きな違いが生ずることを示唆している。

これは、メッセージを伝える場合に、メッセージを受ける側がそのメッセージについてどう思っているかを考慮しなければならないことを意味する。受ける側が情報源に対して感じていることが、情報そのものを左右してしまう。　経営者を信用しない労働者たちは、経営者の話をまともに聞かないだろう。これはフィードバックで明らかになるが、真意が伝わるようにする補正措置が必要になろう。

これに関係ある障害として、他に偏見がある。受ける側が送る側に対して偏見を持っていると、受ける側は送る側のメッセージを潜在意識的に拒否するだろう。この例は政治の舞台でいくらでも見られる。ある政党の立候補者がいかに理路整然とした、納得のいく主張をしても、反対党の党員は不信感が心の底にあって必ず反対する。

これと対照的なのが「ハロー効果」である。この場合、好意を持っている人や尊敬している人が言ったことなら、好ましくない情報や事実であっても、容易に承知してしまう。受ける側のもう一つの障害は、関係当事者の態度である。自信があり、上役を尊敬している者は抵抗なく意思伝達を理解し受け入れてしまう。しかし、上役を恐れていたり、自信を喪失していると、理解や承諾を拒否しがちになる。誤解を恐れると誤解を生むことにもなる。また、問い直しをためらう気持ち（馬鹿だと思われることを恐れるあまりと思われるが）も、理解の欠如を招くだろう。

中間の障害

トランシーバーの装置内で起こる妨害の他に、外部から入ってくる第三の妨害源がある。意思伝達においてメッセージが送信者から受信者に伝えられる経路そのものも、妨害と歪曲の大きな原因になることがある。大組織では意思伝達は常に定められた経路を通して行なわなければならない。経路が広がれば広がるほど、歪曲が生じる可能性が増してくる。これはパーティーでよく行なわれる遊びで説明することができる。パーティーに出ている人たちが、ちょっとした話を隣から隣へ伝えていって室内を一巡すると、最初の人のところへ戻ってきた時には、まったく違った話になっている。

口伝えで「経路を通る」情報が伝達点ごとにゆがめられるのは当然である。したがって、受信者が受けるものは送信者が送ったものとはまったく違うものになってしまう。

この問題を解決する一つの方法として文書の利用がある。この場合でも解釈が経路内の伝達点によってまちまちになる可能性があるが、ゆがめられる可能性は少ない。それでも欠点はある。書いていたのでは多くの用件を伝えられないし、また伝えるべきではない。それに時間もかかる。急ぎの用件や一時的な用件の場合は、文書を用いる必要はない。

情報の歪曲を減らすもっと効果的な方法は、経路を短縮するか、可能な場合には補助経路をつけることである。送信者から受信者に至るルートの伝達点が少なければ少ないほど、情報が歪曲される可能性は減ってくる。

意思伝達の障害

前述のフィードバック循環線（ループ）の他に、意思伝達を改善する方法はいくつかある。完全な意思伝達サイクルをつくることは不可能であるが、障害のいくつかを乗り越える措置は講じることができる。

受信者側の障害は情報を受ける時の受信者の態度によって生じる場合が多く、送信者は会社、送信者、当該の問題などに対する受信者の「感じ方」に敏感でなければならない。送信者はまた、自分が言ったことやしたことが、受信者の感情や態度に及ぼす影響を予測する必要がある。これは、送信者と受信者の経歴に大きな違いがある場合に特に重要である。送信者は受信者の立場に立って共通理解の土台を見つけるように努めなければならない。

問題はタイミングである。メッセージを理解し受け入れるのは、時と場合によって変わってくる。たとえば、メッセージを送るのが早すぎる（まだそれを処理する体制ができていない）と、受け入れられないだろう。機械が持つ危険に実際にさらされないうちは、使用する際の安全注意事項を受け入れる気にはなれないが、いったんその機械に触れると、安全についてのメッセージは理解され、受け入れられる。

意思伝達の最も効果的な方法の一つは、意思を伝える部下との「面談」である。送信者は、その場の言葉に対する反応や言葉にならない言葉に気をつけ、部下に質疑応答をさせながら、メッセージがどのように受け取られているかを観察することによって、意思伝達のサイクルを促進することができる。

このようにしてメッセージを伝えれば、即座にフィードバックができるばかりでなく、最初のメッセージをより明確に伝えることができる。また、声の調子によって強調したり誠意を表わしたりできるが、文書ではこれがなかなかできない。顔や体の表情も意思を伝えるのに役立つ。

送信者は、メッセージを伝えることでその相手を観察したりメッセージに対する反応（彼の言葉ばかりでなく態度全体に表われる）を確かめることができる。また、敵意、不満、不本意な承諾などもわかるし、反対に、熱意、高い士気、文句なしの承諾などもわかる。

非公式集団内の意思伝達

これまでは公式の意思伝達のみを問題にしてきた。しかし大きい組織においては、意思伝達の非公式な面を無視するわけにはいかない。これは噂とか「デマ」といった形で現われてくる。

噂はいくらか事実を含んでいるか、まったくのでたらめというのが普通で、絶えず組織内をめぐっている。管理者は常に噂に注意し、必要とあれば反証を挙げたり、静めたりしなければならない。

噂は誤解を招いて会社に大きな損害を与える恐れがある。会社の資金状態が悪化しているとか、工場の閉鎖を計画しているとかいった虚偽の噂は会社を危機におとしいれる。管理者が転勤になるとか、一部人事政策が変更になるとかいった噂は、辞職や異議申し立てを招く恐れがある。

経営者や管理者は、社内に広まっているどんな噂も無視せず、用心すべきである。噂の真相（噂にも事実が含まれていることがある）をただし、まったく嘘偽りのない話を関係者に伝える措置を直ちに取るべきである。

「デマ」は、真偽を取り混ぜた情報を組織内に流す非公式の意思伝達経路である。広まるのが早く、自然発生的で、変幻自在である。人のいるところならどこにでもあり、高い信用を得ているように思われる。

デマを利用して公式の意思伝達を補足強化している経営者は多い。彼らはしばしばデマによって探りを入れ、従業員が検討中の案についてどういう反応を示すか確かめている。公式の意思伝達用として準備している情報を前もって流しておけば、経営者として、フィードバックに対応した政策の調整を約束することなしに、いろいろなフィードバックを手に入れることができる。

命令を下す

意思伝達に最も共通している面は、命令や指示を与えることである。管理者というものは、絶えず指示を出す機会に直面する。急を要する命令は普通口頭で伝えられる。長期にわたる命令や細かい指示は文書で伝える。文書による命令については後述する。

命令　命令は緊急事態や特に注意を必要とするようなことだけに用いるとよい。命令は落ち着いた慎重な態度で、必要以上に大きな声を出さずに下すべきである。どなったり叫んだりする必要はなく、また、そういう声で命令を下すと聞き取りにくい。

依頼　依頼は協力を求めることで、命令より丁寧である。依頼する場合、誰に頼んだら一番よいかをよく知った上で相手を選ぶ。依頼を断るような部下は、まずいないはずだ。「この書類を準備してくれ」と命ずるよりは「○○さん、この書類を準備してくれませんか」と依頼したほうが効果的である。

示唆　示唆は従業員の責任感を触発するので、責任感の強い人によく用いられる。また、チームワークや集団の利益を暗に訴える。「この手紙は重要なものだから、今晩中に仕上げてもらえると助かるのだが」と言えば、秘書は自分の責任でこれを行なう。示唆には能力と判断力を伸ばす働きがある。

考えを売り込む　できるだけ理由を明かす。依頼や示唆の背後に何があるかわかれば、きわめて積極的にそれに応えようとするだろう。命令して仕事をやらせるのではなく、仕事をすることに興味を持たせるのである。「例の入札の期限は金曜日の午後だが、その一部でも木曜日までにやってもらえないだろうか」

協力　リーダーは組織構造の中で上役たちにも部下たちにも協力してもらって仕事をしている。ところが、上役に迎合し、部下を無視する管理者が実に多い。このような「ごますり管理者」は部下たちの信頼を失い、チームワークを壊してしまう。真のリーダーは部下を見下したり、上役風を吹かせたりしない。部下を信頼し、「同士」の精神でチームワークを維持していく。

このような態度は、同じレベルの管理者と協力していく場合にも必要である。同僚たちの協力が得られず、充分な意思伝達ができなくなれば、チームワークは崩壊し、会社内に考えや命令が正しく伝わることが阻害され、ますます厄介なことになる。他の管理者に情報や命令を伝える際には、彼らは部下ではないから強制できないということを絶対に忘れてはならない。有能な管理者は自分の考えを彼らに「売り込み」、協力を促す。口頭による優れた意思伝達技術をまとめたものとして、アメリカ経営者協会が示した次のような一連の指標がある。

命令を出す際によく犯す過ち

1 言うことが不明確で、真意が充分に伝わらないような言葉を選ぶ。
2 支離滅裂ないしは一か八かという感じで命令を出す（指示は、理路整然としていなければならない）。
3 めったにない事例にぶつかった時でも、何をすればよいか部下はわかっていると思い込む。

命令を出す際に忘れてはならない提言

1 果たすべき職務を完全に知り理解する。
2 適任者に仕事を割り当てる。従業員の中で、当該の職務に特に優れた能力を持っているか、あるいは熟練している者を選び出し、彼らが最高の成果を上げるようなやり方で依頼する。
3 明快でわかりやすい命令を出す。
4 命令が理解されたと思ってはならない。理解されたかどうか確かめること。必要とあれば、命令を反唱させること。

5　品位のある命令を下す。皮肉などとげのある表現をしてはならない。

6　必要な時は理由を説明する。これは問題を明確に認識させるのに大変役に立つ。

7　一回に出す命令が多すぎてはならない。命令が多すぎると混同しやすくなる。

8　部下に能力がある場合は特に、うるさく小言を言ったり、見下したりしてはならない。

9　仕事をさせるにあたってそれ相応の時間を与える。

10　適当な経路を通して命令を出す。部下に仕事を命ずる場合、直属の上司をなおざりにしたり無視したりしてはならない。部下には、直属の上司が仕事をやらせる責任を負っているだけでなく、かなりの程度まで権限を持っていることを認識させなければならない。この機能上の手続き、つまり権限の系列をくずしてはならない。直属の上司を通じるという手続きを経ないで、集団および集団のメンバーに直接命令を出すことは、集団とその上司のやる気を失わせる。

11　充分に詳細に説明する。しかし詳細すぎて混乱を起こさせてはならない。仕事が困難なものであったり、特殊なもの、たまに発生するものであったり、未熟練者によって行なわれる仕事、標準的な手続きが必要でそれを教えたりするような場合には、詳細な命令が望ましい。

12　最後まで気を抜かない。適当な時間が経過してから再点検することが望ましく、部下が命令を理解しているかどうか、仕事ぶりを確かめること。

文書による指示と命令

多くの場合、文書による命令は口頭による命令ないしは指示より効果的である。これは、指示が詳細な情報からなり、しばしば各地に散在している大勢の人たちを対象とするような複雑な状況においては特に有効である。

第三章（ＰＡＲＴ２の３）で計画化の手段として論じた標準運営手続き（ＳＯＰ）も、当該の業務を行なう部下に対する正規の指示として利用される。これは新入社員の実地訓練の有力な手段にもなる。詳細に書いてあれば調べやすいし、必要に応じていつでも参考にできる。

文書にしても口頭にしても指示はすべて「四Ｃの鉄則――完全（Complete）、明確（Clear）、簡潔（Concise）、実行可能（Capable of Fulfillment）」を守らなければならない。

命令は完全でなければならないから、必要な情報はすべて揃っていなければならない。明確を期すには誤解の余地があってはならない。言葉の正しい使用（技術的にも意味的にも）とよい文章構造は明確さを保つ上で必要である。命令書は出す前に必ず何回か読み返し、誤解を招くようなところや、曖昧なところがないようにする。簡潔さは不必要なことや関係のない事柄を排除するだけでなく、明確さを高め、命令を生かし、命令に従いやすくする。最後の「Ｃ」、つまり、実行可能性は重要である。命令を受けた者が命令を立派に遂行できると信じなければ、実力を発揮できないだろう。能力を伸ばせる仕事を部下に与えると、遂行が多少困難な仕事でもやる気を起こさせることができるが、反面、手に負えそうもない仕事だと、真剣に努力しないままあきらめてしまうだろう。話のうまい人は、自分の考えを文書に書き表わすとなると、能力を発揮できなくなるようである。飾り気のない言葉のほうがはるかに効果的であるのに、企業用語や格調高い言葉を使いたがるからだ。「早急に……の措置を取ってください」で済むところを「本覚え書きを受け取り次第、……の措置を講ずるように懇請する」などと書いたりする。

文書による意思伝達の欠点の一つは、フィードバックが困難なことである。口頭の場合はフィードバックが同時にできることが多い。文書による命令では、命令を受けた者がどのように命令を受け入れるか必ずしもわからない。

この問題を解決するために、文書による意思伝達を行なったあと「フィードバック期間」を設けている管理者もあって、関係当事者からの質問に答えたり、集団による命令の理解と受容が経営者にも確かめられるようにしている。

一部の会社はごく日常的な命令まで文書を用いている。メモ用紙には「命令は文書で」といったスローガンが印刷されている。何でも文書にしてしまう利点は、命令したことが記録として残ることである。JICファイルもその一例である。しかし、文書による命令や意思伝達を重要なものだけに限定した場合にくらべて、紙が散乱し混乱もひどくなるだろう（「JIC」は「Just in Case」の略。活動責任の所在が調べられる）。

12 リーダーシップ

「リーダーは生まれるものであってつくられるものではない」というのが古今東西を通じての定説になっている。事実、それが封建主義や君主制の根底にあった。

貧乏人から身を起こして高い地位に就いた人たちがいるアメリカにおいても、彼らの優れたリーダーシップは生まれながらにして身についていたと言われている。

たいていの企業組織では、限られた数の男女が管理者や経営者の地位まで昇る。彼らは生まれながらのリーダーだろうか。経験からいうと、必ずしもそうではない。

先任者の特権、選挙（公共部門）、同族登用、仕事における熟達と技能による昇進などさまざまな理由によって、人々は指導的な立場に立つようになったり責任ある地位に就いたりする。このような人たちにしても、最初から真の指導力を備えていた人は少なく、指導者になるための教育を受けなければならなかった。

この場合、指導力は昇進の理由にならないし、高い地位に就いたからといって、優れたリーダーシップを発揮したことにはならない。作業服を脱いでホワイトカラーやネクタイを着けただけでリーダーになれるわけではない。

リーダーシップの技能は習い覚えることができるものだろうか。第二次世界大戦中に指導者教育で劇的な成功例が二つあった。

軍隊で、ごく若い、軍隊経験のまったくない者が選ばれて将校になる訓練を受けた。彼らは厳しい訓練計画によって立派な戦闘指揮官に成長した。彼ら全員が「生まれながらのリーダー」だったのであろうか。そういう兵隊は数の上からいうとごく少数である。

さらに注目すべき例は、現場責任者や監督の養成教育を行なった産業界に見られる。この教育を受けた人たちの大多数は長年工場や事務所で働いていた人たちで、それぞれの職種においては熟練労働者であったが、指導的地位に就くことはまったく考えられなかった。戦争が勃発し、工場が仕事に追われるようになると、何十万人もの技能を持たない男女が工場労働者として新たに仕事に加わった。その中には、戦前工場以外のあらゆる職場を転々とした老人もいれば高校を出たばかりの十代の若者もいたし、熟練工もいれば戦争がはじまるまで工場を覗いたこともなかった主婦やお婆さんもいた。

仕事がある程度わかっているということで現場責任者や監督になった熟練工も、リーダーシップの教育を受けなければならなかった。彼らは部下を監督したり、命令したり、統制したり、動機づけたり、訓練する方法を学んだ。

この教育をすべて行なうために、戦時人的資源委員会は産業内訓練（TWI。Training Within Industry）計画なるものを立て、一般従業員の中からリーダーを育てることに成功した。産業内訓練は所期の目的を達成したばかりでなく、戦後におけるリーダー養成教育の礎ともなった。これは、リーダーシップは開発できる、つまり、必ずしも生まれながらにして備わっているものではないということを証明している。

リーダーシップは複雑なものという考え方を嘲笑する人間が多い。「それは単純な常識にすぎない」というのがよく聞く意見である。

それでは「常識」とは何だろうか。常識は主に自分の経験から出てくる推論をもとにしている。しかし、個人の経験は限られたものであり、限られた答えしか出てこない。リーダーシップには、必然的に限定された個人の経験より多くのものが加わっている。人間を動機づけるものと、これを生かしてリーダーがうまい管理を行なう方法を見つけるには、常識を超えて人間の行動の科学的分析に目を向けなければならない。

管理者は「常識」を頼りに金融問題や生産問題の解決を図るようなことはしない。それらの分野で求められる最高の専門的知識を求めるだろう。それではなぜ人間関係の問題では非科学的な根拠に頼らなければならないのだろうか。

実際的な観点からすると、リーダーシップとは、特定の個人と他の集団構成員との間にある関係と単純に考えることができる。この関係は、運動場で遊ぶ子供たち、高校や大学で学ぶ学生たち、政府機関や私企業で働く労働者たちといったように一生のうちのあらゆる段階に存在する。

これらさまざまな段階のリーダーシップに見られる共通した要因としては、権限（獲得するか地位に帰属した権限、あるいは、この二つが結びついて生まれた権限）が挙げられる。

たいていの管理者は部下を支配する地位に就き、その職務の目的を果たす権限が与えられる。この権限はそれだけでは必ずしも「リーダー」の面目を保つ役割は果たさない。しかし実際には、単に気ままに権限を行使することによって責任を果したと考えている管理者の例は枚挙にいとまがない。

部下たちはリーダーに何を期待するだろうか。彼らが期待するのは、まず管理者が自分の専門分野において有能であり、自分が行なう管理と従業員のために定められた基準においてその有能ぶりを発揮することである。

だからといって、すべてのリーダーが自分の課の仕事のあらゆる面で技術が優秀でなければならないというわけではない。リーダーは部下を指揮し、指導し、支援することができる程度の知識を持っていればよいのである。

さらに重要なことは、管理者があくまで公明正大であることを部下たちが望むことである。リーダーシップを生かすか殺すかは最後の分析まで部下の手中にあり、したがって、リーダーが自分に寄せる部下の期待を知ることは重要である。

リーダーシップが発揮されると、その副産物として協力と高い士気が生まれる。管理者は部下の協力がなければ、その目標を達成することができない。また、士気が高くなければ、軋轢（あつれき）、計画的欠勤、あからさまなサボタージュに悩まされるだろう。

高い士気と帰属意識にはいろいろなものが作用し働いているが、根本的な要因は組織の構成員の目的意識と誇り、組織の目標、管理者のリーダーシップの質である。

リーダーシップに関する定義には、もう一つ、部下に尊敬、信頼、全面的協力の気持ちを起こさせる技術というものがある。これは管理者の地位や権限を乱用したのでは達成できない。部下の信頼を得てこれを維持し、部下の力と専門的技術を最高度に生かし、会社の目標達成に創造的かつ充分な貢献を期待するためには、リーダーの側に立った者の誠実な努力と、部下を心から信頼することが必要である。

この種のリーダーシップは、行動科学者が人間の本性について研究したことや、部下を援助して部下にやる気を起こさせる技術を学べば開発することができる。

リーダーシップの型

リーダーシップを発揮する方法は十人十色である。自分の「リーダーシップの型」は、自分の前任のリーダーを模倣したり、現在の上役が用いている様式に従ったりして決める場合が多い。

なかにはリーダーシップの標準型を組織内に普及させているところもあるが、管理者、その部下、その時の状況に適した様式、つまり関係当事者全員が気持ちよく働けるような様式を用いているほうが多い。

しかし、管理者がリーダーシップにはさまざまな様式があることや、それぞれの長所と

一連のリーダーシップ行動

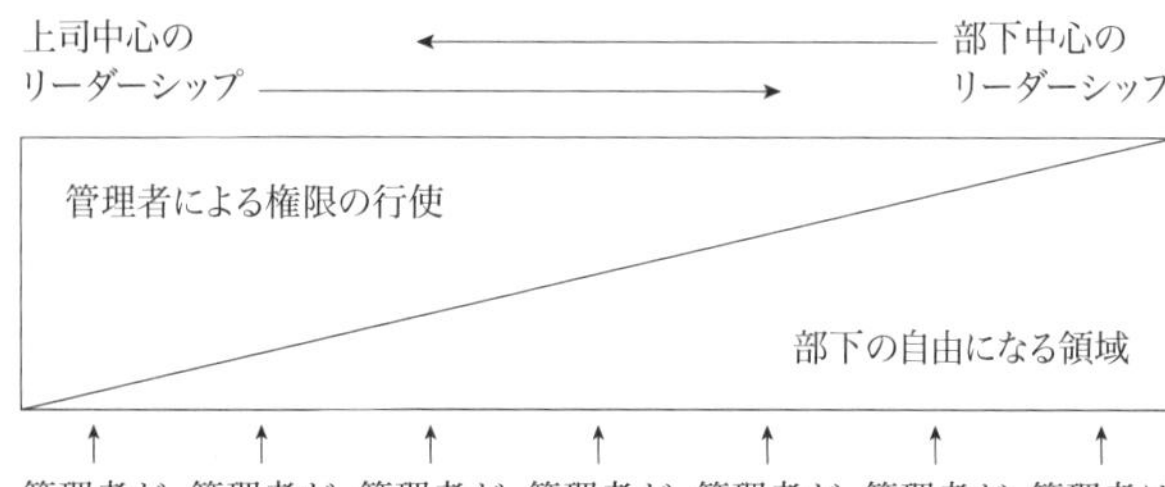

管理者が意思決定を行ない、それを発表する	管理者が意思決定を売り込む	管理者がアイデアを出し、質問を受ける	管理者が試案を出し、変更に応じる	管理者が問題を提起し、助言を受け意思決定をする	管理者が限界を決め、グループに意思決定をやらせる	管理者は決められた限界内で自由に機能することを部下に許す

短所、個々の状況に対する適応性などに気がついていなければ、どのリーダーシップをとったらよいかわからない。

ロバート・タンネンバウムとウォーレン・H・シュミットは、ハーバード・ビジネス・レビュー誌に掲載された優れた論文の中で各種のリーダーシップの型を一つの表にまとめ、一連のリーダーシップ行動を示している。

連続する各点は、それぞれ管理者が行使する権限の程度と意思決定に関して部下に許されている自由度の範囲と関係がある。左端には管理者が極端に権威主義的である場合のリーダーシップの型があり、右端にはほぼ全面的に民主的なリーダーシップの型がある。

それでは各点についてさらに詳しく検討してみる。

1　管理者が意思決定を行ない、それを伝える

管理者はまず何が問題かを決める。それ

からすでに論じた意思決定の技術を（意識的ないしは無意識的に）利用して意思決定を行ない、それを部下に伝える。問題や意思決定についての部下たちの意見を考慮するかもしれないが、意思決定作業に参加する機会を彼らに与えることはしない。このような管理者はもっぱら権限を行使することによって部下を承服させている。

2　管理者が意思決定を「売る」　1の場合と同様に管理者が自分で意思決定を下す。しかし、そのまま部下に伝えるようなことはしない。部下を説得してそれを承諾させるといった余計な手間をかける。部下は独断的な意思決定に抵抗する場合が多いが、そうとわかると、管理者はその意思決定がいかに部下たちの利益になるかを話すなど、説得によって彼らの抵抗を弱めるようにする。

3　管理者は考えを示し、質問を受ける　この場合も管理者が意思決定を行なう。意思決定を部下に示す際に、管理者は彼らに彼の考えや意図をできるだけ詳細に説明し、彼らがそれを理解する猶予を与える。質疑応答は部下たちに意思決定について自分の意見を述べる機会を与え、管理者には彼らの理解、承諾、不承諾、起こり得る問題などについてフィードバックを与える機会をつくる。

4　管理者が変えることのできる仮決定を示す　これには少しでも「参加の意思決定」へ向かおうとする最初の顕著な動きが見られる。部下は最終決定に対してある程度の影響力を持っている。管理者は問題を徹底的に考え、いろいろな代案を検討し、仮の結論に達する。最終決定を行なう前に部下に案を示し、部下の反応と考えを引き出す。管理者は部下の話を聞くが、集団の意見を受け入れるにしても拒否するにしても、最終決定はやはり自ら下す。

5　管理者が問題を提起し、提案を受け、意思決定を行なう　これまでの一連のリーダーシップの型を見ると、集団に持ち込む前に管理者が何らかの形で意思決定を下している。ここではじめて部下にも解決案を提案する機会が与えられる。管理者は問題を識別し、可能な解決策を部下に求める。この目的は、問題になっている事柄と密接な関係がある人たちの知識と経験を利用することにある。彼らは代替案を管理者が一人でつくるよりも多くつくることができる。

6　管理者が限界を定め、集団に意思決定を求める　ここでは管理者が集団に意思決定権を渡してしまう。もちろん管理者も集団の構成員であり、意思決定に参加する。その前に管理者は解決しなければならない問題と意思決定の範囲の規定をはっきりさせなければならない。集団は代替案をいくつも出し、その中から選ぶ。管理者は集団の一員としてのみ行動し、必要に応じて調整役や司会役を務める。

7　管理者はある一定の制限内で自由に職務を果たすことを部下に許す　これが最も民主的な経営管理である。実業界ではあまり見られないが、職業集団や研究集団など管理者が真に「平等の中の平等」な立場に立っているところでは珍しいことではない。このリーダーシップの型では、管理者は意思決定を行なう過程において他のメンバーと同じ重要性しか持っていない。意思決定できるものについては、組織全体に課せられた制限以外に制限はない。

全員参加の形をとるリーダーシップにおいては、管理者は、たとえ集団で下した意思決定でも、意思決定の質については自分が責任を負うものと考えなければならない。全員参加の方法を多用する管理者は、意思決定権を部下たちに委譲する場合、これに伴ういかなる危険をも受け入れる覚悟を持つべきである。

部下たちの能力に寄せる管理者の信頼に狂いがなければ、その危険は最小限度に抑えられ、少しでもよい意思決定を下してこれを実行し、労働環境をさらにダイナミックで働きやすいものにできる可能性が増してくる。

マクレガーのX理論とY理論

リーダーシップ論は、ダグラス・マクレガーの有名な人間行動理論を無視してはまとまらない。

マクレガーによれば、大部分の経営思想は、労働者は働くのが嫌いであり、労働者を働かせるにはリーダーは飴と鞭(むち)を使わなければならないという概念の上に築かれているが、これは誤りであるという。彼の言う「X理論」の内容はこうである。

1 経営者は会社の目標を達成するために、生産的な企業の各種要素(資金、資材、機械、人的資源)を組織化する責任がある。

2 労働者については、彼らの努力を管理し、彼らを動機づけ、彼らの行為と行動を組織の要求に合うように統制する。

3　経営者が介入しなければ、労働者は協力しないどころか、組織の要求にも応じないだろう。したがって、説得したり、報酬を与えたり、罰したり、統制したりしなければならない。これが経営者の仕事である。

4　平均的労働者は生来怠惰であり、なるべく働かないようにしようとしている。

5　平均的労働者は野心に欠け、責任を嫌い、自分のことを考えてくれる上司を持ちたがる。

6　平均的労働者は自己中心的であり、組織の要求には無関心である。

7　平均的労働者は生来変化に抵抗する。

8　平均的労働者はだまされやすく、頭もあまりよくないから、ほら話やデマに乗せられやすい。

これにそれとなく表われている人間観は手厳しい感じがするが、実際には従業員関係に関する支配的な考え方がはっきりと出ている。

X理論は報酬と罰（飴と鞭）を主要な動機づけの手段として用いる。成功すれば昇給、ボーナス、昇進、肩書きといった形で報酬が与えられる。基準に達しない場合は、失職、格下げ、昇進見送りといった形で罰せられる。

マクレガーは、このようなしきたりは妥当ではない、と言っているのである。それは間違った仮説に基づいている。人間は、X理論で考えられるものよりはるかにましなものである。

マクレガーはX理論に次のようなY理論を対応させている。

1　経営者は企業の目標を達成するために、生産的な企業の各種要素（資金、資材、機械、人的資源）を組織化する責任がある。

2　労働者は生来組織の要求に対して消極的ないしは反抗的ではない。実業界での経験がそうさせているのである。

3　労働者は動機、これから伸びる潜在能力、責任負担能力、組織の目標を達成するために行動しようとする能力と意欲などを内に秘めている。経営者はこれらの特色を発揮させることはできないが、労働者にそれらの人間的特徴を備えていることを認識させ、それらを伸ばせるようにすることは可能であり、また、そうしなければならない。

4　経営者の最も重要な仕事は、労働者が組織の目標に自らの努力を振り向けることによって自己の目標も最高度に達成できるように、組織上の条件と経営方法を整理することである。

マクレガーは、労働者は働きたいから働くのであり、目標を達成するにはどうすればよいかを教えればよりよい仕事をする、と信じている。彼は労働者に自分の方法を決める機会を与え、労働者が全能力を発揮できるようにすれば、経営者は最高の成果が上げられると思っている。この考え方は、「リーダーシップ行動表の連続」の中の、右端に近いリーダーシップの型に表わされている。

目標管理（ＭＢＯ）

Ｙ理論や行動科学者が推薦する全員参加方式について、よく知られるリーダーシップの型に「目標管理」がある。この型では、管理者と部下が一体となって、指定された期間内に達成したいと思う目標を決定する。この目標をはかる業績基準をつくり、書類にして提出する。

そうすると、目標達成に必要と思われることは何でもできる完全な自由が部下に与えられる。上司は使命を達成する方法を部下に教えず、すべて部下にまかせてしまう。

管理者と部下は計画の進度を実施基準に照らして定期的に評価し、目標にどのくらい近づいているかを判断する。

「目標管理」の中心は、真に全員参加の形を取るリーダーシップにある。管理者は目標さえも単独で決めることはできず、実行責任者の部下とともに決める。部下は、達成可能で自分の能力が伸ばせる妥当な目標をつくるように指導され動機づけられる。それからは部下が独力で目標を達成するための行動計画を立てる。これは骨の折れる仕事である。予算、資源の収集など経営管理のあらゆる面を考慮に入れなければならない。

この方法によると、委任された管理者も、委任された部下も、やる気充分の雰囲気の中で目標達成のためにお互いに協力するようになる。全員参加の経営管理は、多くの組織で成功している。

しかし目標管理は万能薬ではない。目標管理を実施する場合、充分に注意していないとその効果を殺してしまう問題がいくつかある。

1　均衡の取れた計画化の欠如　目標の一部（たとえば売上高）に力を入れすぎると、他の領域に問題を引き起こす原因になりかねない。各管理者はそれぞれの部の目標を設定するように奨励される。しかし、他の部と適当に均衡が取れていなければ、問題を解決するどころか、新たに生まれる問題のほうが多くなる。

2　正しい訓練を受けていない部下　目標の設定を依頼される部下の管理者は、経営管理のあらゆる面について徹底した訓練を受けていなければならない。

3　不完全な業績管理制度　いかなる経営計画も、成功するか否かは管理にかかっている。問題が手に負えなくなる前に業績基準を評価して修正することができれば、目標管理は効果を発揮するだろう。

4　数量要因の偏重　売上高、生産量、原価、利益などは評価しやすい。しかし、しばしば不確定要素が成否を決める。管理者および従業員の士気の高揚、人材の育成、企業イメージの向上などの目標をどの程度達成しているかをはかる方法は、開発が困難なところから、見過ごされたり無視されたりすることが多い。

リーダーシップ技術

管理者は自分の経営哲学や個性に合った型のリーダーシップを選ぶ。しかし、いかなる場合も、指導する部下の心理を常に考慮しなければならない。人間の属性の普遍化は危険であるが、部下の大部分に共通した基盤がある。優れたリーダーは、部下の大多数が管理者に何を求めているかを理解するように心がけるべきである。

1　個人として認められたいという要求　誰しも自分を自分自身の資質において認めてもらいたいと思うものである。同僚から個人として認められている時、自信にあふれ、最も満ち足りた、かけがえのない気持ちになる。有能な管理者ならば、部下のこと、部下が関心を寄せていることや好き嫌いなどについて知ろうとするだろう。デール・カーネギーの第一の原則は、他人に関心を持つことである。部下に心からの関心を持てば、管理者は優秀なリーダーの第一歩を踏み出したことになる。

2　仕事に誇りを　たいていの部下は、何かをやりたいとか、つくりたいとか、成し遂げたいとか、環境を改善したいとかいった基本的な欲求を持っている。この欲求が満たされると優越感に浸れる。リーダーが部下を職務に誇りを持つ人間にしてやれれば、彼らの熱意も質も高まるだろう。職務に誇りを持てない人間は、やっていることに責任感など持たず、仕事をしているようなふりをするだけである。

リーダーは次のようにすれば、部下が仕事に誇りを持てるようにしてやることができる。

――管理者としての自分の職務を誇りにする。

——自分が責任者になっている会社や部の業績を部下たちに印象づける。

——会社の目標達成には自分の職務がいかに重要かを各人に教える。

——自分のやっていることがやり甲斐のある、重要なものであるという感じを常に抱かせるようにする。

3　帰属感　グループの一員であるという喜び。特に実力があって優秀なグループに属していると思うとうれしくなり、その結果、いっそう能率的になり協力的になる。行動科学者の実験によれば、一人の人間が集団に仲間入りすると、集団は成員が増え、仲間入りした人間は前より仕事に励むようになり幸せになる。集団の誇りを示すものとして、精鋭部隊の「団結心」、ぴったり息の合った陸上競技チーム、好成績の営業部などが挙げられる。

4　部下に目的を与える　組織内の人間は全員、会社の目標を知らなければならない。取るに足らぬ自分の職務の目標を知った程度では不充分であり、それが会社の目標とどう調和しているかを知る必要がある。管理者は社内報、パンフレット、個人的な会合、直接的な意思伝達などによって、今何を達成しようとしているのか、現状はどうなっているかを部下に教えなければならない。

5　公平な待遇は絶対に必要である　人はとかく自分が受けている待遇と他人が受けている待遇を比較したがるものである。いつもてきぱきと仕事をする人は、いつもぐずぐず仕事をしながらお茶を濁している人が嫌いである。また、自分の利益が危険にさらされると、理性を失って状況に感情的に反応する。フェアプレーを求める気持ちは人間の感情の奥底に潜んでいる。えこひいきは最も反道徳的なものである。これは信頼感を阻害する。

6　話を身を入れて聞く　部下の悩み、不満、苦情を聞くとよい。これには別に根拠はないが、部下のほうはそれなりの根拠があると思っており、話を聞くことが重要な意味を持っている。

甘い監督と厳しい監督

リーダーシップには、情にもろい管理者に対して非情な管理者という二つの大きな問題がある。

甘い管理者は、誰でも喜ばせようとする。彼は誰でも信用し、部下に関する限り間違ったことをしている者は一人もいないといった調子である。部下の失敗は見逃し、部下の過ちも無視する。譴責の必要がある時でも、その処分を延ばしに延ばして譴責の理由がわからなくなってしまうことも多い。やっと譴責処分にしたとしても、非常に弱いものとなり、効果はなくなってしまう。ところが、ほめるほうは日常茶飯事となり、これもその意義を失ってしまう。

その結果どうなるだろうか。部下の仕事はいい加減になり、規律が失われ、団結心もほとんど消えてしまう。

自分の部課が被害を受けるというのに、管理者はなぜ情に動かされたり甘くなったりするのだろうか。本質的な原因は、管理者自身の能力に対する不安感である。自信を持っために、また人から認められるためには行動することだ。この弱点は、管理者自身の自信を築き上げ、管理者に自己啓発と管理技術の訓練を施し、部下との間に信頼感を確立することによって克服することができる。

甘い管理者も、時には部課内部の無統制を認識して突然方向転換し、厳しくなることもある。しかしこれは本物ではないので、すぐに甘い管理者に戻ってしまう。このシーソーゲームのような方向転換は、より部下を混乱させてしまう。部下には管理者に合わせようとする傾向があるが、型は変えないようにし、変える時でも徐々に変えていくことが大切である。

厳しい管理者は甘い管理者より一般的である。はじめてリーダーとしての責任を与えられると、厳しくかつ独善的にしなければならないと思い込む人が多い。鞭を鳴らしながら、「俺は上司だ」という態度を取る。

管理を厳しくすると、部下たちの恨みを買うことになる。大多数の部下は、そういう扱いはとうてい承服できないと思っている。その結果、従業員の離職が多くなり、計画的欠勤が行なわれ、一般的に士気が低下してくる。

厳しい管理者はまた、厳しく見せることによって不安を隠そうとする、心の落ち着かない管理者でもある。この場合も答えは、管理者が自信と強さを持つことである。

優れたリーダーは、薄っぺらな世話好きな人間でもなければ暴君でもない。部下に無視されることもないし恐れられることもない。有能な管理者は内に自信を持ち、部下から尊敬される。部下の扱いをそつなくやれば、部下の協力が得られ、それを維持していくことができるだろう。

リーダーの比較

無能なリーダー	有能なリーダー
部下を追い立てる	部下を指導する
次第に不安の念を抱かせる	熱意を吹き込む
「やれ」と言う	「やろう」と言う
仕事を苦しいものにする	仕事を面白くする
権限に頼る	協力に頼る
「私は」「私は」と言う	「私たちは」と言う

13 動機づけ

管理者には自分が管理するすべての資源を有効に活用することによって最高の成果を上げる義務がある。人は経営上の主要資源であるから、部下を動機づけて最善の努力をさせることが、管理者として成功する鍵となる。

現代の工業社会がはじまって以来、企業が用いてきた動機づけの主力武器はお金であった。経営者は、労働者や管理者に彼らが行なった労働に見合う賃金なり給料なりを支払うことによって、彼らが最善の努力をすることを期待した。さらにいっそうの努力をかき立てたい時には、昇給を約束したり、給料の高い職務へ昇進させたり、時にはボーナスを出したりした。一方、労働者が期待どおりに働かないと、賃金を下げた。給料を減らす場合もあるし、昇進や昇給を停止する場合もある。最悪の場合には職を解いて収入の道をまったく閉ざしてしまう。

労働者を動機づける主力武器としてお金を使うことの背景にある基本的な考え方は、労働者はお金のためにしか働かないという既成観念である。事実、人は額に汗してパンを稼がなければならないという聖書の戒めが、長い間動機づけ理論を支配していた。

産業革命の初期においても、一段と複雑化した現代においても、生産に対して賃金で直接報いるという方式は、賃金による動機づけをますます強化していった。工場の出来高払いの仕事は、自分の生産に対して直接受けられる補償の一種である。セールスマンの歩合給も直接的な動機づけの一種であり、この種の動機づけは、さまざまな形で多くの事業所に採用されている。このような仕組みは、労働者に生産を増やそうという気を起こさせる健全な刺激を与えるものと思われており、生産を増やせば増やすほど、労働者の所得も増えてくる。

お金が動機づけの中で最も効果的なものとして期待できるならば、これらの動機づけの仕組みは、最善を尽くすように労働者を動機づける上で、すべて成功するはずである。しかし、これまでの経験では、お金は動機づけとしては限られた価値しか持っていない。もちろん、お金が労働者の行動に大きな影響を及ぼすことは言うまでもないが、行動科学者の研究によると、お金は一般に考えられているほど強い動機づけではないことが明らかにされている。

生産管理者も、労働者に働けば働くほど賃金がもらえる機会を与えたところで、実際には生産を増やす動機づけにあまりならないことを再三経験している。また、セールス・マネジャーにしても、より懸命に、より長く、あるいは、より効率よく働けば収入が大幅に増えるはずのセールスマンが、そうしない実例をいくらでも知っている。要するに、労働者を動機づけるものはお金だけではないのである。

この理由の一つは、労働者とその労働者が属する集団との関係にある。工場の金銭的な増産奨励策はたいてい不成功に終わっている。労働者たちが「慣例破り」と思われることを嫌がるからだ。たいていの集団は生産割り当てに対してサバを読んでいる。この作為的な生産量を超える者は「慣例破り」とみなされ、排斥されたり、嫌がられたりする。

労働者たちは定められた生産量は必ず達成するが、たとえ生産を増やしてそれだけ多くのお金を稼ぐことが可能（容易な場合が多い）であっても、特別な努力はしないだろう。彼らにとって集団の圧力はお金を余計に稼ぐことより重要だからだ。

工場以外でも同じような制約がある。一部の会社では、「仕事の虫」がいると、同僚がかたわらへ呼んで、もっと気楽にやるように注意する。

金銭的な動機づけで必要以上に働かせようとしても、うまくいかないもう一つの理由は、心理的な理由である。多くの人は、ある一定の所得水準に達すると、生活上の別の満足（彼らにとって金銭以上に意義のある満足）を求めるようになる。

ある工場で労働組合が二十パーセントの賃上げ交渉を行なった。この賃上げは実施されたが、会社側は金曜日と月曜日に欠勤者が異常に多いことに気づいた。人事課長はそのうちの何人かに欠勤の理由を尋ねたところ、こう答える者が多かった。「私は今まで五日間かかってつくっていたものを四日間でつくっています。ですから金曜日は働く気になれないのです。だからといって、収入が減るわけでもありませんし……」。彼らにとっては、余計に稼ぐことより休むことのほうが大切だったのである。

歩合給のセールスマンも、しばしば同じことをしている。収入目標を達成してしまうと、そのあとは仕事のペースを落としたり、仕事をやめてしまうことさえある。

しかし、金銭的な動機づけは他の動機づけと一緒に用いると、大きな効果を発揮する。一部の人たち、とりわけ意思決定を下す管理職の人たちにとっては、金銭は強力な動機づけになる。

金銭を動機づけに使う神話がなおも生きている理由の一つは、金銭だけではあまり効果がない場合でも、金銭とからみ合う他の要素が有効に働いて、結果的には動機づけに役立っていることである。

金銭の最も明白な特徴は、象徴になるということである。お金は必要なものやほしいものを買う手段であるばかりでなく、人を動機づけるその他のあらゆる価値をも象徴する。有力な動機づけになる、業績、名声、権力、安全などは、お金によって象徴される。

人によっては、お金そのものや、お金に象徴されるものが生活のすべてという者もいる。このような人は犠牲を払い、危険を冒し、長くつらい仕事をし、あるいは豊かな創造力と知性を仕事に生かす。いずれも仕事がもたらすお金のためだ。その他の人たちには、お金は最小限度の要求を満たすだけの価値しか持っておらず、多く稼げる機会があっても、他のことを追い求める。

生活の変化に伴って、動機づけとしてのお金に対する態度が変わってくることもある。

今はお金に心を動かされない若者も、結婚して家族を養う段になると態度が一変し、第一の動機づけになる。しかし、晩年になると再び心を動かされなくなり、エネルギーをかき立ててくれる他の力に目を向けるようになる。

一九六六年、フレデリック・ハーズバーグたちによって動機づけの研究が行なわれた。ハーズバーグはこの研究をもとに労働者の満足、不満足に関する動機づけの衛生理論を打ち立てた。

ハーズバーグは数社の技術者と会計課員について面接調査を行ない、その結果、今まで動機づけと考えられていたある種の要因は、実際にはほとんど動機づけの働きをしなかったが、労働者の満足と本質的な関わりを持っていることがわかった。彼はこれを「保障要因」と呼んでいる。彼によれば、この要因がなくなると、仕事に対する労働者の不満が増大するという。この要因があれば、積極的な満足や動機づけが得られないまでも、不満を防ぐ働きをする。この要因は不愉快な思いをしたくないという気持ちに応えるものであり、仕事の背景と関係がある。

積極的な動機づけの効果はあまりないが、しかし、それが欠けると大きな不満を生む働きをする保障要因には、給料、労働条件、対人関係などがある。

これらの要因に積極的な動機づけの効果がないとしたら、いったいどういうものが積極的動機づけの働きをするのだろうか。ハーズバーグは動機づけを、仕事から得る満足度を間違いなく高め、より多くの努力と業績を上げようという気を起こさせる職務要因（促進要因）と定義している。この要因が存在しないと必ず不満が生まれるというわけではない。これは常に個人的な成長要求を反映したものであり、仕事との関連においては保障要因に当たる。

ハーズバーグは、これらの動機づけは業績および業績の認識、仕事そのもの、責任、昇進などであるとの結論を下している。

ハーズバーグの研究に対する批判は給料の位置づけに集中している。批判者たちは、調査の対象になったのが技術者と会計課員であるから、彼の研究は労働人口全体の実態を伝えていない、と主張している。おそらく生産労働者はお金の影響をもっと強く受けるだろうし、仕事に対する満足感にはあまり左右されないだろう。なお近年の学者の研究論文は、仕事に対する満足感、特に「仕事そのもの」が主要な動機づけであり、お金は保障要因にすぎないとする見方を認める方向にある。実際は、もし賃金や給料が出なかったら、出ても支払いに公平を欠いたら、働く気を起こさせるものは何もないだろう。しかし、賃金や給料がすべてであるとしたら、労働者が満足している場合には、いくら多く支払っても労働者を動機づけることができなくなる。ハーズバーグの動機づけは、そこのところを衝いているのである。

職務拡大、職務改善の研究も、多くはハーズバーグの研究から出発している。この新しいアプローチは工場従業員および事務職レベルの仕事を対象にしており、仕事を意義あるものにしてその単調さを解消し、そうすることによって仕事に満足できる機会を労働者のために生み出すことを目的に近年用いられるようになった。これはそのうえ労働者をも創造的にし、「仕事そのもの」で動機づけられるようにする。

多くの会社が用いている外的動機づけには、他に多くの職務に付随する必要条件がある。保険、年金などの従業員保障制度は、従業員を動機づけるためにかつて設置されたものである。今日では文字どおり保障要因となっている。大多数の労働者は各種保障制度に期待しているが、それで積極的に動機づけられることはあまりない。仕事上車が必要な営業部は別として、一部の社員のために用意される会社の車は動機づけの価値を持っている。しかし、この種の必要条件がすべてそうであるように、しばらくするとそれが当然のこととなり、動機づけの価値を失ってしまう。

たいていの場合、会社における地位が高くなればなるほど、執務室や什器のつくりがよくなってくる。これは動機づけの一つである、認められた喜びを与えてくれるが、新しい執務室から出されるのではないかという不安が、仕事を続けていく上でマイナスの動機づけとして働く場合もある。

労働者が仕事に求めているものについての研究では、そのほとんどが外的要因は実際の動機づけで限られた価値しか持たないことを指摘している。しかし私たちは、生きた人間を扱っているということを常に忘れてはならないし、ある人間には動機づけができるものも、他の人間にはまったく効果がないかもしれないということを考えなければならない。また、可能な昇進が不可能になりはしないかとか、解雇されはしないだろうかという不安におびえる時に、本当の底力を発揮する人もいる。そうかと思うと、昇進が止まることや職を失うことを恐れるあまり、やる気をなくし、努力することさえしなくなる人もいる。

多くの管理者は「景気づけの話」や激励会が部下たちにやる気を起こさせると思っている。一部の会社は定期的に激励会を開き、そこで参加者の精神を高揚し、もっと実効のある仕事をするように励ますためのプログラムが実施される。映像を使用したり、しばしば外部の人に講演を頼んだり、論文、詩、短い引用文を朗読するなど、いずれも聴衆の動機づけを狙いとしている。

これまでの経験からすると、これらには限られた価値しかない。大多数の人には講演や映像が励ましとなるが、何も得るところがない人もいる。主要な問題は、短期的な効果しかないことである。参加者たちは自分の隠れた能力とそれを引き出す方法に目を見張り、会場を出るが、二、三日もすると、時には数時間ですっかり忘れてしまう。

長期的な効果がないことは、外的動機づけの紛れもない欠点である。何回も繰り返さなければならないし、それでいて結局は効き目を失ってしまう。このようなプログラムは参加すれば参加するほど、効果が薄くなっていく。なぜなら、人間の心は同じ刺激をたびたび繰り返されると、これに抵抗するようになるからだ。

外的動機づけには限られた効果しかないとしたら、実際に動機づけができる内的要因を探し出さなければならない。宗教の教えを心から信じていない人がいくら熱心に教会へ通っても、教会で聞かされる説教に力づけられることはまずない。そもそも真の信者なら、説教で力づけてもらう必要はないのである。経営者の目標は、従業員が仕事と会社を心から信じられるようにすることにある。

著名な心理学者エイブラハム・マズローは、人間が生活で追い求めるものを分析し、「要求のヒエラルキー」という説を打ち出している。

この説の根底にあるものは、人間は欲望の動物であるという原則である。人間の要求は一つが満たされると、すぐまた別の要求が表われる。人間は要求を満たすために一生懸命働くが、その要求が満たされると、さらに高い要求を満たそうとする。

人間の要求はいくつかのレベルに組織化される。一番下のレベルが生理的要求、生きたいという要求である。根本的な生きることに関心を持たざるを得ない場合、他の要求はいっさい出てこない。飢えている時は、その他のことにはまったく興味を持たなくなる。パンを持たざる者はパンのみにて生きるのである。

しかし、三度三度充分に食事ができれば、空腹はもはや重要な要求ではなくなる。これは、その他のあらゆる生理的要求（休息、保護、温かさなど）にも当てはまることである。

これらの生理的要求が満たされると、生活の基本的な部分には関心を持たなくなり、次のレベルの要求が人間の行動を支配しはじめる。これは「安全要求」と呼ばれるもので、危険、脅威、不安定さから身を守ろうとする要求である。産業界における脅威とは、従業員に不安を抱かせる経営者の気まぐれな行動の場合もあるし、えこひいきとか差別待遇といった経営者が不公平な取り扱いをすることであるかもしれない。労働者であろうと本部長であろうと、従業員が仕事を「安全」だと思わなければ、他のどんな動機づけも効果を失う。

要求のヒエラルキーの第三のレベルは、人間の社会的要求と関係がある。生理的要求と安全要求が満たされると、社会的要求が行動の重要な動機づけになる。この中には集団に属すること、人に認められること、友情や愛情を与えたり与えられたりすることなどが含まれる。

人間関係に関する実験でも初期の実験に属する、一九三〇年代に行なわれたホーソンの研究によれば、作業集団での帰属と承認についてのこの感情が、士気高揚と労働生産性向上の大きな要因になっている。その後の研究で、きちんと組織化された、粘りのある作業集団は、組織目標達成のために個別に働いている同数の個人より、はるかに大きな力を発揮することが確かめられている。

この事実を経営者はしばしば見逃したり、わざと無視したり、積極的に否定までしている。この否定はおそらく、労働者たちが共謀したり、労働組合をつくったり、集団行動を起こしたりするのではないかという不安からきている。しかし、人が集まって集団化するのは自然の衝動であり、経営者はこれに反対するよりはむしろ奨励したほうがよい。この社会的要求を抑えてしまうと、労働者たちは敵意を持つようになり非協力的になる。経営者の不安は結果として現実となるが、原因は別のところにあるのである。

重要となる自己主張的な要求は、大変強い動機づけであるが、社会的要求が満たされるまではあまり人間の思考の対象とはならない。自己主張的な要求には二種類ある。一つは自尊心と関係がある。これは自信、独立、業績、能力、知識に対する要求である。もう一つは名声、地位に対する要求、認識、評価、同僚の尊敬と関係がある。

企業階層の上層部は、仕事の上で自己主張的要求を満たす機会に恵まれているが、下の階層の従業員はなかなかそういう機会に恵まれない。事実、典型的な工場労働者の職務は自己主張の満足を得る機会がきわめて少なく、職務構造が根本的に改められない限り、満足を得ることは不可能である。この問題についてはあとで述べることにする。

マズローの言う要求の最高レベルは、自己実現である。つまり自己の最高の潜在能力の発揮と創造力である。これは、多くの人たちにとって自分の職務や職業などで価値ある貢献をすることを意味する。

企業がその従業員に自己実現に使える媒体を与えることができれば、それが最も効果的な動機づけになるかもしれない。

社内の空気は、人間関係活動に対する経営者の態度によって決まる。経営者が行動科学者の考え方に基づいて行なう動機づけに強い自信を持っていれば、その自信は中間層以下の管理者にも浸透するだろう。

今度は、これらの理論を企業組織の日常業務の中でどう実践していくかを考えてみる。多くの企業は次のような方法を用いている。

権限の分散　権限の分散と権限委譲については第八章（ＰＡＲＴ３の８）ですでに述べた。

これらの管理方法は部下を細かい統制から解放し、部下の活動にある程度の自由を与える。これも彼らの自己主張的要求を満たすことができる一つの方法である。

職務拡大　この方法は比較的新しく、通常業務の間口をさらに広げ、それによって仕事のやり甲斐があるようにする。これは職務内容の拡大につながってくる。労働者は仕事の一部分だけを行なうのではなくて、職務を拡大して自ら工作物および機械設備の点検や小さな修理、作業方法の選択などまで行なう。

職務拡大には二種類ある。縦の職務拡大（職務改善ともいう）は、さまざまな技能を駆使することになる。従業員は自分の仕事との関わり方がいっそう深くなり、可能な場合には仕事のペースと順序を決めたり、責任を拡大したり、作業方法を手直しすることができる。横の職務拡大は、類似した作業をいくつか増やしていくという方法である。たとえば、前はナットとボルトをはめていた組み立て工が、今は数個の部品を組み立てているといった具合である。これは仕事のサイクルをよくし、反復作業を減らすので単調さからある程度逃れることができる。

勤務時間　会社によってはフレックス・タイムを採用しているところもある。これによると、社員は毎週定められた時間だけ勤務すれば、好きな時に出社して好きな時に退社できる。基本的な勤務時間（たとえば午前十時から午後四時まで）中は全員仕事に就いていなければならないが、始業時間と終業時間を選ぶことが許されるというのもあれば、一日の勤務時間が十時間で週四日制というのもある。

参加の意思決定　中間管理職、現場監督、管理責任者、専門家の扱いについては、多くの会社が参加の経営を利用して充分に動機づけされたグループをつくることにかなり成功している。参加の経営では、意思決定を下すことに関わりを持つ従業員の一人一人が、その意思決定に協力を求められる。

経営参加のリーダーシップに見られるいろいろな技術については、第十二章（PART4の12）ですでに論じた。自分の職務に関わる問題となると、少しでも多く発言の機会を持ちたがるものであり、したがって自分の仕事に関する意思決定への参加が自己主張的な要求も、自己実現の要求も満たす有力な武器になることは明らかである。

生産労働者に用いられる経営参加の方式に、スキャンロン・プランというものがある。ジョセフ・スキャンロンが開発したもので、基本的には、⑴賃金の算定方式ないしは奨励策、⑵新しい提案制度の二つに分かれている。

この賃金算定方式は、生産性の向上で得た利益を関係者全員に平均に分配するようになっている。たとえば、典型的なものでは、生産性が一パーセント伸びると、生産労働者はもとより事務職員、セールスマン、監督、経営者に至るまで、生産性向上に関わりのあった従業員全員の賃金ないしは給料を一パーセント引き上げる。

提案制度は次のような働きをする。まず、各部に労働組合代表と現場責任者からなる生産委員会をつくる。この委員会は定期的に開かれ、従業員から寄せられた提案を評価し、生産性向上のための一般計画を立てる。スキャンロン・プランはいわゆる提案制度とは異なり、アイデアを出して採用された個人が報奨金を受ける代わりに、生産性が伸びればいつでもグループ全体として高額な特別賞与をもらうことができる。労働組合が積極的に参加し、個人は互いに協力し合って提案を行ない、自分たちのアイデアはいつまでも自分たちのところにしまっておくというようなことはなくなる。

スキャンロン・プランやこれに類する計画を実施している会社では、一般的に生産が著しく伸びている。より多くの、より優れた提案がなされれば、それにつれて利益も増大し、したがって賃金や給料も引き上げられ、労働者と管理者の間の協力関係もよくなるだろう。

このような労使協調を生むには、経営者、労働組合双方の態度の変化、高い従業員の士気、円滑な社内の意思伝達が必要である。

部下を動機づける

これまで述べてきたのは、動機づけの一般的な方法である。今度は、部下に最高の仕事をやらせるために管理者がやるべきことについて少し考えてみたい。

部下の一人一人を個人としてとらえることは重要である。管理者は自分の部下を会社の従業員としてだけでなく、彼自身の目標なり抱負なり野心なりを持った人間として見るべきである。そして仕事がその家族もたらす影響をプラス、マイナス両面から調べ、仕事と生活のどの面が最高の満足を与えるのかも知らなければならない。なかには趣味、市民活動、社会活動など外部の活動に真の活躍場所を見出す人もいる。外部のはけ口で満たす要求は、会社の中で満たせないものだろうか。優れた能力を持ちながら組織の中に埋没してしまう例はよくあるが、職務に充分な挑戦的要素がないと、自分の創造力とエネルギーを外部の活動に生かしてしまう。

動機づけで大切なことは部下によってさまざまであり、仕事に求めるものも異なることを認識することである。同じように扱ってもまったく同じ反応を示す部下は二人といないし、同じ部下でも時と場合によって反応の仕方が違ってくる。部下の取り扱いで必要なのは、行動心理学的な理解だけではない。部下各人の情緒と気分に対する敏感さも必要である。

次の指標に注意すれば、管理者は部下に最高の業績を達成させることができるだろう。

1 はっきりと定義された妥当な目標を設定する。目標は達成可能で、部下に理解され、受け入れられなければならない。

2 部下たちと目標について討議する場合には、部下たちにアイデアや提言を出すようにすすめ、それに伴って生ずる問題をともに検討する。部下たちを巻き込むのである。目標に関連したアイデアづくりに参加させる。

3 管理者が部下たちを間違いなく信用し信頼していることを、部下たちに教える。安心感と信頼を求めるのは重要な心理的要求である。

4 管理者は必要に応じて部下を助けてやらなければならない。特に第三者がいるところで管理者が公然と部下を助ければ、かけがえのない管理者を持っているのだという信頼感を部下に与えることができる。

部下のことを誠実に考える管理者は、次のようにすれば、今挙げたことを実行できる。

1 自分の役割における目的、首尾一貫した努力の対象となる最終成果を部下にわからせ、その達成が部下の将来、昇進などに関係することを理解させる。
2 部下に目標中心の職務記述書を与える。
3 部下にとって目的と意義のある動機づけ計画を利用する。
4 会社の目標とどう調和するか、また、会社の目標との関連における仕事の重要性を部下に教える。
5 部下をほめ、相応に認める。しかし、ほめすぎてはならない。ほめる意義が失われてしまうからだ。ほめる時は、「君は好調だ」などと曖昧なことは言わずに、業績をはっきり指摘してほめる。
6 業績を上げられる機会を部下に与える。業績達成はそれ自体有力な動機づけである。
7 個人の目標を決定し、これと会社の目標とを結びつけるようにする。
8 部下が価値ある結果を得る方向に努力する方法を慎重に計画し、組織化することによって目標達成の精神を身につけ、保持していくのを助ける。
9 部下が自己啓発目標を設定し、これを達成するのを助ける。この目標を達成する方法については次章で述べることにする。

10　部下の目標達成を認め、それが社内にも広く知られれば、人に認められ、重要な存在になりたいという大きな要求が満たされる。

11　会社と上司から受け入れられ、認められているという確信を部下に抱かせるようにする。

12　現在やっている仕事に価値があるということと、その理由を部下に教える。

13　進歩の程度を部下に伝える。部下は常にそのことに関心を持っている。これについては次章で詳しく述べることにする。

14　部下の問題や考えや苦情を真剣に聞く。管理者には些細なことに思えても、彼らには重要なことなのである。

15　どうすれば自分たちの目標が達成できるかを部下に教え、個人および部門が業績達成に成功する方法を理解させる。

16　目標をおろそかにしたり、無視したり、あるいは忘れたりしてはならない。これは部下を扱う際に管理者が犯す恐れのある最大の過ちの一つである。

14 社員の評価と養成

人間は自分が今どんなことをしているかを知りたがるものである。管理者には部下の職務上の進歩について絶えず助言を与える義務がある。上司はこれまでとかく「私が何も言わなければ、君がやっていることに問題はないということである」といった態度を取っていた。これではまずい。現代の経営リーダーは、業績を評価し、社員と彼の業績について話し合う正規の方法を企業組織に取り入れている。

正規の評価計画を実施するについては、三つの大きな理由がある。

1 仕事に関わる行動を審査するには一定期間が必要である。過去の欠陥を討議することによって修正を行ない、業績を向上させることができ、社員が熟達している分野について討議を行なうことによりその分野を強化し、社員を動機づけることができる。助言がよければ、社員に過去の実績を認識させ、未来の進歩に目を向けさせることができる。

2 正規の評価計画によって昇進決定に役立つ情報を得ることができる。正規の評価は評価のプロセスをより客観的にするため、社員同士の比較がしやすい。

3　この分析は、賃金ないしは給料の引き上げ、ボーナスといった金銭的な奨励策の基礎として利用できる。

正規の業績評価法

正規の評価制度を設ける場合に、考慮しなければならない問題が四つある。⑴誰が評価を行なうべきか。⑵評価の過程ではどんな基準を用いるべきか。⑶誰を評価の対象とすべきか。⑷選んだ業績基準の評価にはどんな技術を用いるべきか。

1　誰が評価を行なうべきか　たいていの会社では、直属の上司が部下の評価を行なっている。直属の上司は部下の業績を見る機会に最も恵まれており、組織の目標に照らしてそれを評価できると思われる。

もう一つの方法は、社員と何らかの形で接触する可能性の最も高い管理者による評価委員会の利用である。これは、管理者が一人で行なう場合に弊害となる固有の先入観を排除し、総体的な評価にまで視野を広げられる利点がある。

一部の企業では同僚評価が行なわれている。同じレベルで働いている従業員同士が互いに評価し合うのである。この方法は士官学校で用いられて成功しているが、実業界では限界がある。同僚同士が敵味方に分かれることも多く、いずれの関係においても評価をゆがめる恐れがある。

もう一つの方法は、産業心理学者など外部の専門家に評価させることである。その他、各従業員に自己評価させることもできる。また、いくつかの方法を組み合わせて利用している会社もある。

2　どんな基準を用いるべきか　選んだ基準は評価の主目的を反映していなければならない。評価の目的が職務業績を改善することにあるのであれば、基準は業績中心でなければならない。社会的技能ないしは人格が現在の職務または将来の職務に重要な関わりを持つ場合には、これらも重視しなければならない。

3　誰を評価の対象とすべきか　大多数の会社は、一般従業員から管理者に至るまで全従業員の評価を行なっている。当然それぞれの扱い方は異なるが、その差異についてはあとに述べることにする。

4　どんな技術を用いるべきか　最も広く用いられている業績評価システムは、図式的な評価尺度である。評価担当者は、従業員の一連の特徴についてその評価点を図表に記入する。評価の対象となる要因は、仕事の質と量、職務に関する知識のほか、協調性、創造性、機敏性などの個人的資質である。評価担当者は各特徴について評価を所定の欄に秀、優、良、可、不可などの評価法で記入する。二百七十三〜二百七十五ページの表はその見本である。各特徴についての評価と点数は、従業員ごとに計算される。また、監督者は必ず評価の対象となる人物の全体的な人物評を簡単に書き加えなければならない。

図式的な評価尺度を用いる時は、個々の特徴より成果を手がかりにしたほうが効果的である。仕事の量、積極性、創造性などの特徴に対する自分の見解をもとに部下の評価をす

成果中心評価表

第1部 開発活動計画年間目標	第2部 年間業績評価
定量目標	定量目標
定性目標	定性目標
個人目標	個人目標

資質中心評価表

氏名		従業員番号	生年月日	入社日
特殊技能	部	部、所、課	職名	職業コード

業績審査期間　　　から　　　まで

第1部　業績評価要約
行なった仕事の相対的重要性の面から社員の業績を考え、評価の対象となる従業員の全業績に対する判断を要約する。
概評

コード	ポイントレート	評点
A　不可	12—35	
B　可	36—59	
C　良	60—83	
D　優	84—96	
E　秀	97—106	

評価内容	A	B	C	D	E	小計
1. 生産性 満足できる仕事の量。時間および設備の使用。	1 2 □□	3 4 □□	5 6 □□	7 8 □□	9 □	
評						
2. 仕事の質 精度、仕上がりの良さ、完成度。過失、不合格品、つくり直しの割合。	1 2 □□	3 4 □□	5 6 □□	7 8 □□	9 □	
評						

項目	1 2	3 4	5 6	7 8	9	
3. 職務上の知識 職務を遂行するのに必要な技術的知識。	1 2 □ □	3 4 □ □	5 6 □ □	7 8 □ □	9 □	
評						
4. 責任感 予定に従い、指示どおりに働き、遅刻も欠勤もしないようにしようとする意欲。	1 2 □ □	3 4 □ □	5 6 □ □	7 8 □ □	9 □	
評						
5. 人　格 性質、如才なさ、熱意、誠意、容姿が他人に与える影響。感情抑制能力。怒りっぽいか独断的か。	1 2 □ □	3 4 □ □	5 6 □ □	7 8 □ □	9 □	
評						
6. 努力の主導性 何かをさせる原動力。仕事にかける野心とエネルギー。何かをはじめる時に必要な行動で指導権を握る能力。	1 2 □ □	3 4 □ □	5 6 □ □	7 8 □ □	9 □	
評						
7. 企画力 仕事を計画し、組織化する能力。	1 2 □ □	3 4 □ □	5 6 □ □	7 8 □ □	9 □	
評						
8. 判断力 タイミング、経済性などを考慮した論理的、合理的判断を下す能力。	1 2 □ □	3 4 □ □	5 6 □ □	7 8 □ □	9 □	
評						

る代わりに、達成した個々の成果を中心に評価する。

これは目標管理型評価の基本であるが、目標管理に限ったことではない。成果中心の評価尺度は、売上高や生産単位といった、量的に表わせる要因が含まれていたほうが利用しやすいが、管理者養成での特定の目標達成、個人的目標の達成など各種の不確定領域においても利用できる。

成果中心の評価システムにおいては、評価担当者は抽象的な特徴に対する自分の主観的判断に頼る必要はなく、部下に期待すべきことと、その期待にどこまで応えられたかを主に考えればよい。社員の評価に利用する基準は一定期間設定し、その期間が過ぎたら、その基準の評価を行なう。その際新しい目標を生み出し、次の一定期間それを利用する。目標管理システム（ＭＢＯ）では、目標管理の原則に従って目標が作成される。その他のシステムでは管理者が部下の参加も得て目標を設定することもあるし、単独で設定することもある。この二つを組み合わせたものが最も一般的である。

その他、よく用いられる評価システムに格付けがある。各々の測定基準に従って、最上位から最下位まで社員の格付けを行なう方法である。これは小集団を対象にした場合には間違いなく効果がある。規模の点から上層部と下層部の格付けは比較的楽であるが、中間層は大変に難しい。

これに似た方法で対象比較というものがある。評価を行なう各従業員の名前を一枚のカードに記す。それから評価の対象となる特徴の一つ一つについて同じグループ内にいる従業員同士の比較を行なう。また、加重スケール、強制配分など数学的な方法を用いて単純なシステムの欠陥を少しでも補おうとするシステムもある。

変わった方法としては、文書形式の評価がある。この場合は、評価担当者は部下の長所短所について簡単な文書を書かなければならない。これはしばしば、生産、計画化、組織化、指示、意思決定など仕事の各面で得た成果など、評価表の特定事項の記入に用いられている。この種の評価は、一般従業員より管理者および管理者補佐のほうに多く用いられている。

この文書形式を変形させたものに「限界状況」記録法がある。管理者は労働時間表に部下の仕事上の限界状況、たとえば、社員が取った措置の、特に見事な成果、あるいは得意先との不幸な経験などを記録する。このような限界状況記録は部下を評価し、指導し、養成する源泉になる。この場合、漠然とした印象より、事実や実際の経験の評価に重きを置く。

評価技術の問題

どのような評価を行なうにしても主要な問題は、その成否が評定者の手腕にかかっていることである。然るべき訓練がなされていない管理者なり評定者グループが評価訓練システムを用いても無意味である。

以下は、評価を行なう際に生ずる重要な問題の一部である。

暈効果　これは一つの特徴を過大評価して、全体評価を誤ることから生まれる。たとえば、ある社員は常に時間を厳守し、欠勤もしない。これが上司に好印象を与え、上司は評価にも値しない社員かもしれないのに彼のあらゆる特徴について高い評価を下す。

中央偏向　評価担当者の中には部下の全員を皆同じように評価してしまう者がいる。特に優れた者もいなければ特に悪い者もいない。ということでどの評価表も中央近辺にマークが集中する傾向が見られる。

最近の活動を重視　監督者は過去の活動を忘れ、ごく最近の行動をもとに部下を評価するきらいがある。これは真の評価をゆがめるものである。部下は評価時期が近いことを知ると、往々にしてクリスマス前の子供のように、最善の行動を取るからだ。

個人的な偏見　自分に似た人には好意を持つが、自分と異質の人には敵意を持つ傾向の人が多く、評価に偏見が出てしまうことがある。このような偏見が評価の中に反映されていないかどうか、管理者を注視する必要がある。

より複雑な評価法

フィールド審査　この方法では、特別な訓練を受けた人事部員が各評価担当者のところへ行って一連の質問をする。その回答を記録し、その記録をもとに分析を行なう。この利点は、書いてもらう調査表より口頭による面接調査が中心になるので、より多くの情報が引き出せることと、管理者が文書にしたがらない問題がしばしば明るみに出ることである。

また、人事部の専門家は数多くの面接調査を行なっても一定の基準を保つことができるので、通常の評価の過程によく入り込んでくる誇張や偏見などの問題はなくなる。だが、このような方法は時間も費用もかかり、実際に使えるのは、要職にある人、昇進が検討されている人、管理者養成計画への参加者などに限られる。

心理学的評価　一部の企業では、直属の上司が仕事上の要因だけを対象に評価を行なうのに加えて、産業心理学者が従業員の評価を行ない、従業員の知的、情緒的、動機的特徴を明らかにしている。心理学者たちは、この研究をもとにそれらの要因を分析し、特定の状況下において取ると思われる行動を予想する。

このような評価は、昇進や異動に関する意思決定を下す場合に役に立つかもしれない。精通した状況（管理者が評価対象者を観察できる状況）と異なる状況下で働く場合に予想される態度について情報が得られるからだ。

評価センター　一部の大会社は、従業員を二日ないし三日間、専門の評価センターへ連れていき、綿密な観察、面接調査、試験、カウンセリングなどを行なう、非常に複雑な評価システムを開発している。

この評価作業は経営の専門家と心理学者から成るグループによって行なわれ、各種の資料が使われる。履歴書、管理者代表による面接、一連の実地訓練での成績、課題分析などの心理テスト、同僚による相互評価、評価期間中に評価担当者が受けた個人的な印象など、すべてが最終評価の一部を形成する。

この判断を下すために用いられる技術には、ケース・スタディ、ロール・プレイイング、ビジネス・ゲーム、インバスケット・パフォーマンス、リーダーのいないグループ・ディスカッションなど一連の実地訓練が含まれる。これらの技術については、本章の「管理者養成」の項（二百八十九ページ）で述べることにする。なお、そのようなゲームが、ことにそれぞれの企業環境に厳密に合わせてつくられている場合に、将来の管理職を決定する上でかなりの予知能力を持っていることはすでに証明済みである。

センターでの評価が終了すると、参加者が集まってカウンセリング・ミーティングが開かれ、参加者の一人一人に会社とともにある自分の将来と、評価センターで得たデータを自己啓発にどのように生かすかについて話す機会が与えられる。

評価システムを自己啓発に利用する

本来評価プログラムと呼ばれていた初期の人事考課は、もっぱら昇給や昇進を決定したり、現職にとどめておくべきかどうかを決める場合に利用されていた。そのため、たいていの会社が人事考課を秘密にしていた。

現在では従業員が会社とともに成長するのを助ける手段として、人事評価について従業員と話し合うことを慣例としている。

この仕事は必ず直属の上司が担当する。ところが、この種の情報をどのように部下に伝えたらよいかわからない管理者が多く、しかもその性質上、きわめて複雑な問題である。

管理者は、部下たちに恨みを買うことなく彼らの評価を伝える最善の方法を身につける訓練を受けなければならない。

面接評価の専門家ノーマン・マイヤーは、評価を本人に伝える三つの異なった方法を示唆している。

1 強制法（テル・アンド・セル・メソッド） この方法の目的は、従業員の評価をできるだけ正確に本人に伝えることにある。管理者は部下に彼がどの程度の成績を上げているかを教え、その評価を認めさせ、最後に彼の業績改善を目的として立てた計画に従わせる。これを効果的に行なうには、管理者にかなりの手腕が必要である。管理者は従業員を説得して人事評価において示唆されたとおりに変えさせなければならないが、このような評価は抵抗にあうことはもとより、反感さえ買ったりする。部下が反感を抱いていないように装えば、管理者はそれに気づかず、評価は受け入れられ、守られているものと思い込むだろう。

管理者は従業員のいろいろな動機づけを理解し、評価とそれらの動機づけを結びつけなければならない。よい仕事には報奨を出し、悪い仕事や好ましくない態度を改めない場合は罰を与えることを知らせるなど、外的手段によって職務上の改善を図る。しかしこの場合、従業員が態度を改めたとしても、それは納得したからではなく、態度を改めることで得られる報奨のためか、もしくは改めない時に受ける処罰を恐れたからである。

これは強制法の効果を不充分なものにしている。部下は面接の場から逃れたいがために口先だけで評価を受け入れるが、面接が終わってしまえば何も起こらない。

しかし強制法は、経験がなく不安定で、権威ある人物の援助を求めているような部下に対しては有効である。権威主義的なリーダーシップを好む人たちに対しては、それを最大限に活用することができる。これはある条件下においては有効であるが、「イエスマン」や、ひどい場合には無知な人間を生む傾向がある。下意上達の機会は皆無に等しいから、管理者は、どのくらい評価が受け入れられ、その結果どんな問題が生じたかを実際に知ることはできない。

2　応答法（テル・アンド・リスン・メソッド）　これらの問題をある程度克服できる方法が応答法である。これでは、評価を従業員に伝えてからそれに返答させる。面接の第一段階で管理者が見たままに長所短所を伝え、第二段階ではその評価に対する部下の気持ちを徹底的に調べる。

この方法を成功させるためには、ある種の技術を身につける必要がある。それは話を受け入れて、部下の真情と考え方をありのままに理解しようとする積極的な聴取であり、相手が話すのをじっと我慢して待ち、こちらからは言葉を口にしないようにする沈黙の活用であり、理解を示すために相手の感情に反応する反射感情であり、進歩を示唆し、理解を示し、時にはある欠点を強調する総括感情である。

このような面接ならば、反感や恨みを買うことはきわめて少ない。評価の対象になる部下にも、上司の圧力を受けることなく、公然と自分の考えを述べる機会が与えられるからだ。部下は自分の考えが受け入れられ、重要視されているような気になる。彼は自分自身の問題を解決し、上司と部下の間の誤解を解き、面接から学ぶことに熱中する。否定的な面では、従業員が優位になりすぎると、上司の評価から得るところは何もなくなる。

3　問題解決法（プロブレム・ソルビング・メソッド）　マイヤーの第三の評価法は問題解決法である。この方式は評価担当者を従業員の判定員役から外して協力者にする。

この方法は他の方法と異なり、評価そのものを伝えることはしない。つまり評価担当者、部下相互の関心は、現在行なっている仕事を改善することにあるというのが前提になる。管理者は部下を批判するためというより、助けるために存在するという事実を部下が認めれば、部下は進んで自分の欠点を話すようになる。この方法の真の目的は部下を育てることにあり、ほめたりけなしたりすることではない。

この方法では、管理者の機能は部下の関心事を見つけ出し、それに反応し、部下が自分自身や仕事を理解するのを助けることである。管理者は自分の観点を捨てて部下の目で見るようにする。部下の考えがよくわからない場合は、面接者はその部下が本当は何を言おうとしているのか問いただすべきである。

管理者は提起された問題を解決しようとはせず、積極的に示唆することもしない。部下の考えが幼稚で浅薄であっても、自分の考えを押しつけず、部下自身で解決できる方法を見つけ出す手助けをする。

この方法は、応答法と同じように話を聞きそれを受け入れ、感情に反応するといった問接的な方法を用いる。しかし、話し合いの主導権は、面接者よりむしろ部下が握るという点で一歩前進している。

問題解決法は好奇心を刺激し、独創的思考を動機づける。これは内的動機づけを生む。どうすればもっとよく仕事ができるかについて自ら考えを出し、それに従って行動するか

マイヤーの三種類の面接評価の因果関係

方法	強制法	応答法	問題解決法
面接者（インタビュアー）の役割	判定員	判定員	協力者
目的	評価を伝えること。改善するように部下を説得すること。	評価を伝えること。防御的な感情を解きほぐすこと。	部下の成長発達を刺激すること。
前提	部下は自分の欠点を知れば直したがる。いかなる者も選び方次第で進歩できる。上司に部下を評価する資格がある。	防御的感情が除かれれば部下は変わる。	欠点を直さずに成長できる。職務上の問題を話し合うことが業績向上をもたらす。
反作用	防御的行動が抑えられる。反感を覆い隠そうとする。	防御的行動を取る。部下は認められたという気持ちになる。	問題解決行動。

技術	セールスマンシップ。根気。	話を聞いて気持ちを汲み取る。総括する。	話を聞いて気持ちを汲み取る。考えを汲み取る。探りを入れる質問をする。総括する。
態度	部下は批判から学び、助力に感謝する。	人の気持ちがわかれば、それを尊重できる。	話し合いが新しい考えや相助の関心を生み出す。
動機づけ	積極的ないしは消極的奨励策あるいは両方の奨励策の利用（仕事そのものに対して加えられる動機づけは外的動機づけ）。	変化への抵抗が積極的奨励策を弱める（外的および内的動機づけ）。	自由が増す。責任が増す（内的動機づけ、もともと仕事に関心がある）。
得るもの	部下が面接者を尊敬すれば成功の確率がきわめて高くなる。	上司に対し好意的な態度が生まれ、成功の確率がきわめて高くなる。	ある点で進歩することはほぼ間違いない。
リスク	忠誠心の喪失。独自の判断の禁止、対面上の問題の発生。	変化への欲求が育たなくなる。	上司には思いもよらない変化が起こる。
価値	既存の習慣や価値を存続させる。	部下の反応を見ながら面接者は自分の観点を変えることができる。下意上達がある程度可能。	経験と観察をプールして監督者と部下の両者が学ぶ。変化が可能である。

らだ。部下は今や、何をなすべきかを人に教えられるのではなく、自分の行動を自分で管理しているような気がしてくる。その結果、所期の成果を達成しようという大きな努力と、努力が実った時の強い満足感が生まれてくる。

人材の訓練と養成

人事評価を論理的にフォローアップするものとして、面接評価から生まれた方向に沿って従業員の成長を助ける計画がある。監督者によって特定の職務のための密度の高い訓練や、現在の職務における仕事の遂行に必要な技術を部下に身につけさせる新分野の特別訓練を行なうのもよいし、長期養成を狙いとした外部の教育機関にまかせるのもよいだろう。

今日、大部分の企業は、技能訓練と昇進準備を兼ねた、何らかの形の訓練計画を実施している。計画は組織内での訓練養成計画という形を取る場合もあるし、各種の教育サービスを行なっている地域社会の外部資源に頼ることもある。

技能訓練　最も単純な訓練は、従業員に職務の基本機能を発揮するように繰り返し教えることである。これは販売、管理、監督の担当者はもとより、工場関係者や事務職員に対しても実施する。

この種の訓練はたいてい社内で従業員が指導者になって行なわれる。技能訓練の最も普通のタイプは「職場内」訓練である。このような訓練は非公式なものが多く、質的な問題がある。新入社員は失敗しやすいし、生産性も低く、仕事も遅いからだ。しかし、職場内訓練を組織的に行なえば、この問題もかなり軽減できる。第二次世界大戦中、軍事要員委員会は産業内訓練（ＴＷＩ。Training Within Industry）の一部として職業指導訓練（ＪＩＴ。Job Instruction Training）の名で知られるきわめて効果的な技能訓練法を開発した。この方法は大戦中に軍需工場で働く労働者の訓練で大成功を収め、現在でも工場、事務所、サービス組織などの職員の訓練に用いられている。

職業指導訓練法

まず、仕事を教える準備をするために次のことをしなければならない。

1　仕事を能率的に、安全に、経済的かつ合理的に行なうために訓練生は何を学ばなければならないかを決める。
2　正しい用具、機械、補給品、資材を用意する。
3　常に望ましい形に職場を整理する。

次に、以下の基本的な四段階を追って指導しなければならない。

第一段階——（訓練生の）準備

1　訓練生をリラックスさせる。
2　仕事についてすでに訓練生が知っていることを見つけ出す。
3　仕事に興味を持たせ、仕事を習う気を起こさせる。

第二段階——（作業方法と知識の）プレゼンテーション

1　新しい知識や作業方法を理解させるために話し、示し、図解し、質問する。
2　一回に一つのことをじっくりと、明確に、あますところなく、根気よく教える。
3　点検し、質問し、反復する。
4　訓練生が本当に身につけたかどうかを確かめる。

第三段階――実地試験

1　仕事をやらせて訓練生を試験する。
2　理由、方法、時、場所を聞く質問をする。
3　仕事ぶりを観察し、誤りを正し、必要があれば教えなおす。
4　訓練生が身につけたとわかるまで続ける。

第四段階――フォローアップ

1　訓練生自身にやらせる。
2　訓練生が教えられたとおりにしていることを確かめるために頻繁に点検する。
3　臨時監督を次第に減らしていき、正規の監督と仕事ができるようになるまでフォローアップをやめる。

忘れてならないことは、訓練生が教えられたことを身につけていなかったら、教えたことにはならないということである。

技能訓練のもう一つの形は基本訓練である。いろいろな問題を抱え込んでいる作業現場で教えるよりは、やる気を起こさせる労働環境を利用する。工場内の機械や条件は似ていても、場所が異なり、作業上の問題から生まれる圧力のないところで教える。この訓練法は開発して運営していくのに大変費用がかかるため、多数の訓練生が参加できるようなところでなければすすめられない。

見習い訓練も技能訓練のうちに入る。これは最も古いタイプの訓練法として知られ、長い期間（普通二年から五年）を要する。若い人の各種技能訓練に用いられており、多くの会社が明日の熟練者を育てるために同様の訓練計画を実施している。

また、職場内訓練の他に、地元の職業学校などの施設を利用して社員教育を行なっている会社も多い。

管理者養成　第二次世界大戦後、大企業の大部分と中小企業の多くが管理者養成計画を実施するようになった。現在では多数の管理者と監督が何らかの形で管理者養成活動に参加している。

セミナー、非公式セミナー、特別に開設された講座などが管理者養成の役割を果たしている。企業は自ら訓練計画を実施しているほか、デール・カーネギー・コース、職業別、業種別に開かれる非公式セミナーなど外部の講習会にも社員を派遣している。

しかし、管理者養成はどの方向にでも進むことができる。いずれにしてもスタートは現職における管理者の能力を高め、昇進の階段を登る準備をするための職場内訓練である。

指導と助言　これはおそらく最もよく用いられている管理者訓練法であろう。先輩の管理者は部下とともに働きながら「こつ」を教える。優れた教師にもなる管理者は、上手に教えることによって多くのことを成し遂げることができる。だが、多くの管理者は気が短く多忙で、部下のことに必要な時間や注意を払うことができない。指導法に関するもう一つの問題は、あまり有能とはいえない自分の管理者像や、部下の個性や管理方法に合わない管理者像をいつまでも残そうとする傾向が管理者にあることである。また、自分の部下を敵視し、部下の才能を伸ばすことに消極的な管理者もいる。

プロジェクトの割り当て　もう一つの管理者養成法は、自分の専門外の分野で短期間経験を積ませることである。これは、いろいろな経験が積めるプロジェクトを担当させることで実現できる。

ローテーション　これは熟練した管理者より新しい管理者訓練生によく用いられる。この場合、訓練生はいくつかの部門にまわされて、それぞれの部門で知識や経験を積まされる。

独自の管理者養成計画を実施している多くの会社や団体の訓練養成部は、数々の技術を用いて管理者の管理技術を伸ばすことに力を入れている。

講演と会議　専門家による講演は、管理者が各分野における最近の動向について絶えず情報を得るのによく利用される。講演というものは、聞いて記憶していられるのはごく一部だから、訓練としては最も効果がない。この状態は、図表、映像、ワークブック、デモンストレーションなどの補助用具を使用すれば、いくらか改善できる。単なる講演会にくらべると、参加する気を起こさせる会議のほうが効果的である。

ケース・スタディ　問題を記した文書がグループに与えられる。グループのメンバーがその問題を分析して解決案が出せるように充分なデータを揃える。グループは協力して解決策を生み出す。これへの回答はグループ全員とこの計画を担当する管理者によって批評され、討議される。この方法は、参加者が問題になっている関係領域について充分な知識を持っていればうまくいく。これは実際の職場内の問題を解決する際に用いられる一般原則開発の基礎として利用できる。この種の技術（ロール・プレイイング、ビジネス・ゲーム、インバスケット・エクササイズなど）は実地訓練である。評価法としてこれらの方法を用いることについてはすでに述べた。

インシデント・プロセス　これはケース・スタディ法の変形である。ケース・スタディを単純化し、さらに現実に近づけることが試みられる。まず、研究すべき出来事（インシデント）について簡単に書いたものがグループに与えられる。その全容は質疑応答の過程で明らかにされる。リーダーは質問に答える形でしか情報を与えない。参加者はそれぞれ解決策を提案する。これらの解決策をグループで検討し、問題解決法の妥当性をめぐる論争になってもかまわない。これで取り上げる出来事は常に事実に即しているから、実際にどういうことが起こって、どういう結末になったかは、リーダーが明らかにしてくれる。

ロール・プレイイング　これは参加者が相互関係にある当事者の役割（ロール）を演じる。この相互関係には、監督と部下の関係、セールスマンと顧客の関係など、人と人との関係ができるエピソードなども入る。特殊な用途としては、面接評価、譴責（けんせき）など規律上の問題の処理、労働交渉などがある。ロール・プレイイングのあと、合評会が開かれ、場合によっては、参加者同士で演じていた役割を相互に交換するように求められ、二通りの演技についてグループで比較検討する。

ビジネス・ゲーム　これは数多くの可変要素を持った事例を一定期間内に拡大するケース・スタディの変形である。競争する各チームが自ら計画を立て、利用できる情報を調べ、最初の一連の意思決定を下す。意思決定の期間はそれぞれ時間単位で表わされる。十分間が一日だったり、一週間だったり、一カ月間だったりする。最初の意思決定が提出されると、指導者（トレーナー）はその意思決定によってどういうことが起こるかを、必ずコンピュータを使って算定する。そしてその結果を各チームにフィードバックする。このようにしてさらに意思決定を下し、ゲームを続ける。最後に指導者が各チームの経営管理が「会社」を成功に導いたか失敗に導いたかを彼らに教える。

インバスケット・エクササイズ　典型的なある一日の、書類入れ（インバスケット）に入れられる何通かの書類を参加者に渡し、メモ、手紙、電話メッセージなどの種類別に割り振られる優先順位と、それぞれの書類について取るべき処置を決めさせる。これは管理者の時間管理の訓練と、日常業務で直面する管理者の生活実態の評価に特に有効である。各参加者には、自分の活動理由を説明し、それを他の参加者のそれと比較する機会が与えられる。

自己啓発を志す管理者や専門的な訓練を受けるようにすすめられている管理者はこのように企業が個別に行なっている訓練の他に、通信講座や正規の大学院の講義なども、受けることができる。この場合の受講料は必ず会社側が直接ないしは授業料償還制度によって支払う。

管理者養成といっても実質的には自己啓発であるから、少しでも昇進したいという意欲のある者には、昇進への欲求を満たすために必要な技術を社内で習得し、知識を身につけるあらゆる機会を与えるべきである。

15 部下の問題の処理

従業員ないしは部下の管理者を慎重に選び、適切な訓練を施しても、使命達成を助ける上でなおかつ管理者の助力が必要になる。これは次に示す四段階方式を用いることによって充分に実現できる。

1　明確な目標を設定する　管理者が何の達成を期待しているかを理解していなければ、部下はそれを達成することができないだろう。目標は、その達成を期待される部下と協力して設定する。部下も参画して設定された目標は、常に上司が一方的に設定して部下に伝えた目標より効果的である。

2　これらの目標を達成する際に守らなければならない原則と制限を定め、明確にする　部下は、目標を達成するために自分の努力でできることとできないことをはっきりと理解しない限り、必要な計画を立てることができないし、したがって予期した成果を上げるために必要な措置も取れなくなる。

3　目標達成の方法を決定し、確立する　最も効果的と思われる方法の選定作業は、部下に担当させたほうがよい場合が多い。部下は管理者チームにはその専門的知識の提供を求めることができるし、求めなければならない。しかし、活動計画は選定作業を行なう部下が立て、その責任も負わなければならない。作業方法についてはあらかじめ明確に決めておくべきであり、管理者は作業チーム、管理者チームともその作業に精通していることを確かめなければならない。

4　方法をフォローアップし、管理し、必要な場合にはこれを改める　予期した成果が上げられない最大の理由は、おそらくフォローアップの失敗であろう。成果を検定し管理する明確なフォローアップの手続きを踏まない限り、部分的な成功しか期待できない。

確実に目標が達成できるようにするには、管理者はその方法よりむしろ見込まれる成果に注意を集中すべきである。これは、どんな成果を生み出すように期待されているか、そしてそのような成果を達成する活動にあるとすれば、どんな制限が加えられるかということと、業績をはかる業績基準をスタッフに正確に教え込むことによって実行できる。

指示、命令、通達、方針といったものを出すだけで部下を監督する管理者が非常に多い。このような場合、管理者は部下に何を、どうするかを伝えるのみで、充分な業績を上げることがいかに重要（会社のみならず自分の個人的な経歴にとっても重要）であるかを伝えることはしない。

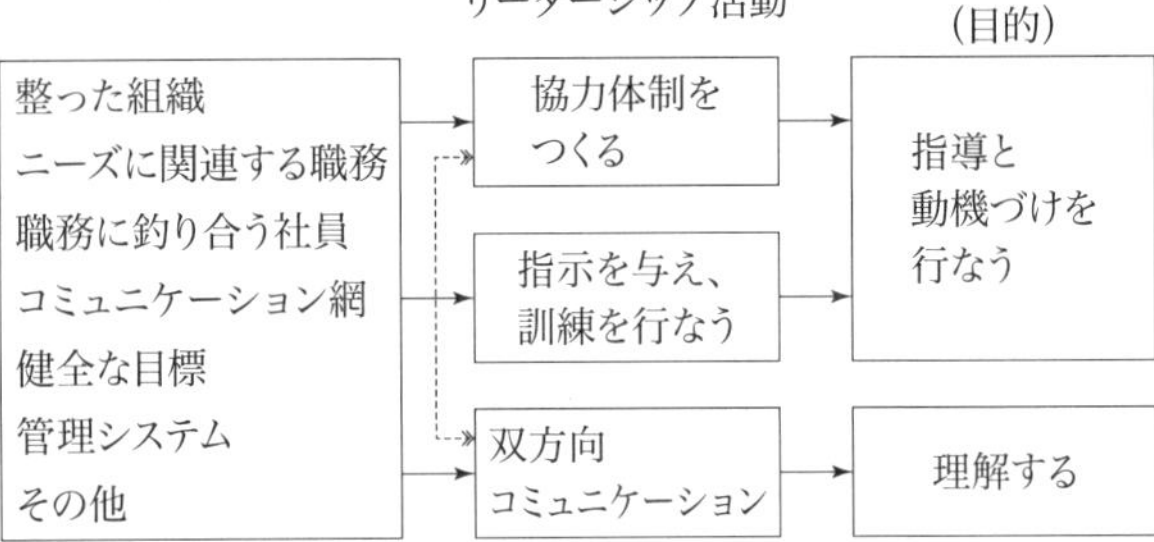

部下の協力

業績基準が関係ある部下の協力を得て設定された場合、設定された目標の達成はきわめて容易になる。部下が自主的に協力してくれれば、管理者の仕事はずっとやりやすくなる。

上の図は、わかりやすいようにこれを図解したものである。左の囲みは効果的なリーダーシップの基本条件を示している。また、中央は管理者が行なえるリーダーシップ活動の主なタイプを示し、右は管理者の主なリーダーシップ機能を示している。

管理者はどうすれば部下たちの間に協力の精神を育てることができるだろうか。協力への意欲は常に情緒的なものであり、主に部下が上司や会社に寄せる感情に支えられている。部下が会社はよい働き場所であり、管理者の彼に対する扱いが常に公正であり、彼の関心と目標が常に考慮されていると信じていれば、いつでも彼の協力が得られることはほぼ間違いない。

より高度な協力と団結心を生む組織づくりにはいろい

ろな方法があるが、次に紹介するのはその一部である。

職務に満足感を組み入れるには、職務強化や職務拡大、つまり能力の利用度を高めることによって、その職務に就く人に直接個人的な満足を与えるような職務づくりが必要である。第十三章（PART4の13）でも述べたように、この成果は委員会や作業チームの設置、権限の分散や委譲によって達成できる。

職務に配置する社員の釣り合いを取ることも、その社員の能力を最大限に発揮させることに役立つだろう。自分の能力以上の職務に就かされて働く人は、職務を果たせないところからやる気をなくし、消極的になる人が多い。また、自分の能力以下の職場で働く人は欲求不満におちいり、仕事が嫌になってみじめになる。

社員の職務に付随する義務とそれ相応の権限を明確にする。このようにすれば、彼は自分の仕事に誇りを持ち、自分の仕事からやり甲斐をつかむことができる。自分に期待されていること、つまり自分の仕事に見込まれている成果を知ることから安心感が得られる。職務に期待されることが何かを知らないことぐらい、士気を損なうものはない。

よいコミュニケーション網は絶対に必要である。社員にはそれぞれ、仕事を円滑に運び、その達成を誇りにできるように、必要とする情報を迅速かつ的確に与えるべきである。意思伝達が悪いと、混乱や欲求不満が生じ、企業目標達成に対して後ろ向きの態度が生まれてくる。

健全な目標も不可欠である。幅広い目標は、社員の一人一人に意義のある明確な目標に変える必要があり、妥当な達成水準について合意を得なければならない。明確な目標は団結心の基盤になる。目標を達成することが社員に成し遂げたという重みのある感情を抱かせるからだ。

政策と計画は、反復的な問題の処理に対応したものをつくるべきである。前にも述べたように、標準的な運営手続きができていれば、些細な問題でいちいち意思決定を下す必要がなくなる。これは業務の実行を容易にし、社員に安心感を与え、例外的なことにも取り組める心の余裕ができる。

バランスのとれた管理システムは、管理に対する否定的反応をできるだけ弱め、自分の目標を達成しようとする社員に建設的な援助を与えるような仕組みにできる。これを行なうには、管理者は適切な業績基準を選び、妥当な基準を設定し、これらの基準に照らして評価し、迅速で直接的なフィードバックを行なわなければならない。また、不完全な管理システムは不満を生み、自主的な協力の芽を摘み取ってしまう。

管理する部下の間によい雰囲気と高い士気を育てるには管理者はどういう態度を取るべきかという問題については、経営関係の文献にいろいろ書かれている。またこの問題はすでに本書の他の箇所でさまざまな形で触れている。人を生かす経営を行なうには、部下が管理者に何を期待しているかを知る必要がある。本章は「部下の問題」を取り上げているので、参考までにすでに紹介した部下取り扱い上のガイドラインをここでいくつか再録してみる。

1　心からの親しみを示し、部下を認める　礼儀を守ることは言うまでもない。部下はそれ以上のものを求めている。部下は上司を頼りに組織上のあらゆる活動を行なっており、上司から認められていることの証を求めている。これは、上司が部下を会社という機械の歯車としてではなく、一個の人間として考えていることを部下にわからせることによって示すことができる。

2　首尾一貫すること　首尾一貫しない上司は部下に不安感を与える。しかし、状況が変わり、それに応じて行動方法も変えなければならなくなることもある。変化が必要になったら、変化が進行していることとその理由を部下に教えるべきである。

3　公平であること　協力の精神を育てる上で、首尾一貫することよりもさらに重要なものは公平さである。部下にへつらって気に入られようとする上司は、同じグループ内の別の部下の協力を得られないだろう。公平さとは、必ずしもどの部下もまったく同じように扱うことではなく、部下個人に関する意思決定を下す際に問題の全要因を正しく評価し、公正な決定を下すことである。

たとえば、ビル・テイラーとジャド・フォークが同じ自動車事故で重傷を負ったとする。二人とも、少なくとも六カ月間は仕事に戻れないだろう。会社はビルに対しては、働けるようになったら再就職できる権利を与えて一時解雇したが、ジャドについては、先任権はないが彼の職務は空けておくという保証を与えて無期限の休職とした。この措置は公平だろうか。

すべての事実をよく調べてみると、最初に受けた感じほど不公平でないことがわかる。ビル・テイラーは会社に勤め出してからまだ六カ月しかたっていない。ジャド・フォークは勤続二十年である。このような事情がわかってみれば、今度の措置を不公平だと思う者は会社に一人もいないだろう。もし二人とも同じように扱われていたら、それこそ不公平だと思われるだろう。

4　望ましい活動を強調する　よい面を強調するのである。いつも部下の仕事の欠点ばかり気にしていないで、部下の業績をほめること。「オペラント条件づけ」を支持する心理学者たちは、過失を責める代わりに業績をほめたほうが改善効率が上がる、と言っている。会社は部下に何を達成するように期待しているかを正確に知り、部下がその期待に応えることができたら、評価するべきである。期待以上の結果を残したなら、特別な表彰をするべきである。

5　部下を援助する　管理者は、職務を適切に遂行する上で部下が求めるあらゆる援助を与えるべきである。部下は、援助を必要とする時は上司から援助が受けられることを知っていなければならない。それによって安心感と上司に対する信頼が生まれる。

しかし、援助は必要な時にだけ与えればよいというものではない。経営者から認められるように助けたり、部同士の争いの中で部下を弁護したり、部下を取り巻くあらゆる問題が効果的に処理されるのを見届けるなど、部下にとって頼り甲斐のある援助もしなければならない。

その他、有能な管理者は情報面でも部下を援助する。計画中のことや部下に影響がある変化について絶えず助言を与える。

6 意思決定については部下に相談する 可能な限りいつでも、管理者の権力に頼って解決策を押しつけるのではなく、事実に基づいてどうすべきか、部下に相談しながら決めるとよい。賢明で献身的な部下たちは、問題に直面すると、適切な解決策を出すものである。

7 標準的な苦情処理手続きをつくっておく 優れた管理技術を用いれば、これといった苦情は出てこない。しかし、状況によっては、部下が思い悩む問題が生じてくる。優れた管理者はそのような悩みを吐き出させるようにする。いつまでも内に秘められていると悩みが悪化してしまい、協力しようという意欲を阻害してしまう。部下の苦情に直ちに公平な処置ができる手続きを定めておけば、この問題はある程度解決できる。しかし、苦情の多くが直属の上司との関係に関するものである場合は、直属の上司を回避して苦情申し立てができるようにしなければならない。会社によっては人事部の専門家がこの種の問題を処理するところもあれば、労働契約の中に盛られているような、もっと正規の苦情処理手続きを用いているところもある。いずれにしても、優れた管理者は正規の措置が取られる前の段階で、この種の問題の解決を図ろうとする。このような苦情処理を効果的に行なうには、部内の士気を低下させないがために意に反する意思決定でも受け入れなければならない時もあるし、だからといって、決定を実施する人たちに対する態度にそれを表わしてはならないことを、管理者は認識しなければならない。

8　部下と管理者の間の意思伝達は常時円滑に流れていなければならない（第十一章〈PART４の11〉参照）　管理者は自分が部下に何を期待しているかを部下に理解させると同時に、部下は自分に何が期待されているかを常に認識していなければならない。

業績の分析

時には、あいにく部下の業績が期待された基準に達しない場合がある。このような時は、原因を明らかにし、改善措置を講ずることが管理者の責任になる。

最も簡単な解決策は、その部下を解雇し、彼より適任の、あるいは仕事を能率的にやる意欲を持った人を新たに任命してやり直すことだと思われるかもしれない。

しかし、人事問題の解決策としての解雇は、あまりにも単純すぎる。解雇は言ってみれば、資本家が労働者に加える刑罰である。このようなことは控えるべきであり、可能な解決策を他に求めるべきである。

しかも、解雇は高くつく。代わりの社員を募集し、選考し、教育するのに費用がかかる上、実際にその社員が働くまでに時間がかかることもある。その間、業務を止めるか、他の社員に超過勤務をしてもらうことになってしまう。大量に解雇したりすれば、失業保険金も増加する。

また、解雇は社員の士気に影響する。特に解雇された社員が同僚たちの間に人気があった場合は、それが顕著に表われてくる。これに労働組合がからんでくると、苦情聴取や職場放棄が行なわれたりする。社員が社会的マイノリティーに属している場合は、解雇は差別待遇であると主張されることがあるので、会社側としてはそういう事実のないことを証明しなければならなくなる。

会社側が最も心がけなければならないことは、社員を解雇することよりも、業績不振の理由を調査し、状況の改善を図ることである。

業績不振を招く原因はいろいろあると考えられる。個人的な問題、すなわち関係者内部の問題が原因になることもあるし、組織上の問題、つまり会社や管理者自身の活動や態度から生じる問題が原因になることもある。

個人的要因

1 能力不足 立派な業績を上げるために必要な、コミュニケーション能力、事務能力、手先の器用さといった個人的属性に欠けていることもある。これが社員の選択や配置を誤らせる。最善の解決策は、持てる能力が生かせる職務に配置換えすることである。

2 仕事に関する知識の欠如 仕事を習得する能力は持っていても、適切な訓練を受けていないこともある。これは訓練を受ければ解決できるし、能力も向上することが多い。

3 情緒的問題 情緒的問題を抱えた社員は、仕事をする上でついそれが出てしまう。情緒的問題には、一時的な混乱状態から重いノイローゼ、精神異常まである。管理者にしてみれば、専門医に診てもらうようにすすめる以外、重い情緒障害についてはほとんどなすすべを知らない。管理者は何らかの情緒的問題が存在したら、これを見分けられなければならない。そのような問題は、作業水準を大きく左右し、過失が増加し、集中力がなくなって生産性が低下し、絶えず口論をするようになり、仕事や労働条件についての不平や不満がやたらと多くなる。

4　仕事に対する個人的な動機づけ　動機づけが原因で犯す過ちのうちで最も多いものの一つは、仕事に何かを求めながらそれが得られない場合である。それは上司に認められたいとか、社会的に受け入れてもらいたいといった要求である。これらの要求が仕事によって満たせないと、やる気をなくし、よい仕事をしようという努力をしなくなる。こういう社員は往々にして仕事をやめ、自分の要求が満たせる職場を探す。現職にとどまったとしても長続きせず、仕事らしい仕事はできない。

なかには動機づけが弱く、自分で非常に低い労働基準を設定している社員もいる。この場合は、自分の職務内で自分の目標は達成するが、その目標がきわめて低いので、会社が定めた基準には到達しない。このような社員の中には、社外の仕事で自分の要求を実質的に満たしている者もいる。彼らは自分の職務を維持するためにやらなければならない最小限度の仕事をし、もっぱら外部の活動に力を入れる。

この種の社員の動機づけを強める方法や会社全体の目標を自覚させる方法については、本書の他の箇所（第十二章・第十三章〈ＰＡＲＴ４の12・13〉参照）ですでに述べた。

5　個人的問題　誰しも家庭内や私生活で起きた問題は気にかかるものである。家族の死、離婚、病気、子供とのトラブルといった大きな問題は、どの会社の社員にもよく起こることである。これらの問題は普通は一時的なものであるが、時として、いたって優秀な社員の仕事にかなり長い期間影響を与えることもある。管理者はこのような問題に注意し、その犠牲となった社員の気持ちを察してやらなければならない。忍耐と温かい目で見守ることによって危機を乗り越えさせ、彼らを正常な活動に戻すことができる。

企業要因

1　無能な管理者　管理者のタイプの違いが、さまざまな形で仕事に表われてくる。部下に無頓着な管理者や組織づくりができない管理者の部下は生産性が低い。時には、管理者がいかに無能でも高い生産性を示す部下もいるが、管理者の能力が部の仕事に表われている場合のほうが多い。

2　非現実的な基準　管理者の定める標準ないしは基準が、現実に期待できるものからかけ離れていることがある。この場合、「過ち」は欲ばりすぎた管理者の心にだけあって、目標からかけ離れている部下にあるわけではない。

3　不完全な是正措置　仕事上の失敗は、会社が適切な是正措置を取らなかったことから起こることもある。原因は、是正措置の費用が管理者の想定額より高かったからかもしれない。効果的に仕事が再びできるようになるまでに時間がかかりすぎるか、手続きを全面的に変えたほうが能率的だと管理者が判断したからかもしれない。

4　人員配置の誤り　人員配置を誤ると、失敗を犯す可能性は一段と高まる。しかし、多くの場合、社員の適性もろくに考えずに職場配置が行なわれている。これは新しい職場配置を行なう際に、監督者が先任権といったものを重んじたり、部下を独断的ないしはでたらめに選ぶことから起こる場合が多い。また、管理者が職場配置で技術的な適性を重視する反面、しばしば人の成否を決定する主要な決定要素である、知性、情緒、動機づけ、物理的要因といった非常に重要な無形要素を無視するところからも起きてくる。

5　締まりがない　会社が方針や手続きの徹底を欠くと、社員はとかくこれに乗じて仕事を怠るようになる。

6　統制範囲が広すぎる　直接指揮下に入る部下が多すぎると、管理者は部下をきめ細かく扱うことができなくなる。組織構造は、管理者が部下の一人一人とよく協力して働くことができ、部下全員の業績評価、指導、援助が行なえるようなものにすべきである。

改善手続き

以下は、仕事上の過失を改善する際に管理者が使える方法の一部である。

1　配置転換　配置転換とは、同じレベルのある職務から別の職務に社員を移すことであり、一般的に昇給の停止や職位の変更を伴わない。特定の職務に必要な技術や経歴を持たないが基本的には仕事を充分にやれる社員なり準管理者には、もっと適した職務に移れる機会を与えるべきである。これは会社のためにもなるし、同じレベルで、少しでも成功する可能性の多い職位で自分の要求を満たす機会を彼らに与えることにもなる。

2　昇進　自分の能力以下の職位に就いていて、うまくいかない社員の例はいくらでもある。高い潜在能力と、昇進し業績を上げたいという意欲を持った社員は、その能力を充分に発揮できる職務に昇進させることによって立ち直らせることができる。

3　降格　自分の能力以上の職務に就いている社員は、もっと能力を発揮できる職務に下げてもよい。降格は、その対象となった社員の恨みを買い、協力が得られなくなると考えられることから、めったに行なわれない。しかし、前の職務では好成績を収めながら、まだ準備ができていないうちに、高い職務に昇格してしまうようなことは時々ある。新しい職務でうまくやっていけないとなったら、前の職務ないしはそれに似た職務に戻ったほうが本人のためにも会社のためにもよい。適切なカウンセリングと並行してこの降格を行なえば、関係者全員によい印象を与えるはずである。

4　処罰　どんな労使関係にも、仕事上で失敗を犯せば何らかの処罰を受けることになるといった脅迫が暗黙のうちに認められている。こういう否定的な制裁はしばしば乱用され、その結果士気の低下を招いている。これでは状況を改善するどころか、悪化させるだけである。積極的な行動によって状況を改善することができれば、そのほうが効果的である。

処罰の恐怖は（特に不当な場合）社員の生産性を向上させるより、むしろ低下させてしまうことがある。管理者は生産性低下の理由を分析しなければならない。生産性低下の原因が仮病にある場合は、処罰による規律是正が効果的かもしれない。しかし、他に原因がある場合は、処罰よりも理論的な方法で対処したほうがよい。

脅しと処罰を利用した最もよく使われる方法は非公式なものである。監督者は関係社員（できればグループ全体）に呼びかけて態度を改めるように要求する場合、要求が満たされない時は、しかるべき措置をとると言って、今後の管理上の処置をにおわす。

個人（またはグループ）が態度を改めない場合は、管理者は何らかの処置を取らなければならないが、ただ処罰すればよいというものではない。慣例になってしまうと、処罰の効果は薄くなる。

5　正規の規律上の処分　多くの会社において規律上の処分に関する明確な方針が、労務マニュアルなり労働組合の定款なりに明記されている。この処分の執行は常に苦情処理手続きによって（労働組合がある場合は特に）行なわれ、不公平な申し立てに対して裁定が下される。

正規の規律上の処分で最も軽いものは訓戒である。これは正当な理由のない欠勤、無断で職場を離れること、怠業などの違反に適用される。訓戒は文書になっており、社員は知っていなければならない。

次に厳しい規律は停職である。これは職務管理上の秩序を乱す行為、安全違反などの規律違反および訓戒を受けた者の重犯に適用される。しかし、ほとんどの会社は原則として停職を一週間以内としている。

最も重い処罰はもちろん解雇である。これは窃盗や不服従などの重大事犯、他の規律違反でたびたび訓戒や停職処分を受けた場合にのみ適用される。

この種の規律はどの程度の効果があるものだろうか。是正を要する問題を処罰によって実際に是正できるかどうかについては盛んな論争が行なわれている。調査によると、訓戒処分や停職処分を受けた社員は規律違反を重ねる場合が多い。裁決者によって処罰が取り消された社員がしばしば同じ規律違反を繰り返している。しかし、他の調査では反対の結果が出ている。この主題の研究の大多数は、処罰は特定の社員や規律違反にのみ効果があり、その他には効果がないという曖昧な結論を下している。

6　心理カウンセリング

一部の会社は、援助を必要とする社員を助ける心理カウンセリング計画を実施している。深刻な感情的問題は外部の精神療法家にまかせており、会社側の心理カウンセラーはもっぱら社員の短期的な情緒障害の克服に協力している。多くの会社は、社員のプライバシーを侵害するという理由から、自社専任の心理カウンセラーを雇う方針を取っていない。治療は会社の事業ではないのである。

近年、酒や薬の問題を抱える社員を救おうとしている会社は多い。そのような人は雇わないのが普通であるが、就職後明らかになることもあり、会社としてはその社員を退職させるか更生させるかを決断しなければならない。優秀な社員ならアルコール中毒や麻薬中毒から立ち直れると信じている会社もあり、アルコホーリクス・アノニマス（AA）、病院、診療所などの諸団体によってアルコールや麻薬中毒の社員の更生を試みている。

一般社員と準管理者は（個人的問題と同様に）、仕事上の問題を解決するにあたって直属の上司や人事の専門家から充分な助力が得られる。管理者と部下との腹を割った話し合いは、仕事上の問題を解決し、両者の関係を改善する。

個人的問題の処理

管理者の主要な責任の一つは、自分の部内に生じた問題を処理することである。人事問題が生じた時は、管理者は取引上の問題に対する配慮と同様に気を配ることが大切である。これには組織的な分析技術を用いなければならない。

このプロセスは大きく三つの段階に分けられる。

1 問題を認識する 問題は本当にあるのか。もしあるとすれば、その正体は何か。どういう形で表われているか。士気は低くないか。規律違反による処分が異常に多くないか。生産は基準以下に落ちていないか。何か不都合なことが起こっているといった漠然とした感じだけでは不充分である。問題は厳密に見きわめなければならない。

2 状況を把握する 関係しているのは誰か。実情はどうか。問題はどこでいつ起きたのか。

原因を明確にする。問題はなぜ、どのようにして生じたか。実情を調べ、事実を確かめる。

あらゆる可能な解決策を考える。選択の対象となる複数案はあるか。常に種々の選択ができるようにしておく。

3 複数案を評価する　各案の長所短所を比較する。

最善の解決策を選ぶ。それから自分の意思決定を実行する措置を講ずる。

この方式を職場内の状況に照らして詳細に検討してみる。アレックス・パーカーは毎日、時間どおりに出社していなかった。彼は五日間のうち四日間は始業ベルが鳴る数秒前に滑り込み、五日目には数分の遅刻をした。彼には「遅刻男」というあだ名が付いた。

彼の上司は、時間どおりに出社して仕事の準備をするように注意した。パーカーはそれから二週間はこの警告に従って早く出社していたが、二週間すると再び五分遅れで会社に飛び込んできた。さすがの上司も今度は彼を怒鳴りつけ、三日間の停職処分（会社の方針に従った当然の規律）にした。

あとでパーカーの妻がしばらくの間、病床にあって、彼が学校へ行く子供の世話をしていたことがわかった。彼がいつもぎりぎりに出社していたのは、そのせいだったのである。パーカーは上司からの注意を受けて、近所の人に子供を学校へ連れていってもらうことにした。その後再び彼が遅刻したのは、あと一日というところで子供の世話を頼んだ近所の人が病気になり、彼が子供を学校へ連れていかなければならなったからである。

この上司は、問題を組織的に処理しなかったために、パーカーを苦しめるような不公正な意思決定を下してしまい、同じ部内の他の部下たちもこの話を聞きつけて、部全体に士気の低下と反感を招いてしまったのである。

規則違反が起きたり、社員が仕事や行動面において修正を必要とするようなことをした場合には、管理者は何らかの措置を取らなければならない。何もしないということは規則違反を容認したり、部の管理を怠ることと同じである。

次の指標は、規律問題の処理で管理者の役に立つだろう。

やらなければならないこと

1 部内の規律を正しく保つことが管理者の仕事の一部であることを忘れてはならない。

2 措置を講ずる前に、何が問題かばかりでなく、なぜそういう問題が起きたかも論理的に考える。

3 規律違反をした社員に、そのきっかけとなったものが何かを確認すること。彼らに自分の行為を釈明する機会を与えなければならない。釈明が行なわれたら、それを調査し、言っていることがすべて事実かどうかを確かめる。

4 規律違反者には、処分を受ける前に償う機会を与える。

5 処分は迅速に行なうこと。違反事件の調査と意思決定が遅れると、処分の効果が薄れてしまう。

6 処分の正当性が証拠によって認められ、処分理由を関係当事者全員が知るようにすること。

やってはならないこと

1　規律上の問題はこれを無視したり、あるいは積極的な措置を講じたりしなくても解決できると思ってはならない。

2　管理者にしても規律違反者にしても、激しい感情に支配されている時は、行動してはならない。気持ちが収まるまで待つ。

3　改善できない部下を変えようとしてはならない。しかし、管理者がカウンセリングである程度解決できる感情的問題があると思ったら、これは人事部のほうへまわすべきである。

4　配置転換が本人にとっても会社にとっても最善の手段とならない限り、仕事ができない社員や人格に問題がある社員の配置転換を軽々しく行なってはならない。

5　人前で部下を叱ってはならない。人前での叱責は相手の心を傷つけ、反感を抱かせ、まったく状況の改善にならない。いかなる叱責も個人的に行なうべきである。

監督者が「部下の問題」は一時の感情に左右されることなく、論理的、組織的方法で状況に迫ることによって解決することを肝に銘じておけば、部の士気は高まり、人事異動は減り、生産性が向上するだろう。

PART

5

調整と統制

経営者能力とは適材と適所に配置することと、それを積極的に最高の状態に維持していく能力である。

ハーバート・G・ストックウェル

MANAGING
THROUGH
PEOPLE

16 調整

組織が目標達成に成功するには、バランスをうまく取る必要がある。組織の各種構成員の間で調整が行なわれていなければ、部のレベルにおいてさえも、望ましい結果を得る機会はほとんどなくなる。

仕事の各面のバランスを保ち、部または会社の目標達成と関係ある全社員の努力を調整して最大限の貢献をさせることは管理者の責任である。

管理者がこの責任を果たすには、相互に関連し合う諸活動を考慮して適切な意思決定を下し、目覚ましい成果が上げられるように調整を図らなければならない。管理者の職務は、目標達成を阻害するような仕事はしないように監視することにある。

この管理者の職務範囲全体を称して調整（管理者の機能を要約するために用いた略成語「PLORDICOCO」の中の最初の「CO」に当たる）と呼ばれている。

「調整（コーディネーション）」とは、グループの取り組みのタイミングを合わせ、またその取り組みが、見込まれる仕事量とその質に応じて適切な時期に正しく行なわれることを保証するものと定義されている。また調整には、グループの取り組みを統一化して効果的に目標を達成できるように、取り組みの実行を指示することも含まれている。

管理者が常に忘れてはならない調整には、次のような三つの面がある。

1　グループ内の個人間の調整　オーケストラの演奏者が全員楽譜どおりに演奏すれば、演奏者はそれで職務を果たしたことにはなるが、その結果生まれるものは不協和音かもしれない。指揮者が演奏者の力を調整すれば、美しい音楽が生まれてくる。これはグループ内調整の一例である。現場監督から経営者に至るまで、管理者にはそれぞれ直接責任を負っている部下たちの仕事を調整しなければならない責任がある。

2　組織を形成するグループ間の調整　会社の各部は、他部がやっていることを知り、自部の活動と他部の活動の調整を行なわなければならない。販売部が特定の品目の売り上げを伸ばそうとすると、製造部はそれを生産する準備をし、仕入部は必要な原料を購入し、経理部は必要な資金準備をしたり、集金方法などを考え、人事部は製造要員の募集を行なわなければならない。

3　各企業の間の調整　今日のように経済が複雑化してくると、諸企業は互いに依存し合うようになる。経営者は世界の現状を知り、それが自社にどのような影響を与えるかを知らなければならない。エネルギー危機や原料不足が起これば、その影響を受ける各社の経営者は同じ原料を使い、原料について政府の規制を受けている他の会社と需要の調整を行なわなければならない。

調整は、管理者が職務を執行するために行なった意思決定の結果である。計画化、組織化、指導、統制といった管理者の諸機能が正しく働き、それらの相互関係に充分な配慮がなされれば、バランスのよく取れた、一貫性のある力が生まれるはずである。

調整は計画化からはじまる。どの計画も相互に関連し合い、組織の、他のあらゆる面の計画と調和させなければならない。またこのために、短期計画と長期計画に一貫性を持たせなければならない。長期目標と矛盾する短期計画を立てるようなことはよく起こる。会社は特定の状況における便宜的な問題として短期計画を立てられるが、長期目標に照らしてより注意深く構想を分析すれば、異なる決定がもたらされるはずである。

上級管理者は、部下の管理者に注意を払っておく必要がある。自分の部のことを第一に考えるあまり、全体目標を認識していなかったり、故意に無視する傾向が多いためである。

計画実施における調整は、はじめの段階から計画実施の担当者たちが参加することで、より円滑になる。全員が計画の内容を知り、計画立案に参加していれば、グループ内の社員の活動を調整することはさほど困難ではない。

また、調整は組織構造に組み込むべきである。部をつくる際に、将来調整の基盤となる命令系統とライン・アンド・スタッフ（line-and-stuff）の関係を確立しておかなければならない。機能なり活動なりを割り当てられる場が組織構造の中に確保されれば、それが調整の原点となる。これは、さらに各単位組織が受ける調整の量と範囲を決定する。

管理者の職務上の「指示」における調整の重要性は言うまでもない。中小企業では、管理者の個性が組織的な取り組みにおいて大きな役割を果たす。管理者が状況を詳しく知り、短い意思伝達系統を持てば、大企業では難しい調整が容易になる。また、関係者全員が互いに知り合い、密接に協力し合えば、バランスの取れた組織的な取り組みが、また一段と簡単になる。組織の規模や複雑さのためにこのような関係がつくれない時は、もっと正式な調整法が必要になってくる。

最後に、統制は、作業の進捗状況を頻繁に評価することで、各グループの作業のバランスを取ることができる点で調整に直接関係がある。

調整は管理職の仕事において各段階で行なわれ、部分的な仕事をすべて円滑に一つにまとめる潤滑油の役目を果たす。

調整の種類

縦の調整　この用語は組織構造内における各種段階の調整を行なうことを意味する。これは常に命令経路を通じて行なわれる。調整行為はピラミッドの頂点ではじまる。すなわち、管理者M1は部下の管理者M2とM3の仕事の調整を直接行ない、これによってM2とM3の部下の仕事を間接的に調整するが、同じようにして下のラインの仕事まで調整を行なう。

横の調整　この用語は組織内のあらゆる段階の活動に関連する。次ページの図で言えば、M2およびM3の調整、監督者S1、S2、S3、S4の調整である。

M1

M2　M3

S1　S2　S3　S4

同僚間の調整は理論的には上司の管理者の職務とすべきであるが、実際には同僚間の関係にかなり依存している。調整は円滑なコミュニケーションと、必要な時に仕事上の密接な関係がつくれる経路を用意しておくと行ないやすくなる。

調整役としてのスタッフの利用

優れた組織構造は会社の階級組織に調整を組み込むことを可能にし、よい計画化は標準運営手続きの範囲内に調整システムをつくることができる。しかし、多くの会社は別の方法によって調整機能を強化する必要性を認めている。

最もよく用いられる調整策は、管理者が管轄する部課の活動を支援するスタッフを割り当てることである。

前章でも述べたが、スタッフの仕事は総括的なものと専門的なものとに分けられる。総括的な職務担当者（ゼネラリスト・スタッフ）、たとえば秘書や上級管理者のアシスタントは、しばしば各種活動の調整をまかされる。

彼らは横のコミュニケーションと調整に特に役立つ。上位の管理者の代理として下位の管理者に接し、情報を伝えたり、フィードバックを得たり、問題を見つけたり、個人的な対立を処理したり、円滑な経営に必要なことは何でも行なうことができる。

下位の管理者の行動に対する彼らの統制力は、その権限の大きさによって変わってくる。彼らは上司の分身として働き、問題の処理で大成功することもあるが、たいていの場合は、駆け引きと説得力に頼らなければ目標を達成することはできない。

一部の会社では、組織内の下位の階層で「促進役（エクスペダイター）」なる肩書きを持った社員を使い、部内の多様な活動の調整に協力させている。

この種の調整はいずれも付帯的なものである。優れた組織と統制によって、部長や他の管理者が外部の助けを借りずに効果的な調整ができるような、充分な調整システムを社内につくるべきである。

委員会

今日、企業活動は委員会によって管理されることが多い。中堅管理者などからなるこのグループは、調整の過程でも重要な役目を果たしている。

委員会はさまざまな意見の統一や調整ができる。活動方針の大筋を決め、必要な調整と協力の程度を定め、すべての参加者が必ず決定に従うように手順を定めることができる。

また、委員会では参加型の管理を奨励する。委員会においてアイデアの討議をする際、参加者に必ず意思決定に際する発言の機会を与えることで、彼らに目標を達成しようとするやる気を起こすことができる。こうすることで必ず委員会を通じて緊密な協力関係が出来上がる。

委員会を、調整を行なうために使用する最も効果的な手段にしている管理者もいれば、障害になると思っている管理者もいる。

委員会は、参加者全員が達成しようとする目標を理解していなかったり協力し合えなければ、ただ時間を浪費するだけで、役に立つどころか調整の妨げとなるだろう。

バランスの取れた経営を続ける

企業組織に影響を及ぼす環境は絶えず変化しており、管理者は外的条件、社員の変化、景気の動向が会社の経営上のバランスをくずすことを警戒しなければならない。

部内の管理者の異動では、厳格な部長が柔軟な部長に取って代わることもある。その結果、その部の力のバランスに変化が起こる可能性がある。経営者は、他の部の活動がそのような変化によって悪影響を受けないようにしなければならない。

新設工場の操業開始、新製品の発売、大口契約の取り消しなどは、いずれも会社の活動に変化を与え、均衡を破る恐れがある。

このような環境のもとでバランスを保つということは、ますます困難になっている。これらの変化を受け入れるには、管理者はその役割と、経営者と中間層以下の管理者との関係や、中間管理者たちの間にある横の関係を絶えず再検討する必要がある。

調整活動をその時々の変化に即応させ、最高度の調整を行なうようにするには、管理者は次のことをしなければならない。

1　会社の目標と会社の各構成要素を絶えず再検討する。会社の目標の相対的な重要性を明確にし、最も重要な目標を達成することに最大限の努力を傾ける。しかし、第一目標達成に大きな努力を傾けるにしても、全目標達成に邁進できるだけの力を蓄えておく。

2　主目標達成への努力が重ねられている間に二次目標の再検討も行なう。二次目標が主目標に調和し、担当の管理者が二次目標と主目標の関係を監視するようにする。

3　企業のあらゆる面でバランスを保つ。しばしば管理者が全体的な状況を考えずに自分のお気に入りのプロジェクトに力を入れるといったことが大きな問題になる。これでは主目標がうやむやになるばかりか、他の管理者も上司の個人的な好みが優先されていると感じ、やる気をなくしてしまう。よく起こるこれに似た問題では、専門分野（たとえばマーケティング、あるいは特定の製品を担当する製品管理者など、狭い専門分野）から昇格した部門管理者や経営者が、全体を考えるよりも先に、所属していた専門分野のことを考えるといった問題がある。

4　常に方法の改善を怠らない。今までの方法が使いものにならなくなり、新しいアイデアもまだ研究中とか検討中ということになれば、会社は時代に取り残されてしまう。部が一つでもそのような状態におちいれば、バランスがくずれて会社全体の力が衰えてくる。

5 バランスの取れた経営が続けられるようにするために、常時分析が行なえるようなシステムをつくる。コンピューターを使っている会社では、現在用いている経営情報システムによってこれができるものもある。

6 管理者が直接管理する責任領域ばかりでなく、下部の階層に至るまで同じようにバランスを保つようにする。組織構造の下部へ行けば行くほどアンバランスが目につくようになるが、それだけに問題を解決して大事に至る前に会社のバランスを回復することがやりやすくなる。

7 管理システムを利用して、各職務が予期したとおりの成果を生むのを見守り、そのようにならなかった場合には、改善措置を取るようにする。

8 社員はすべて仕事の重要な部分に時間をかけ、つまらないことで労力を浪費しないようにする。

管理者は、すべて自分の義務と権限の限界をはっきりと理解していなければならない。管理者がしばしばぶつかる悩みの種の一つは、義務と権限をめぐる対立である。この二つははっきりと文書に書き表わして関係者全員に示さなければならない。協力体制を敷く必要がある（協力がないところに調整はない）場合には、内部対立は排除しなければならない。対立していては協力できないばかりか、努力のすべてが水泡に帰してしまうかもしれない。

協力的な空気を定着させ維持していくためには、下位の全管理者と緊密に協力していこうとする上級管理者側の誠実な努力が必要となる。この緊密な協力には意思決定への参加、アイデアや悩みを明らかにする機会、すべての部下に対する公平な扱い、高い士気の維持が含まれる。

協力的な空気を生み出す最も重要な部分の一つは、組織全体の主要な目標および目的を全部達成するために必要な各部の相互依存関係を理解させ、定着、維持することである。

多くの会社、特に分権的経営を行なっているところでは、各部に対して「目標額」を強調するあまり、他の部を犠牲にしてでも自分の部の利益を図ろうとする傾向が強まってきている。

いかなる管理者も、目先の利益のみにとらわれないで、全社的な立場に立って考える訓練を繰り返し受けるべきである。これは、経営者が部独自の業績だけでなく、会社全体の目標達成のために部が挙げた業績についても評価することで、一段と促進されるに違いない。

たとえば、エンジニアリング・マネジャーは、製造部の利益には貢献しなくても、自分の部の予算を超過する原因となった製法改良によって会社に大きく貢献したのなら、その功績を認められるべきである。そうしなければ、彼は自分の部の予算にいっそう気を使うようになり、会社の長期的な利益は二の次になってしまう。

部門管理者や経営者は、すべての専門部門の相互関係を理解し、どのように協力し合うべきかを明確にする必要がある。部長会議を頻繁に開いてすべての目標について討議するのもよいだろう。よくできた職務記述書とともにわかりやすく書かれた組織図も、仕事のどの面を誰が担当するかといった問題で誤解や対立が生じることを防いでくれる。

いずれにしても最も大切なことは、各管理者が期待されている成果をしっかりと理解し、その達成のためには企業組織のあらゆる面からの援助、協力、支持が必要不可欠であることを肝に銘じることである。

外圧との調整

管理者が意思決定を下す場合、社外の条件や活動を考慮に入れなければならないことが多い。今日の社会では、経済変動、法律や規則、地域社会における各種団体の圧力を無視して意思決定できる会社はない。

管理者はこれらの問題に精通していなければならない。公害防止の法律が意思決定に関わりを持ち、それが一つの要因となる場合には、そのような法律を知っていなければならないし、労務問題などを扱う場合は、雇用機会均等法などの関連法規を熟知していなければならない。

意思決定は国内経済、世界経済、技術の進歩、供給業者、競争相手、得意先の活動にも左右される。

社外の力で調整を達成するために用いる方法は状況によって異なる。国の仕事を扱う場合には、管理者はその商行為において従わなければならない法律はもとより、その法律に関する解釈や判決についても知らなければならない。

管理者はまた、変化を予測できなければならないし、法律はもとより規制しようとする政府や圧力団体のいかなる行動も見逃してはならない。多くの管理者は、自分たちの業界の問題で打ち合わせを行なう業界諸団体の会合に積極的に参加している。

管理者の意思決定に消費者団体が影響を与えた最もよい例が、自動車産業にある。消費者運動家が先頭に立ってやっている逆宣伝によって、自動車メーカーの管理者たちは、設計や安全性など製品を製造販売する際のいろいろな面について考え方を改めざるを得なかった。これは他の多くの産業にも当てはまることである。

管理者は各種圧力団体と交渉し、計画を調整することにより、不本意ながら法律によって強制されそうなことを自主的に達成しなければならない。管理者はこの種の圧力を無視することはできない。とはいえ、会社に関わる問題で地域団体と積極的な関係を持つことは、地域社会、得意先、潜在消費者、さらには政府ともよりよい関係を持つことになるのだから、この努力は企業にとってもよい結果をもたらすだろう。

技術の変化も経営努力に対して重大な外的影響力を持っている。企業の存続は最新技術に追いついていけるかどうかにかかっているといえる。最新技術の追求は、各種技術団体への参加を通じて会社の活動を調整することで、ある程度達成することができる。

多くの会社は、自社の技術系管理者がそのような技術団体で積極的な役割を担うことを奨励している。また、大学や政府後援のプロジェクト（各企業が資金援助をしたり人材や設備を提供したりしている）で行なわれる研究なども追求している。

ほとんどの場合、事業が成功するか否かは他の企業の活動にかかっている。その理由は、企業間の調整は当たり前のことであるばかりか、成長や存続のためにほぼ不可欠なものになっているからだ。製造部は供給業者や資材と密接な関係を持たなければならないし、発送部は運輸産業の現状についてよく知っていなければならない。

この必要な調整は、それらの産業や会社に関する四季報や年鑑、報告書、カタログを調べて得た情報、同業組合の会合に出て得た情報、個人的な接触などで得た情報を活用すればできる。

従業員が一緒に働くからといって調整がうまくいくわけではない。企業活動に影響を及ぼす外部の力への調整と同じく、企業を構成する多様なグループ間の調整においても、意思決定におけるきめ細かい努力と配慮が必要である。

調整は強制できない。活動の協力と調整をいくら訴えても、口先だけでは失敗に終わってしまう。

組織のあらゆる階層の調整を可能にするプログラムがなければならない。それは計画化にはじまり、管理過程のあらゆる面に浸透していく必要がある。

情報が組織全体に自由に流れ、達成すべき目標を充分に理解し、望ましい結果を把握し、互いに協力して達成する意欲を持つ管理者と従業員が結集した場合にのみ、これは成功する。

17 統制過程

管理者の責任となる最後の段階は統制である。これは頭字語「PLORDCOCO」の最後の音節で表わされている。統制過程の第一の目的は、実際に起こっていることが計画に可能な限り忠実に従っているかを確かめることにある。

組織的な統制過程には、⑴業績基準、⑵業績基準と実際の成果の比較、⑶改善措置を含めなければならない。

業績基準を設定する

業績基準は、すべての管理者にとって、期待されることと基準達成のはかり方が正確にわかるように設定すべきである。

意義ある業績基準は、次の十段階を経て設定するとよい。

1　基準作成の責任は、基準を守って仕事をする従業員とその仕事を監督する管理者の共同責任にする。

2　基準設定を行なうにあたっては、まず管理者が一枚の紙を使い、「これから設定する基準の対象となる従業員が自分の義務を果たし、完全に満足できる業績を上げるとしたら、期間終了時にはどんな状態になっていなければならないか」という問いに文書で答えるのが最善の方法である。部下も同じように「自分と上司の管理者が満足できる程度に責任を果たすとすれば、期間終了時にはどんな状態になっていなければならないか」と問うところから考えはじめなければならない。

3　最終的な形では、業績基準によってまず従業員が個人的に責任を負う最も重要な部分、つまり特に集中すべき部分がはっきりしていなければならない。これはありのままの現況を示し、各状況における一般的な目標を指し示すのに役立つ。

4　それから管理者と部下は、それぞれの責任範囲を充分かつ見事に果たし、期間内に早く目標を達成するために、実現すべき予定の最終成果ないしは状態を詳細に書き記さなければならない。この最終成果が期待される業績基準となる。

5　最終成果を抽象的なものにしてはならない。完全に実施できる確実な計画とすべきである。言い換えるなら、実行された活動の成果、確立もしくは改善された関係、達成および進歩でなければならない。これらは量、質、経験、時間、サービスなどに表われるから、期間終了時に計画が達成されたかどうかはすぐに確かめられる。

6　最終成果は次のことを簡潔に指定する。
特に何をやらなければならないか。

各職務をどのように果たすべきか。
仕事をどのように分割すべきか。
どの程度の仕事をしなければならないか。
各職務を誰にやらせるか。
各職務の開始と完了をいつにするか。

7　業績基準は各社員の仕事の評価、貢献度の評価、実際に計画どおりに行なわれたかどうかの判定に用いられるから、慎重に考えてつくり、管理者、部下双方の同意を得なければならない。

8　管理できる範囲内で業績基準を守り、できるだけ役立てるためには、最終成果記述書を、検討中の期間内に達成すべき最も重要な成果に限定して作成しなければならない。

9　業績基準には、経費、生産、販売などの確定要素ばかりでなく、部下の養成、社員相互の関係改善、自己啓発などの不確定要素も含めなければならない。

10　最後に、測定の対象となる各領域における期間開始当初に見受けられた「ありのまま」の状況と、予定した期間終了時の状況の比較をしてみせなければならない。

コントロール・ポイント

管理者は計画どおり物事が運んでいるかどうか明確にするために、期間終了まで待っているわけにはいかない。いかなる問題でもそれが形をなさないうちに把握するようにするには、戦略的なコントロール・ポイントを設けなければならない。

コントロール・ポイントは、それまで行なった仕事が具体的な結果としてはっきりつかめるようになってから設けるべきである。また、すでに終わった仕事が確かめられるように、次の仕事がはじまる直前にコントロール・ポイントを設けてもよい。

たとえば、品質管理の分野では次のようなところにコントロール・ポイントが置かれる。ある製造工程がはじまる前に、それまでの製造工程が正しく行なわれたかどうかを確かめるコントロール・ポイントを設ける。製品が出来上がってから不良品であることがわかって不良部品を探すよりも、組み立てる前に部品の不良箇所を改善しておいたほうがよいに決まっている。

より高いレベルの管理状況においては、コントロール・ポイントを定められた期間（たとえば一カ月）の終わりに置いて、次の期間がはじまる前に仕事の各点の状態を確かめることができる。時期、品質などの点で問題があれば、手遅れにならないうちに改善措置を取ることができる。

本書のはじめのほうで述べた例外の原則は、コントロール・ポイント方式には特に有効である。管理者は各ポイントで見込まれる基準から外れた例外だけを探し、適切な措置を取ればよい。

量的に表わせるものでは、必要な場合に、コントロール・ポイントの数に応じて一年間の数値をいくつかに分割し、季節的な調整を行なってコントロール・ポイントを決めることもできる。しかし、最終成果が不確定な場合に、中間点に二次成果のポイントを設けることは大変困難である。

業績の評価

基準を定め、コントロール・ポイントを設けたら、管理者は業績が予想にどのくらい近いかを評価する最善の方法を決定しなければならない。

次に紹介するのは、その技術の一部である。

1　個人的観察　たいていの企業では、しばしば上級管理者が自分の管轄下にある事業の各部署を訪れて、現場視察をする。そして仕事の量と質、社員の態度、部の全般的な運営状態をチェックする。自分の目で現状を見られることも利点には違いないが、管理者として問題改善の迅速な措置を即座に取りやすい。個人的観察はまた、他の統制法より状況についてよりよい「感じ」を部下に与える。部下の管理者にしても一般従業員にしても、現場で上級管理者に会うことで、上級管理者が彼らのしていることに興味を持っていること、同時に彼らに気を遣っていることを知り、それが士気の高揚につながる。

個人的観察は不確定要素のチェックには特によい。おそらくグループの士気をチェックしたり、社員の訓練ぶりと取り扱いぶりを観察したり、部下との密接な連絡を保つにはこのうえない方法である。

反面、個人的観察には欠点がたくさんある。すなわち、数量的に正確なデータがなかなか得られない。大雑把な情報しかつかめず、的確な情報がつかめない。その他、時間を多く食われ、他の仕事を果たせなくなるといった否定的な面もある。また個人的な現場視察を従業員たちから自分たちに対する関心の表われと受け取らずに、「偵察行為」や不信感の表われと受け取られかねないことである。また、現場とじかに接触するといっても、自分の管轄下にいる一部の従業員としか会えないし、運営状態も行き当たりばったりに一部しか見られないことも欠点の一つになっている。

2 統計資料の利用　個人的に何もかも視察することは絶対に不可能だから、管理者は実情がつかめる統計資料を利用する。この方法はサンプリングの形をとる場合もあるし、コンピューターが打ち出した資料を調べるなど数学的解析の形をとる場合もある。

サンプリングは品質管理、生産管理など数量化しやすい分野の管理業務などによく用いられる。たとえば、セイブアワット電機会社は、同社のトグル・スイッチ部で生産しているトグル・スイッチの生産個数と、検査係がはね出す個数を毎日正確に記録している。生産するスイッチを一個ずつ点検することは経済的に不可能だから、数学的な方法を用いて不良品が出る割合を決定する。仮に百個のうち一個が検査基準に合格しなければ、一時間おきに一台の機械からその生産個数の一パーセントを無作為抽出して検査すればよいことになる。サンプルの中に含まれる不良品の数が予想された割合を超えた場合は、さらに入念な検査を行なう。

統計的確率は膨大なデータを処理する場合に利用できる。製品を大量に生産する場合には、一般に不良品の数が生産停止を要する量に達する時期の決定に、統計的確率を利用するとよい。製品を一個ずつ検査することは、金がかかりすぎてできないのが普通である。ただし、製品の欠陥が人体機能に重大な危険を及ぼす場合は別である。たとえば、医療機器の一つである電子式ペースメーカーなどは、故障が患者の死につながるからだ。

経営情報システム（ＭＩＳ。Management Information Systems）は、さまざまな状況で起こることを統計的に見る一つの方式である。管理者に即座にコンピューター情報が与えられ、その数値を比較的短時間のうちにチェックすることによって、彼の管理の一部が予想より外れる時期がわかる。

徴候を統制に利用する

特定の問題に直接触れられない場合、管理者は顕在化しつつある問題を暗に示す徴候を探す。たとえば、社員の士気は、はかりがたい。一部の会社では、補充社員数、欠勤および遅刻数、苦情および提案の数、意見調査などに関する統計を取り、それをグループの士気を示す徴候としてとらえている。補充社員、欠勤、苦情が増えて提案が減った時は、さらに詳しく調査して士気低下の理由を明らかにする。

報告書

多くの大会社が各種報告書を業績関係の情報を得る有力な手段としている。報告書は次の二種類が用いられている。

定期報告書　これは大変広く用いられ、日報、週報、月報などがあるが、ほとんどの企業で欠かせないものである。この種の報告書は本来統計的なものであり、標準書式を使って作成される。部下の管理者がこれを上司の管理者に定期的に提出する。報告書が標準化されているから、仕事の各点の進行状況を調べ、それを予想と比較することが容易である。報告書の書式はたいてい特別な備考がつけられるようになっているので、上司の管理者も見込み違いの理由を理解することができる。定期報告書は数量的な報告書で、日常的な用件がその対象になる。しかし、時には、数量化しにくい仕事を対象とするために叙述的な定期報告書が必要になる場合もある。

定期報告書の大きな欠点は、資料が多くなりがちで、それを全部読んで吸収することが不可能なことである。この難題を解決するには、報告書中の要件について主な要因（よい面と悪い面）を指摘した要約を作成しなければならない。

どんな報告書を業績評価に用いるにしても、時機を逸しないようにすることが大切である。情報の入手があまりに遅れると、問題が深刻化して手に負えなくなる前に改善することが困難になる。

また、管理者は報告書の作成が多くなると、それに対する注意が散漫になる傾向がある。多くの報告書は実際に必要ないか、もはや役に立たなくなっているが、やはり継続してつくられている。すべての報告書を定期的に調べ、まだ価値があるかどうかを見分けるべきである。週報で間に合うようなところで、日報をつくっている場合が多い。

特別報告書　通常の定期報告書の他に、特別報告書でなければカバーできない状況がたくさんある。特別報告書は、方法変更の勧告、新しい機械の購入、新しい人事政策の実施などに関する報告といった特殊な状況が常にその対象となる。非日常的な問題に関するフォローアップの報告書は必ず特別調査の形を取る。効果的な報告書の書き方については、本書の最後の章で詳しく述べることにする。

業績と基準を比較する

定期報告書の書式は、たいてい基準（たとえば予想成果）と実際の業績とが比較できるようになっている。大部分の管理者は、基準に対する差の振り幅がどの程度までなら許容できるかという点について明確な構想を持っている。これは管理者の判断の問題である。状況をよく知っている者しかわからない。ある場合には生産量が基準と五パーセント違っていてもかまわないが、ある場合には一パーセント違っていても問題であるといったことは決められない。これらの要因も環境に応じて時とともに変わっていく。管理者は統制過程の一部として成果を分析し、評価し、判断する権限と柔軟性を持たなければならない。

この場合も報告書が大変役に立つ。報告書によって基準とのずれを指摘し、その理由を知っていればそれを説明し、改善のための助言を求められた場合は、上司の管理者に協力して必要な意思決定を下し、部下の管理者を励まして問題を検討させ、具体的な提言をさせる。

基準と業績の比較調整は、できるだけ業績に近づけるようにすべきである。改善措置は、部の直接の責任者であるラインの管理者ができるだけ多く行なうべきである（できなければ、勧告だけでもするべきである）。より高い権限を必要とする時は、速やかに情報を上層部に伝え、意思決定ができるだけ早く運営管理者のところへ戻ってくるようにしなければならない。

改善措置

管理者は例外の原則を用いて、全体的な問題よりもむしろ基準からのずれに関心がいってしまう。管理者はできるだけ早くずれの理由を調べ、それを克服する方法を決めるべきである。

その際、元の計画を再調査して、計画そのもの、または計画実施中に手落ちはないかどうか見きわめるとよい。ある有名な男性用化粧品メーカーが新しいアフター・シェーブ・ローションを売り出し、クリスマス・シーズンに間に合うような生産計画を立てた。最初に伝えられた報告によって、販売量が初期計画で予想した量よりかなり少ないことがわかった。その原因は販売努力にあったのだろうか、流通にあったのだろうか、それとも製品にあったのだろうか。調査の結果、初期計画が非常に甘い販売予測に基づいたものであることが判明した。すぐにこれに対する改善措置が取られ、過剰在庫におちいる前に生産を停止した。

この見込み違いの理由は、計画そのものに求められるようだ。原料、労働力、あるいは機械に問題があったのかもしれないし、管理者の非能率や社員間の士気の低下が予想を誤らせたのかもしれない。評価は慎重に行なわなければならない。推測には事実を調べて得た証拠が必要である。多くの見込み違いは簡単に改善できるが、経営の総点検が必要になる場合もある。

見込み違いの真の原因をつきとめるには、明白な問題と、とらえどころのない問題を分けなければならない。わかりやすい見込み違いには、製品の見込み利益を大幅に減らす原料費の急激な上昇などがある。この改善措置としては、安い代替原料の使用、製品の販売価格の引き上げ、他の製品の販売調整による原料費の増加分の吸収、補填などが考えられる。

あまりはっきりしない見込み違いの例としては、売り上げの減少などがある。その原因には景気の悪化が考えられそうであるが、実情を調べてみると、競争相手の売り上げは減っていなかったりする。これをさらに細かく分析してみると、競争相手の広告が増えたとか、自社のセールスマンが他の製品の販売に力を入れすぎたとか、品質が落ちたとかいった理由のほか、改善できる社内的理由など売り上げ減少の理由がいろいろと明らかになってくるかもしれない。

管理者が勘を頼りに意思決定を下すことはよくあることである。入念な分析によって勘の正しさを確かめない限り、会社は大損害をこうむる恐れがある。勘も当たることはあるが、優秀な管理者なら勘を頼りに飛行機を操縦するようなことはしない。真の分析を行なわなければならない。

見込み違いの原因は「限界要因」と呼ばれる。これは問題を解決する前に変更または改善しなければならないものを意味する。この限界要因はとらえどころがない場合が多い。これをつきとめ、見分けるには、慎重かつ徹底的な分析を行なわなければならない。

管理者は次のような質問に答えてみなければならない。

「どうしてこうなったのか」
「これですべてなのか、それとも大きな問題の一部なのか」
「この見込み違いはもっと根深い問題があることを示す徴候か」
「その問題の根はどこにあるか」
「明らかになった見込み違いを改善すれば、問題は解決するか」

これらの問いに答えるには、第五章（PART2の5）で述べた問題分析の技術を用いるべきである。管理者は、社内で都合がつくなら、技術的に関連ある分野の専門家に依頼し、必要ならば外部に助言を求めることをためらってはならない。内科医が診断の協力や確認を他の専門医に頼むのとまったく同じように、優れた管理者なら、複雑なケースでは自分の判断だけに全面的に頼るようなことはしない。問題が製造の生産性に関するものかならば、技術的分析は工業技術者が役に立つはずであるし、動機づけや人間関係に問題があるかどうかは、労務の専門家が明らかにしてくれるだろう。

改善措置の実施

改善措置は実際の業績に対して直接の権限を持つ管理者が実施すべきである。経営者は彼が必要とする支持を与えなければならない。この支持がなければ、部下の管理者は、改善措置を実施するために必要な変更を行うことができなくなる。

欠陥を改善する最善の方法は、個人的責任を課すことである。予想成果の達成を特定の管理者の責任にするのは、成果達成の最善の手段の一つである。これはマイナス要因よりむしろプラス要因と考えるべきである。しかし、よい成果を上げるには、過失に対する処罰を強調するより、よい仕事をしていることへの報酬と表彰の可能性を強調したほうがよい。とかく功績より叱責に結びつけて責任を考えがちである。

改善措置の狙いは予想成果に置くべきである。成功か否かはこの成果の達成度によってはかられる。

見込み違いを修正する最終段階は、徴候の緩和を図るよりも、問題そのものを改善する解決策を試すことである。改善措置を実施したあと、できるだけ早くフィードバックを行わない、その結果得た新しいデータを予想成果に照らして評価しなければならない。次の報告時期まで待っていてはならない。予想成果が達成されない場合、有能な管理者ならもう一度はじめからやり直し、満足できる解決策が見つかるまで続けるに違いない。

予算統制

管理者が統制によく用いる技術の一つに予算がある。第六章（ＰＡＲＴ２の６）の予算について述べたところでは、予算の編成方法について分析した。予算の用途の一つは計画化（すなわち、目標を個々の活動ごとに分けて表わし、一定期間をカバーする）である。このような予算目標を統制に利用することは、そのままフォローアップになる。

予算統制は、実行されたことを見つけ出し、それらの成果とその予算データを比較する過程である。その意味では、予算は管理システムにおける「基準」のような役目を果たす。実際の業績は定期的に予算を基準にして審査され、予算との食い違いについて分析が行なわれる。その結果を部長とともに審査し、情報を利用して問題点を指摘することは、予算担当重役など予算編成に協力した管理者の責任である。

これは本章のはじめに述べた報告書と同様の報告書を使って行なわれるが、目標をさまざまな形で表わさず、予算の言葉で表わすようにする。

予算統制をうまくやるには、担当の管理者が常時情報を入手できる組織的な報告システムを利用することである。報告は定期的に行ない、事情の許す限り頻繁に出すようにする。情報は古くなると利用価値が下がるから、時機を逸しないようにする。報告の中に前の（対比できる）期間や当期の特定の目標との比較を含めると、非常に効果的である。

予算は各部がそれぞれ別個に組んでもよいし、全組織的に編成することもできる。また、販売とか製造などの単一分野をカバーするものであってもかまわないし、会社全体の収支をカバーするものであってもかまわない。

管理者は予算統制によって全体的な視座を持ち、組織を包括的に見ることができる。これはすべての活動を正しい視野に収めることに役立つから、管理者は経営のある面がその他のあらゆる面で行なわれていることとどのようにからみ合っているかを知ることができる。

予算を統制に利用する利点としては、他に支出に焦点を合わせることによって、金の使途、つまり、どの支出額が大きすぎるとかどの支出額が小さすぎるといったことがわかることである。予算は目標を数量化することで固定化し、管理者にとって予想成果が理解しやすくなる。また、予算によって構造上の欠陥、管理者の非能率、計画化における失敗など組織上の弱さが明らかになる。

否定的な面では、予算はわかりやすい要因、つまり確定要因を強調し、不確定な問題は取り上げない傾向があるところから、統制の手段としては危険な面もある。たとえば、顧客サービスの費用は予算に表われるが、サービスの質に関しては予算に組み込めない。

もう一つの危険は、基本的な問題を見誤るような徴候に予算の焦点を合わせてしまうことである。あまり数字に心を奪われてしまうと、数字の背後にあるものを見逃してしまう。広告費が売上高に比して予想より大きくなると、広告の実態を調べて、問題は費用超過にあるのではなく、広告の内容やデザインにあるのではないかといったことを確かめるより先に、広告費そのものを減らしてしまう。

会社が無意味な、形だけの予算統制を行なうのも危険である。予算編成は型どおりに機械的に行なわれる。経営改善について真剣な配慮がなされることはない。前述の例では、予算は単なる紙切れにすぎず、統制に役立つどころか障害になるくらいで無価値に等しい。

会社がどんなに小さくても、予算を計画化や統制の手段として利用するのは有益である。一定の基盤の上に立って予想したことを審査し、予想と実際に起こったことを比較することは、あらゆる階層のあらゆる管理者に要求しなければならない。予算は、誰も改めて見ようとしない図表上の無意味な数字ではなく、生きた道具であり、バランスの取れた、利益の上がる経営には欠かせない手段でもある。

18 統制の人間的な面

人を生かす経営を行なうには、管理者の行動に対して予想される部下の反応を常に念頭に置いておかなければならない。統制に対しては非常に敏感に反応するから、統制を受ける部下の側に少しでも抵抗があれば、強い反応がある。

統制が効果を上げるには、関係者の態度が変わらなければならない。統制の唯一の目的は、目標が達成されなければ達成されるように変えること、つまり目標を達成しない従業員(管理者ないしは一般従業員)の態度を改めさせて職務を遂行するようにさせることである。

従業員の反応に影響を及ぼして統制をもたらす要因はいろいろある。たとえば、仕事の好き嫌いに関係なく、会社、特に直属の上司に対する感情、自分の気持ちを組織内で打ち明ける機会、目標設定および経営への参加の程度などが挙げられる。

人間にとって統制は、あまり好ましいものではない。自分の行動を制限するような措置と聞けば、誰しも嫌な感じがする。そういう措置が規律を生み、組織における自分の将来を左右し、自分の進む方向を変えさせる恐れがあるとすれば、なおさらである。

大多数の人は「統制」という言葉そのものに否定的な意味を暗に感じている。「統制」を受ける部下は統制を、部下を助ける管理者側の努力というよりも、管理者が行なう高圧的な軍事行動のように見ている。統制のために使われる記録は、動向を示唆する手段というよりも、まるで職務不履行を責める記録である。

統制システムについてよく言われる苦情は、統制を受ける側からすると統制が機械的に行なわれているように思われるというものである。彼らは統制システムを仕事を監視する機械の怪物のように考え、どんな過失も報告され、その報告書はマイナスの証拠や定められたノルマからの逸脱を血眼になって探している上司のところへ届けられる、と思い込んでいる。

業績基準は、部下が直面する問題を本当に理解しない管理者によって課せられると、不明朗で不公正なものとみなされがちである。部下は統制システムのことがよくわからない。統制システムを悪者扱いし、彼らが成長して成功するのを助ける手段とは認めない。

部下はなぜ統制に抵抗するのか、その理由をいろいろと検討してみる。

目標を受け入れない

管理者に共通の課題は、ある職務に就いている部下たちが、自らの目標を達成することに興味を持っていないのを見つけることである。彼らは自身が目標に真の価値を認めていないのかもしれないし、力を尽くさなければならないほどそれが重要だとは思っていないのかもしれない。

バーバラ・コリンズはスウィート・シックスティーン・コスメチックス社のアトランタ営業所長である。このほど彼女は、ニューヨークの上司から販売目標をデパート中心から雑貨店中心に変えるようにとの覚え書きを受け取った。彼女はこれまでデパートとのつながりをつけるために大変苦労してきたのに、また一から出直さなければならないと思った。さらに、今扱っている一連の製品の販路として、雑貨店のほうがよいとする判断には同意できず、その意思決定は気まぐれであり、不合理で本質的に不公正であると考えた。

これで会社は彼女に全面的な協力を期待できるだろうか。彼女は目標を受け入れないから、成果は予想を下まわるだろう。実績は大きく基準から逸脱し、コリンズの上司は彼女に腹を立てるだろう。

もしコリンズが目標の変更に参加を求められていたら、会社が目標変更の理由を説明していたら、コリンズが行なった提案に基づいて目標を変更していたら、このような事態は避けられたはずである。

これらのことはすべて、上級管理者が営業担当者の考え、気持ち、要求にもっと敏感になっていたら、真っ先に行なわれていたはずだ。コリンズは不公正な扱いを受けていると信じ込んでしまった。彼女に一言の相談もなかったばかりか、デパートの仕入担当者につながりをつけてものにした多くの仕事が無視され、彼女が費やした時間とエネルギーが無駄になってしまったからだ。彼女はこのプロジェクトに心から打ち込んでいた。ブランド品をデパートに売ることが彼女の自尊心を支えていたのもあるが、その仕事が今や格下げの憂き目を見ていた。

管理者は彼女の気持ちを考えたり、彼女が抱いていた別の個人的な要求、もっと儲けたい、もっと販路の広い製品を扱いたいといった欲求に訴え、自分が売る製品をデパートの安物化粧品ではなく「雑貨店の高級品」と考えることによって、沈滞した気持ちから抜け出そうとするのを助けるべきであった。

管理者は、目標を設定し、統制をとるにあたって、部下の個人的要求や社会的圧力を無視してはならない。部下に関わるいかなる問題も、必ず部下の感情と考え方を念頭に置いて考えなければならない。これまでたびたび述べてきたように、部下が目標の設定に参加すれば、目標が理解されて受け入れられ、達成される可能性が高くなる。

業績基準に対する不満

業績基準が高すぎるように思われて、目標には同意しても統制に不満を持つのはよくあることである。これは、基準が頻繁に変わるような場合にしばしば見られる例である。

ジョー・ピットは去年一年間に三回も職務の再評価を受けた。そのつど管理者は彼の仕事量を増やしていった。最初の時は、この程度増えても簡単に消化できると思って受け入れたが、二回目、三回目になると、納得できなかった。彼は「スピードアップ」に不満を持っていた。

従業員はいつも激務を強要されていると思わせる目標や、逆に能力いっぱいに仕事をしていないと感じる目標は捨ててしまう。事実かどうかは別として、仕事の割り当てが不当に増えた従業員は冷遇されていると感じてしまう。

工場レベルであろうと、販売分野であろうと、組織単位の管理者の利益目標であろうと、不合理な基準の設定は不満を生むばかりでなく、目標達成への意欲を喪失させ、果ては生産性を低下させることにもなりかねない。

業績基準の設定に際しては、管理者は部下と密接に協力すべきである。業績基準の設定に目標基準を利用した場合は、関係者全員にどのようにして目標基準を定めたかを明らかにし、彼らの考えや印象を述べる機会を与えなければならない。

社会的圧力の影響

集団的圧力は管理者によいほうに働く時もあるし、悪いほうに働く時もある。集団の成員は常に、管理者よりも集団に受け入れられ、認められたいと思っている。有能な管理者は、この要求と管理目標とを一つにまとめることができる。優れた手腕と理解が必要であるが、これが成功の鍵となるはずである。

集団的圧力と管理者との衝突は、下層レベルでいっそうはっきり表われる。工場労働者は現場責任者より非公式なリーダーについていく傾向があり、事務員などの会社員は集団でオフィス・マネジャーと対立する。しかし、専門家や管理者の集団的圧力は、経営者の支えになる可能性が高い。彼らが統制システムは公正なものだと信じれば、目標を達成しようとする際に強力な味方となる。

組織内の他の集団は統制に対処するのに中立を守るか、あるいは、はっきりした態度を示さない。管理者は集団の支持が得られる時はそれに必要な措置を取り、抵抗に勝つ必要があればそのようにできるように、集団の考え方や態度に絶えず注意を払っていなければならない。

統制を受け入れる

統制の真の目的には、目標を達成するための業務と関わりのある従業員全員の援助が含まれるので、全従業員は管理目標を守ることでどのような利益があるのかを認識する必要がある。

この問題で管理者が考えるべき点について、次にその一部を挙げてみる。

1　社員の要求と集団的圧力を知る　最高の統制にはやる気を起こさせる力がある。社員の業績基準を達成したいという欲求を刺激するのである。管理者はこれを認識し、定められた目標を通じて彼らが自分自身の要求を満たせるよう、協力しなければならない。関係する従業員は、統制基準が公正で必要なものであるとわかれば、その基準を満たすために必要な援助をするだろう。個人として、またその個人が機能する集団の一員としての従業員の援助は、計画の実施には絶対に必要である。

2　目標達成を相互の利益にする　統制努力は、組織の各成員が主要な目標を知り、自分の部や課の中間目標を完全に理解すれば、促進される。どの従業員も、自分に何が期待されているかを知り、その理由と目標達成で得られる利益を知れば、目標を全面的に支持し、管理者が敷いた統制に従う可能性は強くなる。

3　用いる統制の尺度を説明する　一般従業員も管理者も、業績基準がどのようにして設定され、基準に達したかどうかを決めるのに、どのような尺度が用いられるかを理解しなければならない。基準は両者が協力して設定するのが最もよく、意思決定に参加する機会が関係者に与えられない間は、業績基準の変更を行なってはならない。

4　特別な要因を考慮する　地域特有の条件や特殊な状況に結びついた特別な問題が生じた場合、統制に多少の柔軟性を認めなければならない。しかし、統制システムが意味を持つ場合は、簡単に変更が利くようであってはならない。すべての人に適切な優れた統制システムは、特定の条件の変更が生じた時に適用できる、標準の自動変更を組み込んでいる。たとえば、販売割り当ては季節によって自動的に増やしたり減らしたりできるし、生産基準も原料などの供給状態によって変化するものである。こうすることで、問題が発生するたびに関係者が基準の変更を求める必要がなくなる。この慣習は、そのつど基準変更を勝ち取らなければならない場合よりも公正である。さらに、どの基準も、従業員か会社の利益（できれば両者の利益）のために基準変更を行なうべきかどうか決めるために関係者が定期的に審査すべきである。

次にまとめたのは、統制システムをいっそう活用するための十一の方法である。

1 できれば統制を受ける者も、統制システムの設計に参加させる。

2 予想成果は誰にでもわかるものでなければならない。合理的で達成可能なものでなければならない。統制を受ける従業員に予想成果を高めたいという意欲を持たせなければならない。

3 業績基準はこれらの予想成果に基づいて設定し、統制を受ける従業員がこの基準を公正なものと考えるものでなければならない。

4 用いる指標は最近の情報を伝えるものでなければならない。

5 統制を受ける従業員は、目標達成に役立つ情報を統制システムから自由に得られなければならない。

6 統制を受ける従業員は自分の限界（たとえば意思決定、資金、過失の程度、過失の数、業務、時間などについて）を把握していなければならない。

7 責任体制を統制システムの中に組み込まなければならない。

8 統制システムによって職務に目的を与えなければならない。

9 例外の原則による管理を規則としなければならない。これで「行きすぎた管理」を排除できる。

10 統制システムは、管理者の目だけでなく統制を受ける従業員の目を通して見えるようにつくらなければならない。

11 統制システムの究極の目標は自己統制でなければならない。

変化に対する抵抗

統制行為の中で出てくる問題の解決にあたっては、業務の技術面ないしは関係者の作業方法を変えなければならないことがある。機械的な調整は簡単だが、その結果、人間が特定の仕事をし、考え、成し遂げる方法を変えることになり、管理者は深刻な障害を乗りきる覚悟をしなければならない。

人は自分が持っている習慣からはなかなか抜けきれず、変化への試みは往々にして反感や抵抗を生む。そのような試みは、目標を達成しようとする者を助ける手段というよりはむしろ、個人的な譴責（けんせき）のように受け取られる。

仕事の技術的な面に変化をもたらす時でも、しばしば抵抗にあう。これは、変化が労働者の仕事をより早く、あるいは、より厳しくしないか、人によっては習得が困難な新しい技術を必要としないか、さらには、現在持っている技術の価値を低下させはしないか、といった不安に起因している。

これらとは違った形の変化も抵抗にぶつかる。たとえば、組織構造、給与体系、作業条件などの変化である。

変化に対する抵抗はいろいろな形をとって表われてくる。最も多いのが欠勤、退職、配転要求、仕事上の些細なことについての不平や苦情などの増加である。もちろん、これはもっと根深い問題（変化が実際にはどういう意味を持つかという不安）があることを示す徴候である。

変化に抵抗する原因　抵抗の原因で最も明白なのが経済的原因である。労働者は変化によって職を失ったり、自分が持っている技術の価値が低下したり、超過勤務手当や特別手当が減ることを心配する。これは機械の自動化など技術の改善に伴う抵抗によく見られる原因である。

変化はまた、今まで安定した状態に見えていたものに、不安定さを加えることにもなる。会社が事務作業に新しいシステムを導入するとする。会社が自分に何を期待し、将来の昇進の機会が何であるかわかっていると思っていた事務員は、新しいシステムがこれらすべてを不確かなものにしてしまうと考える。彼は変化に抵抗せざるを得なくなり、新しいシステムを全面的に支持する気になれなくなってしまう。

管理者にとって重要なことは、関係当事者に対する心理的な影響を理解することである。変化は彼らの地位や個人的な人間関係にどういう影響を与えるだろうか。ある経営コンサルタントはある企業に、数量割引や仕入先との取引における交渉力を向上させ、より効果的な管理をするために仕入れ活動を一元化するよう提案した。それまでは各工場の工場長が仕入れ活動を取り仕切っていた。工場長と部下たちは、この変化に反発した。能率向上に異存はないが、自分たちの地位の低下、ひいては工場長に対する経営者の信頼の欠如だと解釈したからだ。

経営原則が変わるたびに、変化を実行しなければならない部下たちに下される命令の数は増えるばかりである。部下によっては、ある程度まで許される自立性に慣れているため、新しい命令に従うことに抵抗を感じる。統制は独立性を弱め、以前は自ら意思決定を下していた領域に命令を受けることは、自尊心に一撃を加えることになる。

変化への抵抗を弱める　人の心にあまりにも深く食い込んでいるため、変化への抵抗を克服することは必ずしも容易ではないが、この抵抗を弱め、変化を生かすことに成功する機会を増やす措置はいくつかある。

1　経済的奨励策を用いる　多くの抵抗には経済的動機づけ（職または収入を失うのではないかという不安）があるから、簡単な（しかし費用のかかる）解決策としては、転換期間中も不利益にならないことを保証する方法がある。一部の会社は新しい機械を導入する時にこれを行なっている。新しい機械の運転を習う間、社員の生産性は低下するが、生産は減っても、それ以前と同じ賃金を支払う。

2　コミュニケーションをよくする　変化への抵抗は未知なものに対する不安に原因がある場合が多い。これは適切な情報を与えることによって静めることができる。その際、変化の内容だけでなく、理由も説明するとよい。コミュニケーションの実際の効果については、管理者に情報が理解されたかどうかだけではなく、それが受け入れられたかどうかまでわかるように、フィードバックしてみなければならない。大きな変化を計画する時は、監督者と部下が起こり得る問題を明るみに出し、抵抗が起こる前に排除する計画を検討できるよう、双方向にコミュニケーション網を確立しておかなければならない。

3　全員参加の意思決定　グループ全員が自らに関連する意思決定に参加する「リーダーシップの型」を利用すれば、変化の導入を容易にし、彼らが自らの活動を統制しているという感覚を高めることができる（第十二章〈PART４の12〉参照）。

反対の事実を証明するあらゆる証拠が揃っているにもかかわらず、ある考え方に固執し、変化に抵抗する部下も多い。このような部下は、これまで行なっていたことを変える意思決定に参加させると、その頑なな態度を解き、考え直すようになる。この全員参加の意思決定は、全員が決定実施に努力することを促し、成功を勝ち取るための刺激となる。

4　取引　集団の意思決定がなされていない時には、管理者の考えを認めてもらうためにグループと取引する方法がよく用いられる。管理者はグループが下した意思決定の受け入れに事前に同意はしないが、必ずグループの提案に耳を傾け、それに重みを与え、実行可能な元の計画に変更を加える。バランスのとれたグループに受け入れてもらうために、時には元の提案の一部を入れ替えたりする。

5　変化を試みる　提案された変化の採用を決める前にテストしてみるとよい。社員が新しい状況に対する対応の仕方を試してみることで、多くの事実を知ることができ、社員は提案理由を理解することができる。ある状況に立たされて仕事をする場合、何をすべきかということがよくわかるようになり、変化が自分に悪影響を及ぼさないようにしようとする心の目標が薄らいでくる。もちろん、テスト期間中にマイナス要因がたくさん表われてくれば、それが変化の採用を否定するほうに働く。管理者は、よいことも悪いことも、新しい状況から予想されることを意思決定の参加者たちに教えることによって、彼らが正しい心構えをするように注意しなければならない。ある程度のマイナス要因の発生が予想されても、それを補ってあまりあるプラス面が出てくることがはっきりしていれば、変化の採用が成功する公算は大きい。

6　新しい管理者を連れてくる　大問題化する変化の一つに部長の交代がある。新しい部長は部下たちにとって未知数であるため、常に大変な不安と不確かさがつきまとう。新しい上司は自分たちに悪影響を及ぼすような変化をもたらすだろうか。仕事が楽になるだろうか。それとも前任者より仕事がやりにくくなるだろうか。この変化は自分たち一人一人の将来にどのような影響を及ぼすだろうか。この不安を解消するには、会社は前任者から権限の委譲を受ける準備を、新任の部長と部員の両方に対して慎重に行なうことである。新任の部長は部内の状況、たとえば現在行なっている仕事の状態、目標、前任者の失敗と成功などについて詳細に教えてもらうべきである。そして最も重要なことは、部員一人一人に関する簡潔な状況報告を受けることである。部長は各部下の強みや義務、人格的な問題や野心、また特別に興味を持っているものまで知っていなければならない。大きな部になるとこのとおりにはできないが、少なくとも部下の中心人物たち、特にグループの非公式なリーダーなどに関する情報は知っておく必要がある。

新しい管理者は新しい職務で充分な経験を積んで状況を把握し、部下の信頼を得るまでは大きな変化を行なわないように注意しなければならない。そして前述の変化を起こさせる技術を用いるべきである。

部員たちには、新しい管理者への信頼感が得られるように、前もって新任者の経歴や実績を伝えておくべきだ。なかには正式な儀式で新任の管理者を紹介し、経営者の全幅の信頼を得ていることを部下になる者たちに示す企業もある。

適切な準備を行なえば、新しい上司に対する本能的な抵抗は克服できる。新任の管理者は、たとえ当面の業務改善を犠牲にしてでも、協力を得るための努力を惜しまなければ、いずれは抵抗の機会はもとより、彼の努力に対する妨害も減って協力が得られるようになり、提案した変化を受け入れる、円滑に動くチームが出来上がるだろう。

変化が社員に及ぼす影響

多くの場合、仕事のやり方など仕事上の問題を解決する問題は、特定の個人の態度なり方法なりを変えるところまで関わってくる。本章のはじめに述べた技術、すなわち全員参加、双方向のコミュニケーション、新しいアイデアの試験的活動などは、いずれも特定の社員に応用できる。しかし、問題の社員との一対一の個人的な話し合いのほうが効果的である。

管理者は、反感を抱かせずに状況を改善するという全体目標を忘れてはならない。監督者には、状況の改善どころか基準どおりの仕事もできない部下に「失格」を宣告してしまう人が実に多い。この件について細かく検討してみる。

ジム・バークはある会社のセールス・マネジャーをしている。彼は、優秀なセールスマンながら報告書づくりの苦手なビル・ウィリアムズの販売報告書を毎週確認している。バークはウィリアムズを自分の部屋に呼んで言った。「ウィリアムズ君、これでよく大学を出られたもんだな。簡単な販売報告書一つ満足に書けないじゃないか」

この場面について考えてみる。これは何を目的にすべきだろうか。ウィリアムズが将来まともな報告書が出せるように、改善することではないだろうか。このように「失格」の宣言をしてしまって目的が達せられるだろうか。これでは仕事がうまくなる方法や、正しい報告書の書き方が習える場所を見つける方法さえ教えることができないばかりか、彼を萎縮させ、仕事に適応できなくしてしまう。

今度はウィリアムズの心理状態を覗いてみる。彼は自分の間違っているところを見つけて、正しく行なう方法を習ったほうがよい、と考えているだろうか。おそらくそんなことは考えないだろう。彼はきっとこう考えるに違いない。「あのジム・バークめ……」。これでは改善どころか反感を買うばかりである。

ジム・バークはこの問題をどう処理すべきだろうか。

1　ウィリアムズに販売報告書の正しいつくり方を教える。

2　ウィリアムズが将来正しい販売報告書をつくれるようになることを確かめる。
3　彼自身や会社に反感を抱かせないようにこれらを行なう。
これらの目的を果たすよい方法は、二人の時間が合う時にウィリアムズに尋ね、どこで失敗し、どんな改善をしたか教えてもらう。話し合いは建設的でなければならない。馬鹿だと言ったりほのめかす代わりに、「ウィリアムズ君、君は販売報告書に関係があるSOP（Standard Operating Procedure）のことをよく知っているかい」と聞いたほうが効果的である。このように言うと、人や過失ではなく、行為に焦点が合う。それからバークがSOPをもう一度繰り返そうと言い、個々の誤りを指摘し、ウィリアムズが報告書のつくり方を覚え、今度から満足できる報告書がつくれるように反唱させる。

部下との問題解決法を要約すると次のようになる。
1　誤りを見つけたら、できるだけ早く部下とその問題について話し合う。
2　私的な人間対人間の関係に立ってこれを行なう。
3　問題について話し合いをはじめる。しかし非難めいた質問をしてはならない。
4　部下の答えをよく聞く。注意深く、辛抱強く、心を開いて聞く。話は全部しゃべらせる。これは、話し合いの対象になっている行動が、仕事の技術面より人格に関わる問題の場合には特に重要である。
5　常に「誰」より、「何」に重点を置く。話し合いの中心を、誤った行為をした人の批判ではなく、誤った行為の批判に置く。

6　明確な行動計画を話し合いの結論とする。何をなすべきかについて、建設的かつ正確な計画を立てなければならない。部下がそれを理解し、受け入れて、指導に従うようにする。

PART
6
結論

考えることは易しく、行動することは難しいが、自分の考えを行動に移すことは、この世で最も困難なことである。

ゲーテ

MANAGING
THROUGH
PEOPLE

19 総括

管理者の大半は中間管理層によって占められる。企業階層において彼らは、自分より上位の管理者に報告義務がある。たいていの場合、自分の部署の運営ではある程度の自立性が認められ、会社の政策決定にも多少の影響力を持っている。経営者でさえ取締役会や株主に説明をしなければならない。

管理者であっても必ずしも政策決定者になれるわけではないから、本書で紹介した構想やアイデアの多くは軽い気持ちで受け取られるかもしれない。こう思う人もいるだろう。

「よい考えだと思うが、それを上司にやらせることはとてもできない」

闘いなくして進歩はない。本書の読者は、上司を説得して自分たちの考えの一部でも認めさせることができる。最も頑固な個人主義者は別として、どの管理者も部下のアイデアに目を向けてくれるものである。管理技術の改善を上司に売り込める中間管理層は、命令にただ従うだけで何の提案もしない管理者より、早く昇進することができるだろう。

これまで述べてきたことは、部下にアイデアを売り込む方法、部下の考え方に変化を作用させる方法などである。これと同じ方法を、アイデアの売り込みや仕事に関する上司の考え方を変えさせるのに用いるべきである。

管理者の構想はたいてい、上司の管理者との日常的な接触の中で非公式に、もしくは口頭か文書による公式な形のいずれかで伝えられる。

非公式なアプローチ

上司の管理者が部下から出された提案にどう反応するかは、両者の人柄次第である。相手が偏見を持たない管理者ならば、提案や勧告や実際の変化を行なうのがわりあい容易である。しかし、たいていの場合、部下の管理者が自分の提案を正当化し、上司の管理者を積極的に説得してその提案を承諾させられなければならない。

これへの最善の方法は、総合的な提案を行なわずに個別的な提案を行なうことである。上司に対して「ブレーンストーミングを行なって問題の新しい解決案をなぜ出そうとしないのですか」と言う代わりに、特定の状況を選び、それと提案を結びつけて話したほうが効果的である。たとえば、こういう話し方もできる。「例の新製品はうまくいっていないようです。今度のプロジェクトに参加している者を何人か集めてブレーンストーミングをやれば、思いもよらない解決案が出てくるかもしれません」

提案を押し通すにはそれ相当の理由を用意しておかなければならない。ボブはサンドラを、部内に新設した販売の職務に就けたいと思ったが、彼の上司は女性がその職に就くことを躊躇した。そこでボブは、サンドラが現在の職務で得意先の問題を見事に解決した例をいくつか挙げて説得したので、サンドラは試験的に六カ月間その新しい職で働くことになった。試用期間が終わる頃には彼女の有能さが認められ、上司は彼女を本職とすることを認めたばかりでなく、今や同じような職務に就かせる女性を積極的に探しはじめた。

自分のアイデアを上司に売り込むには次の諸点が重要である。

1　上司を知ること。上司が仕事で何を求め、部や会社のためにどんな目標を持ち、同じアイデアに対して前はどんな反応を示したかを知らなければ、アプローチする方法はなかなか見つからない。

2　自分のアイデアが役に立つという確信を持つこと。もっと勉強をし、自分の提案について徹底的に考えなければならない。他の中間管理職や新しい方法を用いて仕事をすることになる部下と話し合ってみるのもよい。可能であればアイデアを試してみる。そうすれば、アイデアを立証するデータを添えて上司に説明することができる。

3　適当な時期を見はからって上司にアプローチすること。相手がある問題で頭がいっぱいの時に、別の問題について話すのは時期が悪いことは自明であろう。適切な時期が来るまで待つことである。問題は、相手がこちらの話を聞く気になっているか、こちらのアイデアを話すのによい状況になっているかである。

4　そのアイデアが部、会社、自分の目標のためになることを上司に示す準備をすること。

上司や部員は、それがあなたにどう役立つかではなく、アイデアの何が部のためになるのかを知りたがっている。

5　反応を注意深く見ること。上司がまったく受け付けなかったら、そのまま引き下がって、もっと適当な別の機会にアイデアを持ち出す。上司が少しでも興味を示したら、話を続け、全部話をしてしまう覚悟が必要である。

6　簡単明瞭にすること。アイデアがそれほど複雑でなければ、なるべく短時間のうちに提案の説明をできるだけ完全に行なう。話が長くなるほど、聞くほうの興味は失われていく。言わんとすることを適切に準備しておくことで目的を果たすことができる。

7　質問に答える準備をすること。事実と数字を整理する。たいていの管理者は、新しい方法やシステムがどのくらい費用がかかるかを知りたがる。

8　売り込みを行なうこと。興味を引き出したら、上司から何らかの言質を取らない限り、話をやめてはならない。たとえ「考えておく」という言葉だけであっても、返事が期待できる時をつかまえる。

9　計画をフォローアップすること。アイデアを殺してはならない。いつまでも相手にされない場合は、理由を見つけるようにすること。適当と思えば、新しいデータを出して自分のアイデアを推す。一方では、引き時を知る。あまり強く推しすぎて上司に反感を持たれるのはよくない。

10　柔軟性があること。提案の一部でも受け入れてもらえば、まったく受け入れてもらえないよりましである。時には妥協や取引も必要である。

公式なアプローチ

複雑な問題ないしは重要な問題を経営者に伝えなければならない場合、常に報告書提出という形で行なわれる。上司との直接の話し合いで自分の意見を述べることができる管理者はみな、自分の考えを報告書にまとめることは難しいと思っている。組織では多くの場合、報告書は意思伝達に欠かせないものとなっているから、管理者は組織に影響を与えたければ、よい報告書をつくる技術を身につけなければならない。

優れた報告書は基本的なアイデアより豊富な内容を持っている。報告書は読む人が書いた人と同じように、はっきりとその主旨を理解できるようなものでなければならない。

報告書は慎重に筋道を立てて書かなければならない。部下に研究を命じたり彼が持っているアイデアを生かすように要求した上司の指示で報告書を書くにしても、その部下の管理者の指示で報告書を書くにしても、文書にする前に充分に考えをまとめておかなければならない。

グッディ・ガムドロップス社のオフィス・マネジャーであるヘザーは、ビジネス・ショーで新型のファイリング機器を見て、上司にその話をした。上司は彼女に、その機器に関する情報をもっと集めて監査役に提出する報告書をつくるように命じた。

ヘザーは資料を調べ、重要な事実を抽出して報告書にまとめ、上司へ送った。後日彼女のところへ戻ってきた報告書には、一ページいっぱいに質問が書いてあった。

この報告書も筋道をちゃんと立てて書いていれば、最初から質問の大部分に答えたものになっていただろう。上司に指摘されてからではなく、はじめから適切な報告書をつくったほうが時間もかからないはずである。

そうすれば、上司も日常業務外の仕事に対する彼女の処理能力を心配するどころか、むしろ彼女を評価し、自発的な、完全に頼れる管理者としての彼女の評価が固まるだろう。

ヘザーはこの場合、どう処理すべきだったろうか。

1 問題を明確にする 上司が求めていたのは何か。上司が求めていたものを知らなかったばかりに、多くの時間と労力を浪費したわけである。報告書を要求している者の目標を見つけ出し、彼がどのように報告書を利用するつもりかを明確にすること。これを知らないと、取るに足らないことしか書いていない報告書をつくるのに三週間もかけて、上司が大変重要に思っている報告書には二、三日しかかけないということになりかねない。これはプロジェクトで自分が担当する仕事の計画を立てることにも通じる。報告書の目的をよく知らなければ、さして重要でない問題に最も力を入れて書いたりする。質問することを恐れてはならない。報告書を書く人も上司もともに追い求める目的を理解すべきである。

2 データを集める 目的がはっきりしたら、必要な情報の収集に努める。新しいファイリング機器に関する報告書の場合、ヘザーは入手できるあらゆる情報を集めるべきであった。もちろん、メーカー側の資料も調べるのが当然である。そこからはじめるべきであった。おそらく同じような機械は他にもいろいろと市場に出まわっているはずである。他の機種についても資料を調査し、検討の対象になっている機器との比較を行なうべきである。

新しい機器を使う予定の部の人たちにも相談し、彼らの要求は何か、新しい機器は現在使用中の機器とくらべて何ができ、何ができないかを確かめなければならない。

できれば、ヘザーは機器のセールスマンに会って話を聞き、その運転ぶりを見るべきである。機器が複雑なものであれば、すでに使用している会社へ行って話を聞くのが賢明である。これをすべて行なうには労力と時間がかかるが、会社がその機器への投資を決定するにはそれだけのものが必要であるから、時間を費やす価値はあるわけである。

3 データを分析する　データがたまったら、ヘザーはそれをまとめてデータの相互関係を調べ、分析しなければならない。それからデータを組み合わせ、その機器ができることと現在使用中の機器がやっていることを比較する。場合によっては代替機を一つ以上出してそれぞれの長所短所を指摘し、それから自分の意見を述べる。

データの収集と分析では、報告者は何らかの方式を用いて情報を収集し、整理しておかなければならない。調査員やプロのライターが用いるきわめて効果的な方法は、データを項目別に分けることである。主要な調査項目別に個別のフォルダを作成する。それから各調査項目（面接フォルダ、セールス用資料、費用に関するデータなど）のデータをそれぞれ適切なフォルダに入れる。調査資料を全部一緒にしておいてあとで分類する代わりに、これをはじめからやっていれば、データの分類整理の時間がだいぶ省ける。

報告書を書く

よい報告書は読みやすくなければならない。その言葉と形式は報告書を読む人たちが見慣れたものでなければならない。非技術関係の人たちのための報告書を書く技術者は、可能な限り技術用語を使わずに報告書を書くようにすべきである。読み手は技術者としての訓練を受けていないから、彼らが理解できる言葉に考えを翻訳しなければならない。

報告書の作成者は、言葉、内容の詳細、図表などに関して上司が何を期待しているかを知っておいたほうが有利である。管理者によって簡潔なものを好む人もいれば、詳細をきわめたものを好む人もいる。また、図表をほしがる人もいれば、正確な数字を記した統計表のほうがよいという人もいる。

報告書を読む人のことをよく知り、報告書をその人の興味や希望に合わせて書く。報告書はその人のために書くのだから、その人の要求に応じたものをつくらなければならない。報告書の理想的な方式というものはないが、次のような形をとるとまず間違いない。

1　問題の簡潔な記述。求められたことを書く。自主的に報告書を書く時は、その目的を明らかにする。たとえば下記のように書く。「現在使用しているファイリング機器は速度が遅く、しばしば異常を来しますので、そのような欠点のない、新型の電子式ファイリング機器を調査してきました」。

また、必要な情報集めに協力してくれた人を紹介し、その人の功績に帰するのもよい。

2　要約と提言。物語の場合、話を全部読んでしまわないと結末はよくわからない。報告書は別である。報告書では冒頭に要約と提言を書かなければならない。これは報告書を読む管理者に重要な情報がすぐにつかめるようにするためである。大量のデータを読みとおして要点を見つけ出す必要はない。時間が許せば、報告書を全部読めばよいのである。

3　詳細な肉づけ。これには要約と提言を支えるための詳細がすべて入っている。報告書に記載すべき情報は、もちろんそのテーマ次第であるが、具体的な情報を必ず入れなければならない。

図面、グラフ、統計表は、報告書をわかりやすくする。写真も、テーマが写真による説明を必要とする時には役に立つ。

言葉に気をつけること。常に明快で的確な言葉を使う。手の込んだ、知識をひけらかすような表現をする必要はない。報告書を読む人たちの興味や予備知識に合った言葉を使う。言葉の選択はきわめて重要である。慎重に選び、文法的に正しく、しかも興味を引く順序にしなければならない。報告書づくりの上手な人は考えを書く。言葉を書くのではない。よい表現をしたければ、一節に一アイデアを守ることである。各節はそれぞれのアイデアを要約した総論的文章ではじめる。

報告書の長さはどのくらいにすべきだろうか。一つの話を全部伝える程度の長さにし、それより一語でも長くなってはならない。反復は避けるべきである。報告書を書く時によく犯す過ちは、同じことを言葉を変えて何回も繰り返すことである。

IBM社のデューイ・オルソンは、ジ・オフィス誌に寄稿した論文で、報告書は次のように書くべきだとしている。

1　出だしの文章をニュース性に富んだ簡潔な文章にして注意を引く。直接的な表現を試みるのである。たとえば「XYZは不合格部品で年間二百万ドルも無駄づかいしている」といった具合に文章をはじめる。あなたの報告書のどの面が特定の読み手の関心を誘うかを決め、それを冒頭に持ってきて注意を引く。

2　あなたの報告書を読むことによってどういう利益があるかを読む人に伝え、興味をかき立てる。あなたの報告書から何が得られるかを読み手に早く教えるのである。時機を逸しないようにする。さもないと、読まれないまま閉じられてしまう恐れがある。

3　読む人の感情ではなく、心に訴えて納得させる。読み手は事実を求めている。あなたの解決策がなぜよいのか。それがどうして解決策なのか。事実をそのまま読み手にぶちまけてはならない。事実を分析し、どういうわけでそういう結論に達したかを教える。読み手の信用を得るためによく知っていることからはじめて、あなたの言葉遣いを明確にし、要求を具体的に示して読み手に次第に接近する。

4　報告書を読む人を動機づけることによって意欲を持たせる。それを読み手に読み取らせる。なぜあなたの考えが役に立つかを教える。要求を生み出すだけでは不充分である。要求を満たす意欲を持たせなければならない。

5　どんな行動が必要かを明記し、所期の成果を上げるために必要な手順を略述して行動を起こさせる。多くの覚え書きや報告書は必要な行動が明記されていないから行動が伴わない。読む人によくわからない「明白な」結論は示さないようにする。読み手に超感覚的認識を期待しても無理である。

報告書を提出したあとも、報告書作成の義務からはまだ解放されない。報告書のことで上司や他の責任者、さらには経営陣と話し合う必要が出てくるかもしれないので、報告書のあらゆる面について質問に答えられるようにしておかなければならない。作成準備に利用した資料は自分の考えを弁護する場合の根拠になるから、元の資料は取っておくべきである。

口頭説明

報告は口頭によるものが必要になることもあるし、委員会や役員会で口頭による報告書の補足説明が行なわれることも多い。

口頭報告も報告書と同じ要領で準備しなければならない。しかし、話し手は聞き手に対して明快に興味深く話さなければならない。大多数の人は、口頭で報告するより報告書を書いたほうがずっと楽だと思っている。というのも、ひまな時に読み返したり調べたりすることができる報告書と違って、口頭での報告は話をする機会が一度しかないし、それでわからなくても、もう一度話す機会を与えられるようなことはめったにないからだ。

多くの中間管理職は、効果的な話し方と人間関係（Effective Speaking and Human Relations）を教えるデール・カーネギー・コースのような授業で大勢の人を相手に話す技術を学ぶことによって、同僚や上司に自分の考えを説明できる話す能力を高め、自信を深めている。

組織内の誰かに自分の考えを説明することは、管理者の重要な責任である。単に仕事を能率的にやらせるだけでなく、多くの社員が持っている素晴らしい、生き生きとした、新しい思想を組織に伝えることも必要である。効果的な意思伝達は単に会社が生き延びるためだけではなく、会社の成長、これを支える管理者の成長と進歩を確実なものにするためにも欠かせないものである。

人を生かす経営

持っているアイデアがいかによくても、また、それを上司に売り込むことにいかに成功したとしても、それを使って仕事をする上司や部下に頼らなければ、それを実行することはできない。

本書全体を貫いている概念は、組織の成功に関わる個人の重要性を強調することである。この重要性を自覚させるには、各管理者が部下の管理者に職務を通じて自身の個人的目標を達成する機会を与えなければならない。

これは、適材適所の人選を行ない、充分な業績を上げている人については現職を維持することからはじめる。適切な職務に就いている人、また有能な管理者は、自分の仕事を常に楽しみ、個人的な満足を得ることができるだろう。

ところが、職務にやり甲斐がなくなり、想像力も熱意も失い、決まりきった仕事をするだけというような状態になる時がよくある。有能な管理者ならば、そのような状態にある者でも状況を認識させ、もっと真剣に取り組める職務に転任させるなり、部に関係ある意思決定により多く参加させるなりして、意識を向上させることができる。

管理者は、昇格および降格といった縦の異動と同様に、地位の変わらない横の異動も認められるべきである。多くの会社が横の異動はよくないと考えている。地位は変わらないが昇進でもない異動を、管理者は不名誉なことだと思いはしないかというのである。

横への異動が本人ばかりか会社にもよいと考えている現代経営学の学者は多い。横への異動は、協力し合う新しい問題を与え、新しい社員とのつながりができ、新しい仕事を覚える機会を与えるため本人の刺激になる。それはまた、各種の仕事ができる人材を養成し、狭い範囲に限定せず、いくつかの分野で昇進できる道を開くことになるから、会社にとっても好都合である。さらに、ある種の仕事では満足に働けない人を、体面を汚さずに別の職務に異動させることができる。その他、組織内のさまざまな機能を果たせる専門管理者を複数人持つこともできる。

転任や昇進を決める場合は、会社にとっての必要性だけでなく、本人の興味、能力、意欲を考慮すべきである。昇進の準備ができているという想定のもと、能力以上の職位に昇進する者が実に多い。多くの昇進は、技術的ないしは専門的領域における年功序列や能力に基づいて行なわれ、指導力や管理責任能力は無視される。このような昇進は会社のためにならないばかりか、能力以上に自分を買いかぶる管理者本人にも、しばしば深刻な打撃を与える。そういうことになれば、会社としては彼を現職から外さなければならなくなるし、その地位でなければ有能であったかもしれない貴重な社員を失うことになる。

このような結果を招かないようにするには、必ず昇進の対象となる社員を慎重に分析し、本人と新しい職務について話し合ってから昇進させなければならない。部下の管理者に、昇進できないのは現職において能力を発揮できないせいだと思わせてはならない。より高い職務に就く準備がまだできていないと思わせるべきである。部下の管理者が新しい職務を望まないことも多い。本人の希望は会社の希望と同様に考慮されなければならない。

また、昇進できる社員を、年功序列とか、えこひいきとか、現職にとどめて同じ仕事を続けさせたいと思う会社の意向によって、昇進させないようにしてはならない。このような社員は自分の能力以下の職位にいつまでもとどまってはいないだろう。会社が止めても、遅かれ早かれ、もっとよい職場を求めて出ていくだろう。

有能な管理者は部下の興味と動機づけを知っている。部下と協力して、会社の要求と本人の要求の両方を満たす目標へ向かう道を切り開く。自分の配下の社員一人一人の才能や目標を知っていれば、部下の努力と忠誠を最大限に引き出しやすくなる。

参加の経営を奨励する

本書のもう一つの基本的な前提は、部下全員にその潜在能力をあますところなく発揮させることである。たいていの部下には、利用されずに眠っている能力が相当部分ある。権威主義的な管理を行なっていては、この能力を掘り出すことはできない。

この金鉱に達する道は、部下に(もちろん訓練を完了してから)自分の活動について意思決定をし、自分の活動ばかりでなく組織全体の短期および長期目標の設定に協力する自由を与えることである。

言うまでもなく、知性といい、活力といい、肉体的健康といい、目標達成意欲といい、すべての人間が同じ能力を備えているわけではない。しかし、どの部下も限界まで自分の能力を活用できるようにすべきである。この努力は、独創的なアイデア、新しい解決法、建設的評価といった形で報われ、より優れた組織を形成するだろう。

これはまた、社員を参加へと駆り立てる。意思決定への社員の参加が増え、職務に対する社員の重要性が増すにつれて、職務条件を満たすための社員の責任はますます高まっていく。

むすび

経営者が企業経営のために取る方法と関係なく、得た成果が最後の試金石になる。企業が成功するには、目先の利益ばかりを追っていてはならない。長期的に利益を生む舞台づくりをしなければならない。

企業経営の方法はいろいろある。現代の経営管理技術には、きわめて精巧なコンピューターの利用、数学の応用、複雑な経営システムの導入などがある。いずれも個々の状況に応じて応用できる。

企業ないしは組織の種類に関係なく、すべてに共通の要因が一つある。それは、企業の成否を決める人的資源である。

経営者は、この人的資源を大事に教育して、各人が持っている隠れた創造力を引き出し、彼らが会社に最高の利益をもたらすために働くようにする。これは同時に、関係する各社員に、より大きな仕事上の満足を与え、彼らを個人的な成功者にもする。

人を生かす経営は、あらゆる経営病に効く万能薬ではない。特定の経営問題に対する答えでさえない。経営者の組織的活動全体に当てはまる全体的な哲学である。これは、すべての経営者を

HUMAN AGEMENT（人間管理者）

にする。

デール・カーネギーは『人を動かす』や『道は開ける』で、ウィリアム・ジェイムズの次の言葉を引用している。「私たちが本来あるべき姿と比較すれば、私たちは半分眠っているのも同然である。私たちが使っている肉体的、精神的能力はほんの一部にすぎない」

自分が管理する部下が持っているそれらの資源を掘り出すことは、あらゆる階級の管理

者の利益になる。管理者は本書に述べられている諸原則を応用して、部下の才能をあますところなく目覚めさせなければならない。そうすれば経費が減り、利益が増え、より明るく、より生産的な労働力と管理者チームが生まれるだろう。

■訳者略歴■

原　一男（はら・かずお）

1959年、中央大学大学院修了（独文学専攻）。翻訳者。訳書にD・カーネギー著『知られざるリンカーン』（ダイヤモンド社）、M・デボノ著『セールスマネジャーの条件』（ダイヤモンド社）、P・バンデンベルク著『ファラオの呪い』（大陸書房）など。

● 本書は英語版原書「MANAGING THROUGH PEOPLE」（©1975）を翻訳し、改訳を重ねた日本語版『人を生かす組織』を文庫化したものです。

人を生かす組織　文庫版
――カーネギーの経営原則

二〇二一年一月三〇日　第一版第一刷発行

編者　D・カーネギー協会
訳者　原　一男
発行者　矢部敬一
発行所　株式会社　創元社
〈本　社〉〒五四一-〇〇四七
大阪市中央区淡路町四-三-六
電話（〇六）六二三一-九〇一〇(代)
〈東京支店〉〒一〇一-〇〇五一
東京都千代田区神田神保町一-二　田辺ビル
電話（〇三）六八一一-〇六六二(代)
〈ホームページ〉https://www.sogensha.co.jp/
印刷　図書印刷

ISBN978-4-422-10133-0 C0111

本書の感想をお寄せください

投稿フォームはこちらから ▶▶▶▶

創元社刊●カーネギー関連書

新装版 人を動かす　D・カーネギー著、山口博訳 [電][オ][特][文]

新装版 道は開ける　D・カーネギー著、香山晶訳 [電][オ][特][文]

新装版 カーネギー話し方入門　D・カーネギー著、市野安雄訳 [電][文]

新装版 カーネギー名言集　ドロシー・カーネギー編、神島康訳 [文]

新装版 カーネギー人生論　D・カーネギー著、山口博・香山晶訳 [文]

新装版 リーダーになるために　D・カーネギー協会編、山本徳源訳

新装版 自己を伸ばす　A・ペル著、香山晶訳 [文]

新装版 人を生かす組織　D・カーネギー協会編、原一男訳 [文]

セールス・アドバンテージ　D・カーネギー協会編、J・O・クロムほか著、山本望訳 [文]

D・カーネギー・トレーニング　パンポテンシア編

13歳からの「人を動かす」　ドナ・カーネギー著、山岡朋子訳

人を動かす2——デジタル時代の人間関係の原則　D・カーネギー協会編、片山陽子訳 [電][オ]

マンガで読み解く 人を動かす　D・カーネギー原作、歩川友紀脚本、青野渚・福丸サクヤ漫画 [電]

マンガで読み解く 道は開ける　D・カーネギー原作、歩川友紀脚本、青野渚・たかうま創・永井博華漫画 [電]

マンガで読み解く カーネギー話し方入門　D・カーネギー原作、歩川友紀脚本、青野渚漫画 [電]

（[電]＝電子書籍版、[オ]＝オーディオCD版、[特]＝特装版、[文]＝文庫版もあります）